国家社科基金后期资助项目（19FSHB023）

转型期中国农村贫困性质与反贫困政策研究

刘成良　著

南开大学出版社

天　津

图书在版编目(CIP)数据

转型期中国农村贫困性质与反贫困政策研究 / 刘成良著. -- 天津：南开大学出版社，2025.3. -- ISBN 978-7-310-06698-8

Ⅰ.F323.8

中国国家版本馆 CIP 数据核字第 2025MY2624 号

转型期中国农村贫困性质与反贫困政策研究
ZHUANXINGQI ZHONGGUO NONGCUN PINKUN
XINGZHI YU FANPINKUN ZHENGCE YANJIU

南开大学出版社出版发行

出版人：王　康

地址：天津市南开区卫津路 94 号　　邮政编码：300071
营销部电话：(022)23508339　营销部传真：(022)23508542
https://nkup.nankai.edu.cn

河北文曲印刷有限公司印刷　全国各地新华书店经销
2025 年 3 月第 1 版　　2025 年 3 月第 1 次印刷
238×165 毫米　16 开本　18.5 印张　2 插页　320 千字
定价：90.00 元

如遇图书印装质量问题，请与本社营销部联系调换，电话：(022)23508339

国家社科基金后期资助项目出版说明

后期资助项目是国家社科基金设立的一类重要项目，旨在鼓励广大社科研究者潜心治学，支持基础研究多出优秀成果。它是经过严格评审，从接近完成的科研成果中遴选立项的。为扩大后期资助项目的影响，更好地推动学术发展，促进成果转化，全国哲学社会科学工作办公室按照"统一设计、统一标识、统一版式、形成系列"的总体要求，组织出版国家社科基金后期资助项目成果。

全国哲学社会科学工作办公室

序　言

在社会转型发展中理解农民生活

近日，由刘成良副教授撰写完成并即将出版的新著《转型期中国农村贫困性质与反贫困政策研究》的文稿已经送来我处，成良邀请我为这本书做序，不管能力如何，不管学识怎样，我都十分愿意。这一方面是因为，在过去的 10 多年时间里，我也致力于将贫困和反贫困问题作为研究的议题和领域；另一方面也是因为，在过去的研究过程中，与成良师弟有着较为频繁的学术互动，也曾在共同的田野调查中获得学术思考与学术想象，从其研究过程中，我自己也受益良多。也许，学术界的同仁会思考一个问题，那就是在打赢脱贫攻坚战的当下，再去讨论这样一个看似"陈旧"的学术议题是否还有必要？从我个人理解的角度看，这个研究不仅必要，而且重要。打赢了脱贫攻坚战，我们主要是在政策实践意义上实现了反贫困的胜利，但从生活实践和更广泛学术研究的意义上，贫困是否就被终结了呢？似乎很难。无论是在绝对贫困的动态标准上，还是在相对贫困的内涵上，贫困很难从全球社会中被根除，而无论是面向巩固拓展脱贫攻坚成果与防止规模性贫困的阶段性任务，还是面向全面推进乡村振兴的新征程，政策实践与社会工程意义上的脱贫攻坚战都值得我们总结经验，学术议题层面上的贫困性质再认识与再思考也值得接续推进。在全面转向农村低收入人口常态化帮扶阶段后，对低收入性质与帮扶政策的思考也无法脱离对既往贫困性质和反贫困政策实践的借鉴、拓展和反思。因此，在喧嚣的热点之下，成良博士仍能够进行系统的总结和冷静的思考，这是十分难得的。理解和总结过去，是为了让我们走得更远。如何更多地认识中国乡村社会之变、中国农民家庭之变，并将其融入未来的政策实践、发展实践之中，这是本书作者给我们提出的问题，也是作者试图系统回答的问题。带着这个问题，大家去读这本书一定会有诸多的收获。

如何理解转型期的中国呢？在本书的分析框架中，作者自觉运用了区域差异的视角，无论是深度贫困区还是一般农业地区，其在现代化的进程上处于不同的坐标位，深度贫困区农民家庭的经济行动、社会观念以及发展目标等都与现代社会的要求有一定的差距，但现代性消费的快速植入，则让这些地区的农民家庭出现了显著的"转型贫困"的现象。而对于一般农业地区的农民家庭来说，尽管其已经通过"半工半农"的"理性行动"实现了家庭再生产的目标，但因家庭生计结构的脆弱性以及社会发展风险的多元性，这类家庭也难免落入贫困陷阱。对于深度贫困区，无论是基础设施、公益性岗位、就业帮扶还是文化教育，国家反贫困政策的核心要义是实现对农民家庭的现代化伦理的重塑，让他们能够积极拥抱现代化社会价值理念，通过文化规约、制度建设和组织重塑，让现代社会中非理性的一面得到控制和延缓；在一般农业地区，除了类似的相关举措，国家反贫困实践的核心是不断强化农民收入的多元性和生计的稳定性，在社会保障、社会保护与社会支持方面为广大农民家庭织就更为牢靠的社会安全网。也正是在这个意义上，我国的反贫困政策一直都秉持着分类治理、因地制宜和精准施策的原则，对原则的坚守让我们的反贫困实践取得了世界瞩目的成就。

脱贫攻坚战，我们取得了全面的胜利，但在胜利的背后是巨大的人力、物力和财力投入。贫困治理机制的重塑与改革，建构了全社会共同参与的大扶贫格局，也进一步激发了广大干部群众共同奋斗摆脱贫困的决心和动力。打赢脱贫攻坚战的过程就是党员干部群众共同砥砺奋斗的过程，也孕育了伟大的"脱贫攻坚精神"。但在成绩的背后，我们也需要面对几个方面的潜在挑战：首先，强大的体制压力是否会带来地方政府在政策执行或认知上出现的偏差，由此导致不可持续的发展后果。其次，过分追求明晰化、规范化的政策体系及其政策工具能否真正适配乡村社会，尽管乡村社会也出现了一定的规范化趋势，但偶发性、多元性、不规则性仍是其主要特征和内涵，在面向未来发展时，我们的帮扶政策依然需要面向家庭，但帮扶政策如何实现模糊性与规范性的统一，这仍是一个留待我们思考的问题。最后，人民对于美好生活的向往也让基层治理者面对更为多元、复杂和新奇的治理诉求，基层治理能力不足或治理资源不足，可能成为新的挑战。

脱贫攻坚战的胜利并不意味着贫困的终结，从相对贫困到低收入人口，尽管在政策话语中，概念发生了变化，但概念背后对特定社会群众和社会事实的关注与关切并没有发生变化。在新的国际国内发展形势与环境下，返贫的风险依然存在，但规模性返贫则较难出现。面向未来，实现更高水平的共同富裕则是更为艰巨的挑战，如何进一步缩小区域发展差距、群体收入差距和城乡发展差距等则仍是难啃的"硬骨头"。处于地方财政紧缩和社会发展机遇缩减的背景下，如何在既有约束下，不断强化社会保障网建设的力度和可持续性，则是考验中央和地方各级政府的重要内容。无论是开展常态化帮扶，还是全面推进乡村振兴，我们都需要各类政策的有的放矢，而政策有效性的基础就是对中国农民家庭性质的再认识。

在脱贫攻坚战中，中国农民家庭经历了显著的转型，被更深入地卷入市场化和全球化的过程中，家庭生活的货币化程度显著提高。不少农民家庭也渐渐从原有的乡土社会中脱离，不同类型家庭的发展能力、积累能力和资源获取能力等也都呈现出极大差异。常态化阶段的帮扶，不仅要回应农民家庭的暂时性诉求，更需要着眼长远，不断提升农民家庭的发展能力，在政策不断深入社会治理的同时，进一步激发农民家庭和乡村社会的内在动力，从而形成系统全面的共建共治共享的中国方案和中国道路。

邢成举　于西北农林科技大学人文社会发展学院

2024 年 6 月 17 日

前　言

伴随着 2020 年脱贫攻坚任务的完成，中国农村的贫困问题性质已经发生了根本变化，从过去温饱意义上的绝对贫困转向了发展意义上的相对贫困。国家在向现代化转型过程中，由于发展的不平衡、不充分，造成不同区域农民家庭生计结构在应对、适应现代社会发展目标和风险时存在差异。由于我国区域面积广阔，现代化转型过程既非均质，也不同步，在不同区域结构下形塑出了不同的家庭发展模式，这也使得农民家庭在面对致贫因素时展现了较为悬殊的韧性差异。家庭是贫困治理的基本单位，有效的扶贫政策离不开对农民家庭的深度理解。

本研究以区域发展不平衡为主轴，以村庄社会为参照，以农民家庭为核心，构建认识转型期中国农村贫困性质的三层分析模型，分别从影响个体行动的经济社会结构、文化教育模式、人生价值等方面，探讨了深度贫困区和一般农业区两种理想类型区域的贫困发生机制。扶贫政策的有效性离不开对致贫原因的精准分析，而对不同区域农村贫困性质的分析有助于加深对致贫因素的认识。基于对中国农村贫困性质的认识，通过政策周期视角，本研究讨论了精准扶贫政策的设计、执行、评估环节，以及后续的衔接政策，从而为总结政策经验，提升贫困治理效能，完善政策流程设计提供重要借鉴。

研究发现，以发展为核心的现代化是支配当前社会运转的主流意识形态，已经不可逆转地改变了人们的生活和交往模式。深度贫困区农民自循环型的家庭生计模式、排斥抑或躲避现代性的文化结构、发展目标的不明确等都与现代社会的内在要求不相适应，与此同时，现代社会的危机转嫁机制也让深度贫困区更容易堕入贫困陷阱。一般农业区农民家庭发展虽然嵌入了现代化的内核，但是既有的生计结构在支撑家庭发展目标时比较脆弱，现代性风险也让人们承受了更大的发展压力。在既有的制度结构和发展环境下，应该从收入和积累、能力和付出、手段和目标三个层面对转型期农村贫困问题的发生机制进行辨析。

中国的贫困治理伴随着国家的现代化进程。新时期，随着贫困治理任务的变化及国家治理能力的提升，中央政府为了完成在 2020 年全面建设小康社会的庄严承诺，在吸纳以往反贫困经验和教训的基础上，对反贫困政策进行了深度整合。以精准扶贫为代表的新时代反贫困战略更加注重对贫困人口的精确瞄准，其核心目的在于"找到'贫根'，对症下药，靶向治疗"。从贫困治理的政策设计来看，精准扶贫是国家治理现代化在扶贫领域中的一次深刻实践。为了克服以往扶贫过程中政策粗放执行等问题，国家在贫困治理方面的政策设计也不断科学化、规划化、精细化，基本上实现了对贫困人口从认定、帮扶、脱贫，再到最终评估等环节的全过程控制。为此，不仅自上而下重构了反贫困政策体系，而且也将更多的行政监督、绩效评估、技术治理等手段纳入了政策执行过程，从而实现精准治理的目标。随着国家能力的强大，治理理念的转型使得中央和地方的互动上升到了新的阶段，中央为了避免地方政府利用信息不对称、政策漏洞等行为谋取灰色利益，在与地方的互动中运用、升级技术治理等手段约束和监控地方行为。现代技术治理的运用为国家重构央地关系、应对复杂治理状况创造了条件，但是地方政府基于行政惯性对中央扶贫理念转型认识的错位、规范化的政策体系与不规范社会事实的不匹配，以及贫困地区基层治理能力的短板等多重要素在一定程度上影响着扶贫绩效。

经历了 8 年的持续奋斗，中国如期完成了脱贫攻坚的任务，实现了全面建成小康社会的目标。从绝对贫困治理的意义上来看，脱贫攻坚彰显了社会主义制度集中力量办大事的政治优势，为世界提供了诸多可以参考借鉴的经验，树立了反贫困的中国样板；加强了贫困地区农村基层政权建设，探索了基层治理现代化的路径；激发了社会发展的内生动力，为抑制阶层固化、促进社会流动增加活力；同时，也推动了贫困地区的经济发展，维护欠发达地区的社会稳定。尽管我们在绝对贫困的治理上取得了决定性的胜利，但并不意味着就彻底解决了贫困问题。2020 年后波云诡谲的国际贸易形势、不断起伏的新冠疫情也为经济发展带来了诸多不确定性，关系到国民经济的稳定发展和贫困治理的长效之计。从贫困的发生机制来看，疾病灾害等致贫因素仍然存在，而且一些地区由于历史地理的复杂性，仍然存在着返贫风险。虽然这些潜在返贫风险并不必然会造成大规模返贫问题，但是守住防止规模性返贫底线的关键就在于保障政策支持的连贯性和有效性,中央政府也为此专门设置了五年的过渡期来巩固拓展脱贫攻坚的成果。因此,巩固拓展脱贫攻坚成果,防止规模性返贫,是"十四五"时期必须守住的底线任务。从宏观来看,中国作为制造业大国,如何在逆全球化浪潮中保持经济持续稳健发展,是关系全局、保持战略定力的关键。从相对贫困治理来看,转型期中国农村的贫困性质需要得到恰当的判断,分类治理思维需要得到充分的重视和考虑,要通过多种政策工具增强农民家庭韧性,同时也要进一步检视泛福利化的扶贫政策,避免走入福利陷阱。

目　录

第一章 导论

第一节 研究背景与意义

一、研究背景

中国农村正在经历着千年未有之大变局！社会转型所带来的不仅仅是器物之变，还有社会之变、价值之变。随着近几十年来中国的发展进步、社会稳定，以及城市支持农村、工业反哺农业等大政方针的确立，国家不断加强对农村发展的支持力度。新农村合作医疗、新农村养老保险以及低保等社会保障制度不断完善，稳定的农村土地承包关系，为农民的生存和发展确立了一道又一道保障线。温饱是长期困扰人类社会发展的显性贫困问题，同时也是关系到人类生存的根本问题，而这一问题在中国的发展与转型中正被逐步解决。当前农民面临着更深层次、相对隐性的贫困问题，这些问题能否解决关系到中国能否顺利实现现代化转型。

2017 年党的十九大报告指出，社会主义初级阶段的基本矛盾已经由人民日益增长的物质文化需要同落后的社会生产的矛盾转化为人民日益增长的美好生活需要和不平衡不充分的发展之间的矛盾。中国已经成为世界第二大经济体，经济增速依旧高涨，但是出现了区域发展不平衡、贫富差距扩大化的问题。东部地区由于区位优势、人才集中，处于改革发展的先发位置，取得了非常大的成就；中西部多数地区虽然受到了东部发展的强大带动作用影响，但在一些偏远地区，尤其是深度贫困区，农民思想封闭保守，生活水平提高缓慢；巨大的发展差距使得村庄在东中西部呈现出截然不同的景象，以至于有人感慨：有的像欧洲，有的像非洲。

发展不平衡、不充分的矛盾客观上使得不同区域所面临的贫困焦点存在较大差异。深度贫困区封闭的自然地理环境不仅使农民面临现代社会思想文化交流、收入增长等方面的诸多困境,还更容易滋生出贫困的亚文化,进一步形成贫困的恶性循环;虽然现代国家将贫困治理作为义不容辞的责任,绝大多数深度贫困区农民也不存在温饱问题,但是发展动力不足、目标缺失成为贫困治理中的重要障碍。即便是在深度贫困区,面临着共同的自然地理环境、政策和市场空间,也出现了较大的贫富分化和发展不均衡问题。有的农民一边抱怨着国家对基础设施的投入力度不够,一边自愿捐钱修教堂、盖庙宇,高大华丽的教堂与低矮破旧的房屋形成了鲜明对比;有的农民"靠着墙根晒太阳,等着别人送小康",甚至沉迷麻将,对着扶贫干部放言"我脱不了贫,你们交不了差"……中西部多数地区的农民虽然温饱无忧、住房条件普遍不错,但是农民家庭生计模式在应对现代社会危机时依然较为脆弱,因病致贫、"一婚穷十年"、老年贫困等现象较为突出,村庄社会竞争日益激烈,农民有了发展焦虑。因此,仅从国家责任来认识贫困治理显然是不够的,转型期中国农村的贫困性质亟须深刻认识。

为了实现在 2020 年完成全面建成小康社会的承诺,为了维护人民的生存和发展权利,促进区域间平衡和充分发展,党和政府及社会各界正在全国范围内开展脱贫攻坚战,从医疗救助、产业扶贫、教育扶智、移民搬迁、民政兜底等方面进行了一系列有针对性的帮扶措施。精准扶贫是通过精细化的技术治理手段对脱贫攻坚进行更加周密的全过程监控,但是在央地关系的博弈中出现了政策走样,客观上使得扶贫绩效大打折扣。除此之外,反贫困政策还存在一定程度的泛道德化、泛福利化、泛国家责任化的倾向,甚至一些地区出现了贫困户住楼房,多数勤劳的农户还住土房、砖房的怪现象。相当一部分贫困户愿意把钱投入非经济理性消费中,却不愿意在家庭发展方面进行积累和投入,还理所当然地把家庭住房改善、基础设施建设、生活水平提升等视为国家责任。

先进的贫困治理理念究竟如何才能与中国的基本国情进行对接是非常值得探讨的话题。精准扶贫政策在基层社会所遭遇的最大瓶颈在于对贫困户的精准识别。尽管政府设计了非常精细的统计表格,尽管投入了大量的人力和财力,尽管进行了一轮又一轮的"回头看",效果却不理想。政策意义上的贫困线划定虽然能够反映出一部分贫困问题,但是过于僵化,很难发现真正的贫困问题。低于贫困线并不必然贫困,高于贫困线也并不必然不贫困。中国农民是有产者,生活上自给程度较高,家庭收入中来自打工、非正规经济部分很难被精确核算,越是在贫困地区,农民经济分化越小,国家治理能力相对越弱,对于贫困的识别认证能力也就越弱。中国农村的贫困问题很难用经济学意义上的贫困线来衡量，否则就会带来政策的僵化执行，难以解决实际问题。

时至今日，中国的脱贫攻坚工作取得阶段性胜利，通过国家和社会各界的努力，不仅实现了绝对贫困治理的目标，也为世界减贫作出了重要贡献。作为党的十八大之后中国贫困治理的重要经验，精准扶贫政策需要被客观认识，并且如何在 2020 年后巩固拓展脱贫攻坚成果并做好与乡村振兴战略的有效衔接也需要被深入研究。中国仍然是发展中国家，能否顺利跨越中等收入陷阱，能否实现乡村振兴，能否成为世界第一大经济体，仍然需要审慎的公共政策，仍然需要艰苦奋斗的精神，要警惕未富先衰，要警惕福利陷阱。

二、研究意义

1. 理论意义

（1）丰富了贫困研究的理论谱系。在社会快速分化、贫困差距扩大背景下，农民家庭正在现代化转型中遭遇着各种困境。这些在当前既有的贫困研究理论中很难找到恰当的解释参照。转型期中国农村的贫困问题性质认识需要一个具有国情意识、符合本土经验的解释体系。本研究以区域发展不平衡为主轴，以村庄社会为参照，以农民家庭为核心，构建认识转型期中国农村贫困性质的三层分析模型，分别从影响个体行动的经济社会结构、文化教育模式、人生价值等方面，探讨了深度贫困区和一般农业区两种理想类型区域的贫困发生机制。

（2）为完善政策流程设计提供理论参考。扶贫政策的有效性离不开对致贫原因的精准性分析，而对不同区域农村贫困性质的分析有助于加深对致贫因素的认识。精准扶贫政策经历了一个完整的周期。从精准扶贫概念的提出，到系统的扶贫政策的出台，再到精准扶贫政策的执行、监督与评估，最终到宣布脱贫攻坚任务的完成及后续政策的衔接，表明随着国家治理现代化的深入推进，政策设计的科学性和严谨性越来越强。基于此逻辑，对于政策执行过程中各个环节的研究，有助于更加全面地认识扶贫政策，从而为总结政策经验、提升贫困治理效能、完善政策流程设计提供重要借鉴。

2. 现实意义

（1）归纳总结了中国脱贫攻坚的经验与意义。经历了 8 年的持续奋斗，中国如期完成了脱贫攻坚的任务，实现了全面建成小康社会的目标。本研究通过系统梳理中国多个阶段的反贫困政策，并在此基础上讨论了脱贫攻坚的时代意义。从绝对贫困治理的意义上来看，脱贫攻坚彰显了社会主义制度集中力量办大事的政治优势，为世界提供了诸多可以参考借鉴的经验，树立了反贫困的中国样板；加强了贫困地区农村基层政权建设，探索了基层治理现代化的路径；激发了社会发展的内生动力，为抑制阶层固化促进社会流动增加活力；同时，也推动了贫困地区的经济发展，维护欠发达地区的社会稳定。

（2）为巩固拓展脱贫攻坚成果提供思考和建议。在后扶贫时期，人们对于贫困的认识和界定更加多元，也意味着对国家贫困治理提出了更高的要求，相对贫困治理面临着多重挑战。从贫困的发生机制来看，疾病灾害等致贫因素仍然存在，而且一些地区由于历史地理的复杂性，仍然存在着返贫风险。巩固拓展脱贫攻坚成果，防止规模性返贫，是"十四五"时期必须守住的底线任务，因此，2020 年后处理好乡村振兴战略与巩固拓展脱贫攻坚成果的关系至关重要。本研究通过构建分析模型把握转型期中国农村的核心贫困问题，为公共政策的有效运行提供可以借鉴的社会基础研究，为进一步拓展精准扶贫研究提供观点和视角。本研究认为，在相对贫困治理时期，分类治理思维需要得到充分的重视和考虑，要通过多种政策工具增强农民家庭韧性，同时也要进一步检视泛福利化的扶贫政策，避免走入福利陷阱。

第二节　文献综述

何为贫困是一个非常值得探讨的话题！除了威胁人类生存的温饱问题作为绝对贫困内涵被广泛认可之外，相对贫困也是基于不同参照标准下主观意义的表达。这种主观意义的核心在于表达者根据其所在场域，抑或认知世界内的参照标准，将人类生活的状态分为若干个层次，处于最低层次则被定义为贫困。表达者所依据的参照标准本身就蕴含了某种价值观念。正如亨廷顿所言："我们用现代化或发展一词表示从相对贫穷的乡村农业状态向富裕的都市工业状态转变的社会运动相联系的社会、经济、心理、政治和文化变迁的总过程。"[①]

当前关于贫困的认识多数都嵌入了现代发展价值，因此除了温饱意义上的绝对贫困成为共识之外，发展在一定程度上也成了多数表达者的题中

---

① 塞缪尔·亨廷顿. 变化社会中的政治秩序. 王冠华，等译. 上海：上海人民出版社，2008.

之义。《世界发展报告》（1990）指出："贫困不仅指物质的匮乏，而且还包括低水平的教育和健康。"联合国开发计划署在1997年提出了人类贫困指数（HPI），利用寿命、知识水平和生活体面程度的短缺情况来衡量贫困。《人类发展报告》（2000）指出："贫困包括风险和面临风险时的脆弱性，以及不能表达自身的需求和缺乏影响力。"贫困的界定随着人们对发展愿景的丰富而不断丰富，贫困的概念在发展主义的思潮下被无限拓展，能力贫困、权利贫困、知识贫困、文化贫困……

贫困是伴随着人类社会发展的永恒主题，相关理论解释卷帙浩繁。在工业革命之后，生产力水平达到了前所未有的高度，与此同时，伴随着人类发展历程的贫困问题解决方式却没有得到相匹配的进步，这激发了一大批学者的思索。从学科视角来看，经济学、社会学的解释占据着主流地位，而心理学等学科也提供了很多独到的视角来审视贫困。贫困既是经济问题，也是社会问题，更是政治问题。经济学侧重从经济增长和收入分配方面关注贫困缓解的群体特征，社会学主要从社会分层和流动强调贫困缓解的个体特征[①]。贫困研究的经典视角分为结构视角和行动视角。无论是在分析视野中强调二元对立，即强行动弱结构、弱行动强结构[②]，还是试图进行调和——强调结构与行动的互构[③]，研究者都力求从结构到文化、从社会到个体、从制度到行为的两极之间寻找致贫密码。

一、贫困研究的结构视角

结构是社会诸要素按照某种秩序相互关联的构造形式，贫困研究的结构视角更加侧重于从制度、经济增长和收入分配等宏观层面来探析贫困生成的原因。影响人类社会最为深远的制度文明、经济体系自然成了结构解释的关键对象。

（一）制度解释

马克思较早从制度层面来思考贫困原因，他的无产阶级理论生长于工业革命早期，在圈地运动中流离于城市为了生存而不得不忍受资本家压迫

---

① 赵娜. 关于反贫困研究的社会学理论综述——基于个体与结构的视角. 知识经济, 2012 (11): 6-7.

② 如古典社会学大家韦伯和涂尔干的研究就带有比较强的行动者与结构分野的视角，涂尔干强结构而弱行动，韦伯强行动而弱结构。

③ 布迪厄在调和主客二元对立的时候提出了惯习这一概念，他认为惯习是主体实践性的认识社会的一种认知结构，而实践则由结构和惯习这两大部分组成。吉登斯反对孤立地看待个体和社会之间的对立，提出了结构的二重性来调和二元对立，人具有能动性同时也受到社会的制约，而社会除了对人的制约作用还有一种使动左右，影响着个体的行动；个体除了具有能动作用之外，对于自身还有一种反思性的监控。他认为个人与社会之间不是对立的关系，而是同构的关系。

剥削的无产者是其分析的主要对象。他指出资本家通过不断榨取工人的剩余价值而获取利润，生产资料的资本主义私有制是无产阶级贫困的根源。①西方主要资本主义国家正是通过对内压榨剥削劳动者、对外殖民掠夺完成了资本主义的原始积累，并迅速进行工业化扩张，"地缘争夺和生产过剩作为'资本主义内生性的一般矛盾'引发了两次世界大战"。②在二战后，由于老牌资本主义国家占据了工业化进程的先发优势，借助全球恢复重建的契机，进一步巩固了经济发展的核心地位。与此同时，这些国家的工人运动客观上推动了社会保障和福利制度的健全，也推高了劳动力成本，迫使低端制造业向发展中国家转移。产业转移的背后是发达国家的发展成本不断向弱势群体转嫁，即"任何制度变迁都是原有框架内占有收益的利益集团进一步获取增量收益并向弱势群体层级转嫁制度成本的过程"，从而形成了发展中国家的制度性致贫。③

　　贫困问题在发展中国家更为凸显，除自身在全球化过程中的弱势地位外，其本身的制度也存在较大的问题。二战后发展中国家普遍照搬西方资本主义模式追求"发展主义"现代化，但是又无法向外转嫁制度成本，从而堕入"发展陷阱"。④萨米尔·阿明的"依附理论"指出第三世界国家在向资本主义国家学习的过程中客观上也产生了资本主义体系"中心"和"外围"的分野，而"外围"资本主义必然依附于"中心"资本主义。⑤缪尔达尔在"循环积累因果关系"理论中提出"制度性落后"和"制度性贫穷"来分析发展中国家的贫困问题。⑥他认为"软政权"是南亚国家长期处于贫困状态的一个重要因素，而软政权突出表现在行政松弛、腐败盛行、纪律薄弱，抑制了经济计划等政策的执行效果。⑦中国的现代工业化虽然走上了独立自主的道路，但由于资本主义国家的包围封锁，注定无法通过对外扩张来实现工业化的原始积累，而是依靠早期城乡二元结构的制度设计，通过税收、剪刀差、储蓄的方式实现农业支持工业，为工业化进行了资金积累，⑧建立起了完备的工业体系，为后来的经济腾飞奠定了基础。所付出

---

① 马克思. 资本论.中共中央马克思恩格斯列宁斯大林著作编译局，译. 北京：人民出版社，2004.

② 温铁军. 全球资本化与制度性致贫. 中国农业大学学报（社会科学版），2012（1）：14-27.

③ 温铁军. 全球资本化与制度性致贫. 中国农业大学学报（社会科学版），2012（1）：14-27.

④ 温铁军. 八次危机：中国的真实经验 1949—2009. 北京：东方出版社，2013.

⑤ 陈谷谈. 萨米尔·阿明和他的"依附论". 世界经济，1980（7）：76-77.

⑥ 胡联，孙永生，王娜，等.贫困的形成机理：一个分析框架的探讨. 经济问题探索，2012（2）：1-5.

⑦ 冈纳·缪尔达尔. 亚洲的戏剧：对一些国家贫困问题的研究. 谭立文，张卫东，译. 北京：北京经济学院出版社，1992.

⑧ 冯海发，李溦. 我国农业为工业化提供资金积累的数量研究. 经济研究，1993（9）：60-64.

的代价就是农民利益的牺牲，在一定程度上造成了我国农村发展的长期滞后。

制度视角善于从不平等中审视贫困，试图从宏观的经济和社会结构来展示制度对于贫困生产机制的影响。而制度的形成、运行及不可抗拒的内在矛盾，客观上使其只能通过改良或向外转嫁危机的方式来维持其合法性。在当前资本主义体系带来的全球化格局中，发展中国家想要独立自主地完成工业化、现代化进程，想要有主体性地与既有的结构发生互动，从而博得相对有利的发展环境，要克服重重阻碍，在相当大程度上只能接受结构性的命运。发展中国家为了摆脱被支配的地位，有针对性地实现危机的内部转嫁也不失为一种选择，然而其最终目标能否实现则依赖于制度土壤。事实上，多数发展中国家失败的案例已经证明了这条道路难以成功，而中国之所以实现了独立自主的工业化道路，在相当大程度上依赖于经历了社会革命、土地革命后形成的独特城乡结构，但是伴生的危机转嫁机制也不可避免地带来了农村贫困问题。

从中国脱贫攻坚的经验来看，党的十八大之后，国家高度重视贫困治理，并将其作为实现全面建成小康社会的关键目标。吕普生认为，在政策定位方面社会主义的制度属性决定了摆脱贫困是国家治理的优先议程，并规定了以人民为中心的减贫理念。[1]一方面通过党的领导制度为脱贫攻坚奠定坚实的政治基础和组织保障，[2]另一方面通过自上而下的威权体制，脱贫攻坚嵌入由政府、企业、社会组织、贫困人口等主体之间复杂关系所构成的场域之中。[3]除此之外，宋锐、曹东勃还发现，脱贫攻坚是基于中国特色的社会主义经济制度，本质上还是对生产力和生产关系的同时介入和双重发力，即将贫困地区纳入国家发展轨道，并作为社会经济发展中的重要环节。[4]谢岳认为中国将贫困人口的社会福利上升至国家战略高度的反贫困战略取得了良好的绩效，用事实证明了社会主义制度在福利分配方面的政治优势，也有力挑战了西方传统的福利国家理论。[5]

---

① 吕普生. 制度优势转化为减贫效能——中国解决绝对贫困问题的制度逻辑. 政治学研究，2021（3）：54-64+161.

② 傅夏仙，黄祖辉. 中国脱贫彰显的制度优势及世界意义. 浙江大学学报（人文社会科学版），2021（2）：5-14.

③ 符平，卢飞. 制度优势与治理效能：脱贫攻坚的组织动员. 社会学研究，2021（3）：1-22+225.

④ 宋锐，曹东勃. 中国贫困治理的制度透视及实践导向. 甘肃社会科学，2020（6）：79-86.

⑤ 谢岳. 中国贫困治理的政治逻辑——兼论对西方福利国家理论的超越. 中国社会科学，2020（10）：4-25+204.

（二）经济解释

经济增长、收入分配是经济学中有关反贫困研究的重要话题。二战后，发展经济学成了反贫困研究的主要担纲者，"主流观点认为发展中国家贫困根源在于低水平的经济发展，工业化、市场化是带动经济增长实现反贫困的重要路径"[①]，进而影响并主导着一系列反贫困政策。

最早尝试对发展中国家贫困问题进行解释的是讷克斯，他提出了经典命题——一个国家因为穷所以穷，无论是需求还是供给，资本都形成了恶性循环，两个方面的恶性循环又相互作用，形成了发展中国家难以突破的贫困陷阱，即"贫困的恶性循环"。[②]随后纳尔逊揭示了贫困自我维系的另一种循环机制，根据发展中国家经济表现为人均收入处于维持生命或接近于维持生命的低水平均衡状态，提出了"低水平均衡陷阱"。[③]莱宾斯坦同样认可资本稀缺是阻碍欠发达国家发展的重要因素，在此基础上提出了"临界最小值"，认为欠发达国家落后的原因在于形成了低收入的稳定均衡，要打破这种均衡、实现经济增长，关键在于由刺激带来的提高收入的动力要比降低人均收入的阻力要大，因此发展中国家在初始阶段大规模投资是必要的，这是冲破"低水平均衡陷阱"的重要前提。[④]这些理论更多聚焦欠发达国家发展困境中的资本要素。资本当然非常重要，发达国家在早期的发展过程中通过殖民掠夺、对外扩张及对内压榨剥削实现了工业发展的原始资本积累，完成了现代化转型。但是对于欠发达国家来讲，这条道路不仅走不通，而且在发达国家塑造的资本主义世界体系中处于劣势地位，只能被迫采取资源换资本，抑或是主权依附换投资等发展方式，最终还是受制于人。欠发达国家要实现现代化转型，本身的经济结构如何转型也非常值得关注。

欠发达国家要改变贫穷落后的地位，面临着两重转型：首先是实现从传统农业国到现代工业国的转型，其次是实现从一般工业国到先进工业国的转型。在 20 世纪 50 年代初，以工业化为核心的发展战略成了众多发展中国家的选择，农业被普遍认为是落后的、停滞的，只能为工业发展提供劳动力和资金。而在 50 年代后期，这种指导思想的弊端就凸显出来，工业增长并没有带来经济的真正发展，甚至温饱都成了问题，经济学开始重新

---

① 林雪霏. 我国场域内的反贫困逻辑：基于多维理论视角. 重庆社会科学, 2014（9）：43-52.

② 讷克斯. 不发达国家的资本形成问题. 谨斋, 译. 北京：商务印书馆, 1966：6-7.

③ "低水平均衡陷阱"理论认为，发展中国家经济贫穷落后的主要原因是人均收入过低，导致储蓄能力过低、投资量小和资本形成不足，而人均收入低的原因又在于资本形成不足. 汪三贵, 张伟宾, 杨浩, 等. 城乡一体化中反贫困问题研究. 北京：中国农业出版社, 2016：26.

④ 姜汝祥. 莱宾斯坦的落后经济理论与中国贫困地区发展. 开发研究, 1992（5）：22-24.

思考农业的定位问题。舒尔茨并不认同传统农业中生产要素配置效率低下及隐蔽失业的理论，在他看来传统农业难以为经济增长作出贡献的根本原因在于传统农业对原有生产要素增加投资的收益率低，对储蓄和投资缺乏足够的经济刺激，无法打破农业长期停滞的均衡状态。因此，只有将传统化的农业改造成为现代化农业才能对经济增长作出贡献。[①]与舒尔茨相对，刘易斯是传统农业隐蔽失业理论的支持者，他认为传统农业社会存在着大量的劳动力过剩，而这些过剩人口虽然获得了生存工资，实质上并没有增加农业产出，而是稀释了农业中的人均利润，这部分劳动力被称为"隐蔽性失业"劳动力。他认为这些剩余劳动力可以为工业提供无限的劳动力供给，工业扩张也可以无成本，政府可以通过实施公共工程让这些劳动力得到充分就业，促进经济发展。[②]兰尼斯和费景汉将其进一步发展为二元经济结构理论，即发展中国家需要经历两大阶段：第一阶段是城乡市场不统一，存在剩余劳动力，形成二元结构；第二阶段是剩余劳动力被工业完全吸纳，城乡结构统一，社会进入现代经济阶段。两大阶段之间的转折点被称为刘易斯拐点。[③]

中国作为世界上最大的发展中国家，农民数量多、人均耕地少，在人民公社时期集体化的生产模式虽然实现了劳动力和现代生产要素的成倍投入，农业产出虽然也实现了增加，但是每劳动日的报酬没有提高，实际上是降低了。[④]黄宗智称之为农业的过密化或内卷化，20世纪80年代后随着乡村工业发展、中国逐步大规模参与国际市场，大量农村剩余劳动力实现了转移。[⑤]农业经营体制改革是中国特色贫困治理的重要制度基础，即国家通过一系列的政策推动农业生产关系适应生产力的发展。[⑥]中国的农业经营制度在1949年后，历经家庭经营基础上的合作经营、集体所有制下的集体经营、家庭经营基础上的双层经营以及家庭经营基础上的多元经营四个阶段的发展，通过生产关系的不断调适来推动生产力的进一步释放。[⑦]也正因如此，才逐步激活了乡村发展活力，解决了基本温饱问题。随后国家通过长期的经济发展，并不断调整改进的渐进式贫困治理策略，在充分考虑

① 舒尔茨. 改造传统农业. 梁小民, 译. 北京: 商务印书馆, 2009.
② 姚洋. 发展经济学. 北京: 北京大学出版社, 2013: 101.
③ 姚洋. 发展经济学. 北京: 北京大学出版社, 2013: 99.
④ 黄宗智. 长江三角洲小农家庭与乡村发展. 北京: 中华书局, 2000: 441.
⑤ 黄宗智. 制度化了的"半工半耕"过密型农业 (上). 读书, 2006 (2): 30-37.
⑥ 洪名勇, 娄磊, 龚丽娟. 中国特色贫困治理: 制度基础与理论诠释. 山东大学学报 (哲学社会科学版), 2022 (2): 23-37.
⑦ 郑淋议. 中国农业经营制度: 演变历程、问题聚焦与变革取向. 农村经济, 2020 (1): 88-95.

社会分配过程中的资源和利益平衡、不断扩大受益群体的基础上，凝聚了社会共识，减少了政策阻力，从而实现减贫目标，创造了具有中国特色的渐进平衡贫困治理模式。①汪三贵基于改革开放后 30 年的减贫经验发现，经济增长是大规模减贫的主要推力，依托于经济发展不仅可以为贫困人口提供更多的就业机会，而且也使得政府有更充足的财政资金来帮扶贫困人口。②虽然外部的经济机会为贫困人口提供了脱贫的机会，但是其实现的前提是建立在贫困人口内生型的增长机制之上的，还需要有针对性的扶贫开发措施来积极介入，帮助其摆脱贫困陷阱。③在李小云看来，中国的减贫道路"是在经济社会发展与国家主导的扶贫行动共同推动下，在中国特有的'家国'世界观和乡村社会关系条件下发生的农村贫困人口社会意义的再生产过程"。④

二、贫困研究的行动视角

行动是个体主观能动性下的选择，贫困研究的行动视角更加侧重个体如何发挥主观能动性，以及与社会结构和规则如何互动。"个体视角认为个人不适当或缺乏生产性行为是致贫根源，强调通过人力资本投资提升劳动力商品化水平。"⑤舒尔茨的人力资本理论较早从个体视角来阐述贫困问题，他在《改造传统农业》中提出人力资本是农业经济增长的源泉，如果人的能力与物质资本不相称，这种能力就会成为经济增长的限制性因素。⑥他还专门阐述了教育的经济价值，认为人力资本的关键投资在于教育。⑦林南将人力资本归纳为"劳动者由于获得知识、技能和其他在生产和交换过程中对雇主或公司有用的品质而增加的价值"。⑧王小强等根据 20 世纪 80

① 郑宇. 贫困治理的渐进平衡模式：基于中国经验的理论建构与检验. 中国社会科学，2022（2）：141-161+207.

② 汪三贵. 在发展中战胜贫困——对中国 30 年大规模减贫经验的总结与评价. 管理世界，2008（11）：78-88.

③ 汪三贵. 中国扶贫绩效与精准扶贫. 政治经济学评论，2020，11（1）：130-148.

④ 李小云，徐进，于乐荣. 中国减贫四十年：基于历史与社会学的尝试性解释. 社会学研究，2018（6）：35-61.

⑤ 文雁兵. 包容性增长减贫策略研究. 经济学家，2015（4）：82-90.

⑥ 舒尔茨. 改造传统农业. 梁小民，译. 北京：商务印书馆，2009：159.

⑦ 舒尔茨. 教育的经济价值. 曹延亭，译. 长春：吉林人民出版社，1982：5.

⑧ 林南认为人力资本是嵌入劳动者本身的追加价值，这是人力资本和物质资本之间最重要的区别。人力资本通常通过教育、培训和经验来进行可操作化和衡量。对劳动者的人力资本投资不仅对公司或生产商有益，而且对劳动者本身有益。人力资本增加了劳动的价值，其中的一部分可以以超出维持最低生存需要的工资和津贴的形式让渡给劳动者。林南. 社会资本——关于社会结构与行动的理论. 张磊，译. 上海：上海人民出版社，2005：9.

年代中国农村的调查，发现一些贫困地区自然资源非常富饶，却存在令人震惊的贫困现实，从而提出了素质贫困论，即个体从事商品生产和经营的素质不足的问题。①沈红认为素质贫困论本质是个体现代性的问题，尚未解决温饱的小农很难具备这种现代性。②事实上，即便是解决了温饱问题，深度贫困区的小农依然面临着培养现代性的难题。

阿马蒂亚·森基于能力、权利和福利提出的能力贫困理论在 20 世纪后期产生了很大影响③，他认为应该从概念上将贫困定义为能力不足而不是收入低下④。森的观点是：贫困是获取收入能力受到的剥夺及机会的丧失，不仅仅是低收入；收入是获得能力的重要手段，能力的提高会使个人获得更多的收入；良好的教育、健康的身体不仅能直接提高生活质量，还能提高个人获得更多收入及摆脱贫困的能力，疾病、人力资本的不足、社会保障系统的软弱无力和社会歧视等都是造成人们获取收入能力丧失的不可忽视的因素。⑤发达国家的反贫困政策受此影响转向了对家庭和个人的干预，提高个人能力，注重对人力资本的投资，重视贫困预防。⑥

与森的观点相似，获得了诺贝尔经济学奖的阿比吉特·班纳吉与埃斯特·迪弗洛在《贫穷的本质》一书中认为，缺少信息来源，相信错误的事情，并且肩负着生活中的多种责任是致贫的重要因素。⑦

能力贫困摆脱单纯从收入视角来解释贫困的框架，试图从知识和健康水平、外在社会评价及保障体系方面关注贫困何以产生，具有一定的解释力，但是能力贫困在解释当下中国的社会贫困问题时仍然存在很多不足：一是单纯站在个人能力视角看待贫困，忽视了贫困产生的家庭周期性因素以及家庭对于贫困缓解的内在动力机制；二是忽视了贫困产生的社会文化因素，即贫困产生不单纯是收入不足、能力不足，在收入水平和能力达到一定基础时，因为社会文化影响而导致的支出过大、收支结构不合理同样能够致贫；三是全国劳动力市场已经形成，农民可以通过外出务工的方式

---

① 王小强，白南风. 富饶的贫困. 成都：四川人民出版社，1986：56.

② 沈红. 中国贫困研究的社会学评述. 社会学研究，2000（2）：91-103.

③ 阿马蒂亚·森. 贫困与饥荒. 王宇，王文玉，译. 北京：商务印书馆，2001.

④ 段世江，石春玲. "能力贫困"与农村反贫困视角选择. 中国人口科学，2005（S1）：99-104.

⑤ 方黎明，张秀兰. 中国农村扶贫的政策效应分析——基于能力贫困理论的考察. 财经研究. 2007（12）：47-57.

⑥ 徐月宾，刘凤芹，张秀兰. 中国农村反贫困政策的反思——从社会救助向社会保护转变. 中国社会科学. 2007（3）：40-53.

⑦ 阿比吉特·班纳吉，埃斯特·迪弗洛. 贫穷的本质——我们为什么摆脱不了贫穷. 景芳，译. 北京：中信出版社，2013：228.

实现了家庭收入的增长,这些农民绝大多数是在市场中逐渐习得工作技能,对于健全的劳动力来讲,能力不足并不是收入低下的主要原因;四是能力贫困带着病态的眼光来看待贫困问题,没有将贫困中的病态现象与正常社会现象作出合理区分。

由于贫困现象更多的是以家庭为单位呈现,家庭成了观察和解释贫困的重要场域。家庭生命周期理论认为家庭有其自身的产生、发展和自然结束的运动过程,[①]在生命周期的不同阶段,家庭内的劳动力供给不同、配置策略不同,这些差异影响着家庭的生产和消费策略。恰亚诺夫在研究劳动家庭农场规模的变化时发现在小农经济和自给自足条件下,农户生产决策和消费决策是不分离的,家庭人口构成中的劳动—消费比率不仅决定了家庭的经济活动量,也决定了劳动家庭农场的规模,并随着家庭生命周期变化而呈周期性变化。[②]李怀印认为家庭生命周期是影响农村贫困的重要因素,在家庭生命周期的不同阶段,家庭劳动力供给、家庭负担和就业条件不同,家庭收入也不同。[③]沈红、周黎安等通过对贫困发生的微观机制研究发现随着家庭生命周期的世代更替,小农能够调整和控制人口结构,即劳动力配置结构,发生周期性变化,影响着家庭经济水平和贫困发生的周期性波动。[④]这些研究虽然注意到了贫困与家庭生命周期的内在关联,但是忽视了地方文化、社会规范对家庭经济结构、劳动力配置策略等对贫困产生机制的影响。

贫困的文化解释常被归入行动视角,马克斯·韦伯对于资本主义为何会发生在西方社会的阐释对后世影响深远。[⑤]反向而论,韦伯的阐释对于为何贫困有着同样重要的启示意义。"贫困文化论者认为贫困不仅仅是经济现象,而是根源于经济、社会、文化的综合现象,是一种自我维持的文化体系。"[⑥]1959年奥斯卡·刘易斯提出了"贫困文化"的概念,认为穷人在

---

① 其中被普遍接受的是由格里克(Paul C. Glick)提出的关于家庭生命周期阶段的划分,即选出七个家庭内的重要事件:初婚、第一个子女出生、最后一个子女出生、第一个子女离家、最后一个子女离家、夫妻之一死亡、鳏寡者另一位夫/妻死亡。将家庭生命历程分为六个阶段,将家庭生命周期划分为形成、扩展、稳定、收缩、空巢与解体6个阶段。Glick Paul. The Family Cycle. American Sociological Review, 1947(12): 164-174.

② 恰亚诺夫. 农民经济组织. 萧正洪, 译. 北京: 中央编译出版社, 1996.

③ Li Huaiyin. Family Life Cycle and Peasant Income in Socialist China: Evidence from Qin Village. Journal of FamilyHistory, 2005.

④ 沈红, 周黎安, 陈胜利. 边缘地带的小农: 中国贫困的微观解理. 北京: 人民出版社, 1992.

⑤ 马克斯·韦伯. 新教伦理与资本主义精神. 康乐, 简惠美, 译. 桂林: 广西师范大学出版社, 2007.

⑥ 黄承伟, 刘欣. "十二五"时期我国反贫困理论研究述评. 云南民族大学学报(哲学社会科学版), 2016(2): 42-50.

长期的贫困生活中固化出一套行为规范和价值观念的"贫困亚文化"，这种亚文化又成了贫困持续滋生和繁衍的温床。[①]身处其中的穷人乐天知命，没有很强要改变逆境的意愿，这种态度还会进行代际传递。[②]班菲尔德认为穷人很难依靠自身的力量去利用机会摆脱贫困，他们已经认可和接受了很多与主流社会格格不入的价值观念，集中表现为利己、家庭本位、排斥集体合作，要改变这些就需要依靠外来群体的力量。[③]其实早在20世纪20年代，晏阳初的乡村建设实验就已经试图解决农民贫困观念的问题，通过平民教育运动改造中国农民的"愚、穷、弱、私"四大病象。[④]

行动视角的贫困解释已经进入了更加细微的层面，对于行动者心理层次的剖析也逐渐成了新的研究取向。费金（Feagin）提出了"个人（没能力、不努力等要素）—结构（低工资、失业等要素）—命运（噩运、疾病等要素）"的归因模型，[⑤]使之成为心理学中贫困研究的经典范式。[⑥]当前贫困心理学研究主要集中在主观幸福感、心理健康、行为决策三个方面，"贫困文化理论、稀缺理论、自我损耗论分别从贫困文化、稀缺心态以及意志力资源视角解释了贫困产生的心理机制"。[⑦]尽管心理学对贫困研究有所启发，但是其所面临的最大困境在于本土化研究严重不足。

三、文献述评

贫困研究终究无法离开研究对象的行为及其所处的社会情境，因此社会学研究中结构—行动就成为一条主线。结构是对社会情境的一种抽象再现，行动者在社会情境中不断地进行回应和互动。经济和社会是结构—行动互动的重要场域，也是贫困研究的基本视角。"经济总是和人及其社会

---

① Lewis O. The culture of poverty. Scientific American, 1966, 215(4): 19~25.

② 汝信. 社会科学新辞典. 重庆：重庆出版社，1988：664.

③ 李红军. 临翔南美拉祜族反贫困问题研究. 昆明：云南大学出版社，2015：8.

④ 张颖夫. 晏阳初"平民教育"理论与实践研究：基于当代中国社会转型期的视角. 昆明：云南民族出版社，2011：173.

⑤ 转引自吴胜涛，张建新. 贫困与反贫困：心理学的研究. 心理科学进展，2007（6）：987~992. 吴胜涛等发现美国人倾向于个人归因，将贫困归于穷人的自身缺陷，英国人、澳大利亚人更偏重结构归因。原文出处为 Feagin J. Poverty. We still believe that God helps who help themselves. Psychology Today, 1972(6): 101-129.

⑥ 吴胜涛，张建新. 贫困与反贫困：心理学的研究. 心理科学进展，2007（6）：987~992.

⑦ 自我损耗论认为，抑制来自商品、娱乐活动等外在诱惑会损耗个体的自我控制资源，个体越贫困需要施加的抑制力就越大，自我控制消耗就会越迅速，而该理论认为自我控制的缺乏是导致持续贫困的重要原因之一。来源于 Bernheim B D, Ray D, & Yeltekin Ş. Poverty and self-control. Econométrica, 2010（83）：1877-1911. 转引自徐富明，张慧，马红宇，等. 贫困问题：基于心理学的视角. 心理科学进展，2017（8）：1431-1440.

文化相联系的，任何经济活动和经济现象背后，总是受着某种人文观念和
文化意识的支配，不存在没有文化的经济和没有经济的文化。"[①]经济体系
无法脱离具体的社会文化环境，正是在其中，"每个人都遵守自己所属群体
的规则、习俗和行为模式，尽管未必完全为这些东西所决定"。[②]贫困不仅
是经济学问题，也是社会学问题，"结构—行动""经济—社会"的交互，
恰恰可以组成一个贫困研究的经典谱系，如图 1-1 所示。

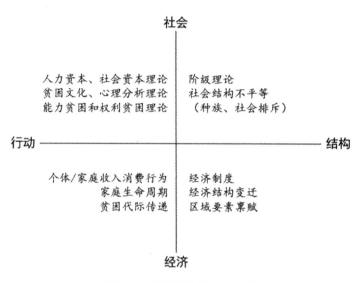

图 1-1　贫困研究的坐标谱系

来源：笔者制。

　　结构与行动构成了认识贫困问题的主轴。从认识的取向来看，结构解
释注重从制度、规范、要素结构、经济体系等层次来认识贫困，行动解释
注重从价值、能力、心理、家庭选择等层次认识贫困。在早期"行动—结
构"主客二元对立思潮的影响下，贫困常被归因于个体或社会，随着布迪
厄等人试图弥合这种对立的解释视角，行动与结构之间的互构、融合逐渐
成为贫困解释的主流思想。"真正理解贫困，需要文化与结构解释的结合。
任何结构取向的制度解释里一定会包括文化因素，而文化取向的贫困文化
解释又或多或少有制度的约束因素。"[③]

① 吴理财. "贫困"的经济学分析及其分析的贫困. 经济评论. 2001（4）：3-9.
② 弗朗索瓦·佩鲁. 新发展观. 张宁，丰子义，译. 北京：华夏出版社，1987：19.
③ 周怡. 贫困研究：结构解释与文化解释的对垒. 社会学研究，2002（3）：49-63.

贫困理论的坐标谱系对于中国反贫困实践的借鉴意义在于提供了更为丰富、复杂的认识路径，从而在世界经验的参照中寻找自身定位。从世界反贫困的实践来看，中国在减贫方面作出了无与伦比的贡献，对中国的发展经验、减贫实践、贫困转型性质都需要有正确、系统的认识，而非照搬其他理论来为中国经验论证合法性。中国近几十年来的发展成就举世瞩目，在世界反贫困史上留下了浓墨重彩的一笔。与绝大多数发展中国家不同的是，中国社会的贫困者所面临的绝非温饱问题，并且在快速的发展过程中也没有出现贫民窟问题，但是这并不意味着中国就没有贫困问题。在社会快速分化、贫困差距扩大背景下，农民家庭正在现代化转型中遭遇着各种困境。这些在当前既有的贫困研究理论中很难找到恰当的解释参照。转型期中国农村的贫困问题性质认识需要一个具有国情意识、符合本土经验的解释体系。

第三节　分析框架

我国区域发展不平衡，自西向东依次呈阶梯状分布。而处于不同区域的农村，所经历的发展阶段不同，因此面临的贫困问题核心也有所差异。从总体上讲，东中西部农村所面临的基本制度环境是相似的，如土地制度、新农合、新农保制度等，这些制度保障了农民的生存底线。但是东中西部的地理交通、生态气候、经济条件、市场环境、开发远近等要素差异造成东部地区要发达一些，中部次之，西部更次之。不过，农民可以在中国已经形成的统一劳动力市场上自由择业。在计划经济体制下，农村劳动力的转移受到三重阻碍：城市排他性的全面就业制度、严格的城乡户籍管理制度、城市基本消费品供应的票证制度及排他性的城市福利体制等。改革开放后，我国逐步废除了限制农村劳动力流动的各项制度，[①]并且随着我国产业发展的转型升级，越来越多的劳动密集型产业向中西部转移，中西部地区的经济空间也正在增加。

农民作为"能动的主体"嵌入中国式城乡二元结构，形成"以代际分工为基础的半工半耕"生计模式，这不仅是转型期农民家庭再生产的一般方式，也是中国渐进式城镇化道路的核心奥秘。[②]张建雷将这种突破传统

① 蔡昉. 中国劳动力市场发育与就业变化. 经济研究，2007（7）：4-14+22.
② 夏柱智，贺雪峰. 半工半耕与中国渐进城镇化模式. 中国社会科学，2017（12）：117-137+207-208.

"过密化"农业低水平增长陷阱、步入现代经济增长进程的农民家庭概括为发展型小农家庭。[①]为了应对现代发展主义的目标，农民的家庭再生产模式也实现了转型，从传统时期的简单家庭再生产过渡到现代社会的扩大化家庭再生产，经济理性、目的理性更加显著。[②]然而，由于现代性变革的非均质、非同步特征，即便是发展主义已经成为主流意识形态，在广阔的区域版图上仍然有一些地方保持着相当多的传统要素。深度贫困区农民既有的生活模式、思想观念、地方文化都与现代社会存在较大差异，李小云认为这是因为农民"长期以来与其自身的自然环境建立起了以相对低物质供给为特征的经济社会文化的生存性均衡，表现出很大程度上的'现代性伦理'缺失"。[③]按照当前的贫困治理标准，这些地方贫困发生率高、公共服务不足、基础条件薄弱、农民的发展动力不足，家庭生计结构在面对现代社会危机时显得格外脆弱。因此，促进均衡和充分发展、解决农村贫困的根本办法是继续城市化，"为农户提供在城市获利的体制机制保障，基础则是为农民提供增长自我发展能力所需的基础设施和公共服务"。[④]

家庭是理解中国农村贫困问题核心，农民的生计模式、发展目标、动力机制都是以家庭为单位。农民家庭所在的村庄社会是理解贫困问题的关键场域，那里构成了农民重要的意义参照世界，穷与富、强与弱、荣与辱，农民在熟人社会中寻找家庭定位。区域发展结构是理解贫困问题的重要视野，不同的区域结构中由于发展阶段不同，面临的贫困问题核心也不同，这些区域结构之间又存在着很多关联，在整体视角下这些关联对于理解农村贫困问题也就有了更丰富的意义。因此，本书的研究框架是以农民家庭为核心，以村庄社会为参照，以区域发展不平衡为主轴，构建认识转型期中国农村贫困性质的三层分析模型，分别从影响个体行动的经济社会结构、文化教育模式、人生价值等方面，层层递进探讨贫困问题如何产生，以及结构与行动之间如何互动。

一、农民家庭生计模式

贫困问题最直观地表现在家庭经济方面。农民家庭生计模式作出何种

---

① 张建雷. 发展型小农家庭的兴起：市场、制度与农民家庭的互构——皖东溪水镇的小农家庭与乡村变迁（1980—2015）. 华东理工大学，2017.

② 李永萍. "学会做老人"：家庭转型视野下的农村老年人危机——基于北方农村的分析. 武汉：武汉大学，2017.

③ 李小云. 把深度性贫困的治理作为精准扶贫的重中之重. 光明网专论，2017-04-24. http://theory.gmw.cn/2017-04/24/content_24284434.htm.

④ 贺雪峰. 中国农村反贫困问题研究：类型、误区及对策. 社会科学，2017（4）：57-63.

选择，主要由外在的资源环境、内在主动的策略性选择共同决定。从外部资源环境来讲，区域时空结构下的交通、气候、资源、人口等多重因素都会直接作用于农民的家庭经济模式，从而形成区域内相对稳定、普遍性的生计结构。经验现象表明往往在一个村庄或者镇域，甚至是县域范围内，农民家庭生计结构具有很强的相似性，这种相似性不仅说明了农民的从众性选择，事实上也反映出了多数家庭基于客观资源环境的理性应对形式。例如在东部沿海地区农村，因为交通位置便利，工业发展起步早，多数农民家庭都转向了以经商或者务工为主的经济结构，基本已经脱离了农业生产。在中西部农村，县域工业相对落后，难以吸纳更多的劳动力，农业生产又难以成为家庭在市场经济下的主要支撑，所以多数家庭选择了外出务工；有的地方因为发展经济作物的各种条件比较便利，已经打开了市场，农民以此来获取家庭经济的主要收入，不必再外出务工；生态恶劣地区的农民如果固守于本土就要面临着和大自然的各种斗争，想在此基础上发家致富，显然难度要大很多。因此，农民的家庭生计模式选择在一定程度上是区域性的资源环境结构的投射。资源环境对农民家庭生计选择影响较大，但是并不必然起到决定性作用，关键还在于农民家庭如何与外部的资源环境发生互动。

从内在主动策略性选择来讲，农民家庭面对客观的外部资源环境会作出一系列主动应对性选择，这些选择表现出很强的策略性。选择策略往往是农民基于家庭发展目标，根据劳动力数量、结构、文化等要素进行安排的。例如中西部多数地区，农民家庭以城市化为目标，在劳动力的配置方面选择以年轻子代进城务工、父代留守农村务农和照顾孙代的形式进行家庭资源积累；在东部农村，距离劳动力市场较近，劳动机会相对密集，父代也可以投入劳动力市场，能够积蓄更多的发展资源；在西南的一些山区，农民根据客观的资源环境也作了非常多的主动策略性选择，种养殖业、庭院经济丰富，家庭生活无忧。尽管农民家庭能够进行主动策略性选择，但又受制于家庭生命周期、劳动力结构和能力等因素，因而会出现家庭劳动力配置效率的高低、贫富差异等客观事实。

农民家庭生计模式能够最直观地反映出家庭贫富状况，却很难反映出影响农民对外部环境作出策略性选择的动机，也无法说明为何深度贫困区会集体无意识地选择低效率的劳动力配置方式。因此，需要进行第二层分析。

二、农民观念的现代化转型

扶贫是典型的现代社会的政策话语，以发展为核心的现代化成了支配当前社会运转的主流意识形态，统治人类几千年的农业文明在快速的社会变迁中作为落后的样板正在被加速淘汰。现代化理念在传播过程中不断地与既有的文化模式发生碰撞、交融，塑造出了人类文明的多样性。区域性的资源环境不仅影响着普遍性的农民家庭生计模式，也更加容易孕育出地方性文化。随着现代社会中社会交往密度的增加、交流成本的降低，主流文化的影响越来越强大，以文化教育为传播手段的现代理念影响着人们的思维模式和行为选择，打破了区域文化的藩篱。对于一些相对封闭的地方来讲，人们在与资源环境结构等要素持续互动中逐渐形成具有相对稳定性的文化模式，这种文化模式仍然具有较强的生命力。

现代社会的主流价值是发展，而发展意味着从一个状态到另外一个状态的演变，其初衷在于追求更好的状态。基于此，无论是国家还是个体都被设置了一系列目标，这些目标成了指引发展的动力，构成了行动者的意义系统。倘若对照现代社会中行动者的目标系统，会发现一些农村社会中存在着诸多偏离目标系统的行为，这些行为按照发展主义的逻辑来看，就是不理性的，是必然导致贫困的。而造成农民目标系统偏离的因素很多，大体而言，笔者将其归纳为两个层面：

一是地方文化中或许本身就有诸多不符合现代发展主义的成分，因而形成的亚文化对行动者的选择产生诸多影响，而行动者身处于结构之中难以摆脱，同时又因为缺乏基于文化比较的反思而在集体无意识中遵循传统的生活轨迹，并将其作为指导生活意义系统的重要准则。发展主义已经彻底地改变了人类的生活系统，局部地区保留的一些保守要素在历史车轮面前试图螳臂当车是不现实的，也是不理性的，最终结局也是不利于这些地区发展的。

二是即便存在着现代化的外部刺激因素，而行动者本身在选择过程中存在着思维和认识上的惰性，这种惰性倒也不全然是因为懒惰，而是充满着对现代发展主义副产品的压力感、被束缚感等的恐惧，从而采取了一种最简单的应对策略——回避。行动者并不全然会对现代社会产生抗拒，而是展现出一种趋利避害的本能，对现代社会中消费主义的魔力展现出较大的兴趣。行动者所表现出的对外部刺激选择性的回应更容易滋生贫困。

中国农村的贫困问题解决并不缺少手段，关键在于贫困户是否有脱贫决心，是否有发展目标，是否愿意付出。再完美无缺的贫困治理手段终究还是外因，内因是解决问题的根本。中国的现代化进程与农民思想观念转变的不同步是造成当前一些地区产生贫困问题的症结，除此之外，影响农民发展动力的关键内因是农民的人生价值。

三、人生价值

人生价值是支配个体行动选择的终极动力，是回答为何活着的人生哲学。家是中国农民的宗教，也是农民生活与发展的动力来源。对于中国农民来讲，即便经历了一系列社会革命及市场经济发展过程中个体理性的不断觉醒，家庭仍然具有浓厚的价值意义。钱穆说过，"中国人的家，实即中国人的教堂"。①许烺光曾经描绘了一幅中国农民活在"祖荫下"的生活图景，表现了农民对"祖先"的敬畏及强烈的"续香火"的观念。②求偶、结婚、抚育这一套活动体系所构成的"生育制度"的基础正是超越个人的种族与家族的延续③。贺雪峰提出了农民价值的三层分析方法，即本体性价值、社会性价值、基础性价值。他认为传统中国农民本体性价值大体有三类：一是宗教尤其是佛教转世说的影响，二是传宗接代，三是"人活一口气"的气。④刘锐、杨华认为本体性价值是农民价值系统的基础，为农民行动指明方向和意义，解决人生根本意义上的困惑。⑤传宗接代作为一种宗教性的根本价值，不只是男子才有，而是所有中国人的根本价值，构成了中国社会运作的基础⑥。实现家庭再生产构成了绝大多数农民的终极人生目标，也是支撑其生活的关键动力。由于不同地区对现代化发展理念的接受程度存在差异，不同类型农民家庭再生产在一定程度上可以分为两种类型：

一是维持型家庭再生产，即代表传统意义上农民家庭通过婚姻、抚育等一系列行为实现家庭的传承，这构成了农耕社会绝大多数农民家庭的发展轨迹。由于农民缺乏现代意义上的发展目标，相对而言，这种家庭再生产模式的维持型特征就更为明显。深度贫困区农村在这个层面上表现比较显著。

二是发展型家庭再生产，即代表现代意义上农民家庭不仅要实现生物意义上的传承，还更加注重发展质量。因此，绝大多数地区的农民都有较

①　钱穆. 钱穆先生全集：灵魂与心. 新校本. 北京：九州出版社，2011：30.

②　许烺光. 祖荫下：中国乡村的亲属·人格与社会流动. 台北：台北南天书局，2001：65.

③　费孝通. 乡土中国. 上海：上海人民出版社，2007：422.

④　贺雪峰. 农民价值观的类型及相互关系——对当前中国农村严重伦理危机的讨论. 开放时代，2008（3）：51-58.

⑤　刘锐，杨华. 价值迷失与农村老人自杀. 湖南农业大学学报（社会科学版），2014（6）：46-53.

⑥　贺雪峰. 农村代际关系论：兼论代际关系的价值基础. 社会科学研究，2009（5）：84-92.

为强烈的规划意识，生命历程被分为一个个节点，每一个节点都有一个关键性的目标，目标达成就可以向下一个节点努力，直至完成所有的目标，人生就会圆满。家庭构成了农民积蓄、奋斗和发展的动力。多数地区都属发展型家庭再生产模式。

当前农民的家庭再生产正在遭遇着结构性危机，转型期由于选择性生育等原因所带来的人口出生性别比失衡恶果已经显现。对于当前落后农村地区来讲，区域发展滞后、农民观念保守、重量轻质的生育观念、重男轻女思想……落后地区的女性越来越多选择到外面寻找新的生活，男性又被养儿防老、传宗接代的观念束缚在家中。女性梯度转移带来的婚姻挤压使得落后农村地区娶妻成本和压力越来越大。现代社会的这些危机使得农民完成家庭再生产的难度越来越大，因而对其家庭经济能力也提出了更高的要求，对于落后农村来讲，在发展中就逐渐处于被边缘的位置，不仅影响着农民人生价值的实现，也逐渐消磨了其发展的动力。这导致了更深层次的贫困危机。

四、政策周期

有效的政策设计离不开对社会基础的深刻认知。公共政策的初衷在于政府通过一系列的政策工具来回应社会中的关切以及复杂的治理议题。对于贫困治理而言，更是如此。扶贫政策的有效性是建立在对致贫原因分析的精准性之上的。基于对中国农村贫困性质的认识，本研究展开了对于精准扶贫政策的讨论。伴随着2020年脱贫攻坚任务的完成，精准扶贫政策已经完成了一个周期。对于精准扶贫政策的认识需要对政策周期内每一个环节进行分析和评判。政策周期是公共管理学中研究政策过程的重要视角。C. O. 琼斯认为政策过程由感知、汇集、组织、表达、确立议程、方案形式、合法化、预算、执行、评估、终结等环节构成。[①]安德森将政策过程的功能获得划分为问题的形成、政策方案的制定、方案的通过、政策的实施、政策的评价五个部分。[②]我国的研究者认为政策系统的运行，由政策制定、政策执行、政策评估、政策监控、政策终结及政策变迁等功能环节构成，这些环节即为政策周期。[③]

精准扶贫政策经历了一个完整的周期。从 2013 年精准扶贫概念的提

---

① Charles O Jones. An Introduction to the Study of Public Policy, Monterey. California: Brooks/Cole Publishing Company, 1984: 27-29.

② 詹姆斯·E.安德森. 公共决策. 唐亮，译. 华夏出版社，1990：31.

③ 陈振明. 公共管理学. 2 版. 北京：中国人民大学出版社，2017：227.

出，到系统的扶贫政策出台，再到精准扶贫政策的执行、监督与评估，最终到宣布脱贫攻坚任务的完成及后续政策的衔接，表明伴随着国家治理现代化的深入推进，政策设计的科学性和严谨性越来越强。对于政策执行过程中各个环节的研究，有助于更加全面地认识扶贫政策，从而为总结政策经验、提升贫困治理效能、完善政策流程设计提供重要借鉴。作为重要的扶贫政策设计，精准扶贫是由一系列的关键关节构成，主要为精准识别、精准帮扶、监督与评估等。基于此，本研究在第六章重点分析了在国家扶贫理念转型背景下精准扶贫政策的提出，并对涉及精准扶贫政策执行中的识别政策、帮扶政策进行讨论，对评估政策的执行与困境进行了分析。在第七章中，总结了精准扶贫政策的意义，讨论了在精准扶贫政策完结之后的衔接政策问题。

综上所述，本研究主要思路如图 1-2 所示。

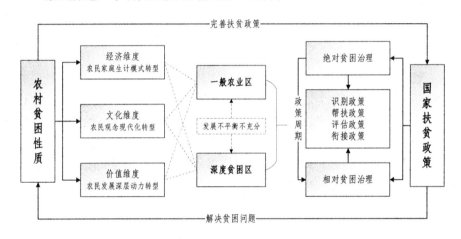

图 1-2　研究思路逻辑结构图

来源：笔者制。

第四节　研究方法与篇章结构

一、研究方法

本书聚焦于转型期中国农村贫困问题性质和反贫困政策，主要通过质性研究的方法来对这一问题开展研究。具体而言，就是通过基于个案研究基础之上的理想类型划分，在比较分析中认识中国农村的贫困问题。中国地域之广袤、区域差异之巨大、发展程度之深浅使得很难用量化标准去测量和反映农村的贫困问题。如果不了解农民的日常生活逻辑，如果不能从总体上对农村贫困问题作出合理的判断，单靠政策机械地推动"两不愁三保障、人均收入不低于 3100 元"①的扶贫标准显然难以和农民内心深处的贫困焦虑发生碰撞，扶贫效果难免要打折扣。

　　个案研究是质性研究中的经典方法，研究者通过访谈、参与式观察等手段来深入理解被研究者所处的情境、感悟及生活。在研究者看来，经验世界的丰富性和复杂性显然很难通过标准化的问题或数据展现出来，经验研究的魅力恰恰在于研究者经常要在经验世界中面临种种不确定性，对这种不确定的把握需要研究者本身对于生活和经验世界具有一定的体悟和感知。因此，在折晓叶看来，"个案的定性研究的手段，不是'精准技术'性的而是开放探讨性的，魅力不在于严格而在于审美，目的也不是证伪而是提问和解释"。也正是基于此，需要研究者本身能够扎根田野，于日常生活的细微末节处寻找研究对象的日常生活逻辑。②

　　然而，在研究方法的讨论中不可避免地总是遇到定量研究和定性研究的分野，个案研究作为质性研究的经典方法，总被质疑的就是所谓的"代表性"问题。尤其是在讲究客观、可量化、标准化、可重复性的自然科学思维影响下的社会科学中，定性研究因为在研究中具有强烈的主观性而被质疑存在科学性问题。经验研究比较注重研究者的生活经验质感，以及对问题把握的灵动能力，需要有不拘泥于一隅的广阔视野和判断，才能够对现实经验作出具有说服力的论断，而这些都对研究者本身提出了较高的要求。事实上，由于研究者最为深刻的经验恰恰来自其对自身生活的体悟，因此以"我"为主体的生活经验经常被用来与研究对象的情境进行比较，这种比较虽然无可厚非，并且还是产生问题意识的重要方法。但是如果研究者过于注重自身经验在研究场域中的代入，不可避免就会产生对客观事实的偏离，并且不同的研究者作出的判断也往往有所不同，正是因此，经验研究难免会受到批判。事实上，经验研究本身为了克服这种研究方法的弊端也作出了诸多努力，下文会重点阐释。关于两种研究方法的优劣及其适用性自不必言，相关的学术讨论已有很多。不管哪一种研究方法，归根

---

　　① 不同地域、年份，数字均有变化。例如，2015 年国家最低扶贫标准上调到 2855 元。国务院扶贫办主任刘永富表示，按购买力平价方法计算，这个最低扶贫标准相当于每天 2.2 美元，略高于 1.9 美元的国际极端贫困标准。各省份还可以制定高于这个标准的地方扶贫标准。

　　② 折晓叶. "田野"经验中的日常生活逻辑——经验、理论与方法. 社会，2018（1）：1-29.

结底都是为了更好地发现和解释社会。因此，从研究领域和研究问题来看，只有更加贴合经验现实的方法或许才是最为适当的，并不存在哪种方法具有绝对的统治力。

就中国农村的贫困问题而言，农村发展差异巨大，不同区域的农村所面临的核心问题皆有所不同，并且相当一部分农村的自然经济仍然比较发达，农民的日常生活很难用标准化的数据呈现出来。例如，笔者在后文将要谈到的深度贫困区一些基本现状：山大沟深、居住分散；自然经济发达，市场发育程度很低；农民对数字不敏感，对于现代社会中的身份认证系统不甚重视，以至于政府、公安部门连最基本的人口信息都无法精准掌握。在精准扶贫行动中，地方政府花费了极大的代价来确认信息的精准性，但是效果依然难以让人满意。而在这类存在着普遍性贫困的地区，地方政府通过给农民精确地算账得出张家比李家人均年收入少一两百元而被确定为贫困户，这样的结论对于贫困治理的意义并不大。

从贫困治理的角度来讲，对于这类地区就需要迫切地深入到村庄中理解农民的日常生活逻辑，从中寻找贫困产生的机理，而这些都需要研究者在田野中缜密地观察、发掘和思考。当然，个案研究虽然在一定程度上存在着典型性和特殊性的问题，但是也不能全然否定个案背后的普遍性。换句话说，对于研究者而言，随着研究经验的积累，个案研究能够产生累积性效应，并且当个案积累到一定程度，同样能够反映出普遍性的意义。正是因此，经验研究者都有着强烈的走出个案来认识社会一般性的理论关怀。

古典社会学产生伊始就带着这种宏大的理论抱负，人类从农耕社会走向工业社会的巨大变迁使得这一时期的社会学家更善于从类型上来认识时代。韦伯提出了理想类型的方法，是"为了克服德国人文主义和历史学派过度个体化和特殊化倾向而提出的一种概念工具"，理想类型是研究者基于现实社会的一种抽象的主观建构，但又不完全等同于现实社会。[1]同一时期的诸多社会学大家都用建构理想类型的方法来认识转型社会，比如涂尔干的自杀问题研究和社会分工研究、马克思对于人类社会类型的划分等，对于解释从传统到现代的复杂巨变都作出了诸多探索。

基于充分个案研究基础上的类型划分，可以实现从特殊到普遍的一般性概括，再回到具体经验进行验证，如此不断地循环往复，可以实现对复杂现实的一般化认知。同时，类型化的个案之间可以合并同类项、不断比

---

① 周晓虹. 理想类型与经典社会学的分析范式. 江海学刊, 2002（2）：94-99+207.

较，从而扩宽经验研究的广度和深度。[①]费孝通在反思其农村研究时也提出了从类型上来认识中国农村研究的路径。华中村治研究的学者在长期的经验调研过程中逐渐形成了饱和经验法，其原则就是不预设问题，注重半结构化的调研方式，以灵活性来应对经验现场的复杂性；"具体进入、总体把握、大进大出、重在体验"；耐心调研、认真思考，在重复训练中逐渐形成经验质感。[②]为了克服研究者本身拘泥于自身的生活经验而忽略对全局的认识从而作出过于主观性的判断，饱和经验法强调对研究者本身的严格训练：注重多点调研、区域比较，充分认识不同农村的复杂性；集体调查、现场研讨，在经验场群策群力，既要保障对问题把握的多角度、多层次，还要展开充分研讨；全面调查为主，专题调研为辅，注重经验之间的关联性和互补性，从而训练对于农村的整体性认知。

本研究在个案研究累积的基础上，通过区域比较，归纳和总结出两种理想类型：深度贫困区和一般农业区。这两类地区的贫困发生机理及治理重点都存在较大差异，因此当前的精准扶贫政策在这两类地区落地之后产生了很多不同的社会反应，在一定程度上又影响着贫困治理绩效。这充分表明在当前区域发展不平衡的基本国情下，很难再用统一标准的政策工具来测量和治理问题，中国农村的贫困性质需要得到恰当的判断，分类治理思维需要得到充分的重视和考虑。

二、篇章结构

本书分为8个章节，大体分为5个部分：第一章是导论，第二章是对中国反贫困历程的梳理，第三、四、五章聚焦于对转型期农村贫困性质的认识，第六、七章侧重于对反贫困政策的认识，第八章为结论和讨论。章节安排具体如下：

第一章，导论。通过对贫困治理中的困境展示引申出文章的核心问题意识——如何认识转型期中国农村的贫困性质。在既有文献的梳理基础上，试图弥合"结构—行动"的对垒，提出了以农民家庭为核心、以村庄社会为参照、以区域发展不平衡为主轴的研究框架，构建起认识转型期中国农村贫困性质的三层分析模型。导论对文章的研究方法、核心概念、篇章结构作了较为细致的介绍。

第二章，中国农村的反贫困历程。中国农村的反贫困是在国家现代化

---

① 王德福. 做人之道——熟人社会里的自我实现. 北京：商务印书馆，2014.
② 贺雪峰. 华中村治研究（2016年卷）. 北京：社会科学文献出版社，2016.

进程中逐步实现的，本章从农村反贫困的序幕阶段（1949—1978 年）、全面解决温饱问题（1978—2000 年）、全面建设小康社会（2000 年至今）三个时段来认识农村反贫困的历程。从建立完备的工业体系、走上独立自主的发展道路，到通过改革开放、引入市场机制，人民生活水平逐步提高，农村贫困性质随着国家的发展而悄然变化，国家能力的强大也为贫困治理奠定了坚实的基础。

第三章，经济贫困与农民的家庭生计模式。从粮食安全的角度来讲，小农生产并未过时，在国家的现代化转型中被赋予了重要的时代意义。农民家庭生计模式选择与贫困问题紧密相关，本章通过对深度贫困区和一般农业区的分析，揭示出自循环型小农经济、发展型小农经济的根本差异，进一步说明在贫困治理中农民生计模式转型的必要性。

第四章，文化贫困与农民观念的现代化转型。贫困治理本质上是现代发展伦理进入乡村社会的过程，农民家庭生计模式的选择与对现代社会的认识息息相关。本章从文化贫困的视域展现了现代发展理念对深度贫困区和一般农业区的影响，从收入—积累、能力—付出、手段—目标三个层面对贫困问题的发生机制进行辨析。

第五章，价值贫困与农民发展的深层动力转型。作为影响农民发展深层动力的人生价值正在遭遇着前所未有的危机。农民家庭再生产分为维持型、发展型，分别对应着深度贫困区、一般农业区，本章通过聚焦两类地区农民所面临的人生任务危机——婚姻问题，揭示出现代社会的结构性困境，以及危机转嫁机制给农民人生价值实现所带来的深层次危机。

第六章，绝对贫困治理：精准扶贫的政策实践。本章主要讨论了精准扶贫的政策实践历程。首先，从国家贫困治理理念调整的角度，审视了精准扶贫政策的产生及其任务；其次，沿着精准扶贫的政策执行脉络，讨论了其中最关键的精准识别政策的具体设计以及在执行中的问题与原因；再次，讨论了精准扶贫政策中的帮扶政策如何解决中国的贫困问题，以及其在执行中的问题与原因；最后，讨论了精准扶贫政策中的评估政策是如何影响扶贫绩效的，同时也反思了这一政策在执行中的问题和原因。

第七章，相对贫困治理：2020 年后的任务与挑战。本章将聚焦 2020 年后的贫困治理问题。首先，归纳并总结精准扶贫的重要意义，当然对于这一问题的认识，目前来总结确实还存在一定的历史局限性，也很难完全客观、全面地评价这一重要政策的历史意义，更多是从研究者在当下所能够感知到的进行归纳；其次，分析了脱贫攻坚和乡村振兴战略衔接的问题，更多侧重于从政策文本的角度进行解读，尽管乡村振兴战略已经提出了好几年，并在 2021 年全面开局，但是究竟该如何来做，当下还尚未呈现出清晰的思路；再次，本研究讨论了在相对贫困治理时期，贫困治理所面临的挑战；最后，基于精准扶贫政策执行中的启示，为相对贫困治理提供了一些可以参考的建议。

第八章，结论与讨论。中国农村的贫困治理伴随着国家的现代化进程，转型期农村的贫困性质需要得到恰当的判断，有效的公共政策离不开扎实的社会基础研究；精准扶贫是国家治理现代化在贫困治理中的探索，治理能力现代化并非一蹴而就；既有的反贫困政策有很多值得深思和探讨的地方，需要进一步完善，要谨防地方政府债务危机；最后对本书的研究不足及未来展望作了说明。

第五节　核心概念

1. 转型性贫困

转型性贫困主要是指国家在现代化转型过程中由于发展的不均衡、不充分所带来的农民家庭生计结构应对现代社会发展目标及风险危机时相对脆弱的贫困现象。当前的贫困问题性质已经发生了根本变化，从过去温饱意义上的绝对贫困转向了发展意义上的相对贫困。具体而言，深度贫困区农民家庭相对传统的生计模式、文化结构、发展目标等都需要进一步向现代社会转型，而一般农业区农民家庭发展虽然嵌入了现代化的内核，但是正处于转型过程中，既有的生计结构在支撑家庭发展目标时比较脆弱，仍然有较大的现代转型空间。

从可查到的文献来看，转型性贫困的概念最早应该是由李小云在新闻访谈中提出的，他认为："现在的贫困，不管是个体呈现的，还是国家和地区，或者不同国家和地区呈现出来的差异，恰恰是由于工业化转型所造成的。"[①]而在后来的概念发展中李小云为了与多维、区域性的深度性贫困相区分，将转型性贫困的主要特点归结为个体贫困。[②]由于缺乏专门的学术文章及概念辨析，转型性贫困仍然是较模糊的概念。在笔者看来，转型性贫困可以有更加丰富的内涵，作为不可逆转的现代社会转型彻底改变了

---

① 刘玉海. 中国减贫新挑战：转型性相对贫困. 21 世纪经济报道，2011-11-14（018）.

② 李小云. 把深度性贫困的治理作为精准扶贫的重中之重. 光明网专论，2017-04-24. http://theory. gmw.cn/2017-04/24/content_24284434.htm.

人们的生活模式，当前纷繁复杂的贫困现象是社会转型的客观结果，无论是个体贫困还是群体贫困，都是在社会转型过程中由于不适应或遭遇危机所造成的发展阻滞现象。

2. 深度贫困区

我国贫困问题具有区域性特征，1986 年启动国家大规模减贫计划时划定了 18 个集中连片贫困地区，《"十三五"脱贫攻坚规划》划定了 14 个连片特困地区。深度贫困区主要分为三类：一是连片的深度贫困区，包括西藏和四省藏区、南疆四地州、四川凉山、云南怒江、甘肃临夏等地区，生存环境恶劣，致贫原因复杂，基础设施、公共服务缺口大；二是深度贫困县，全国前 20% 的贫困县的贫困发生率平均在 23%，县均贫困人口近 3 万，分布在 14 个省区；三是贫困村，60% 的贫困人口居住在 12.8 万个贫困村，基础设施、公共服务滞后，村两委班子能力不强，无人管事、无人干事、无钱办事现象突出。深度贫困区的特征可以概括为"两高、一低、一差、三重"，即贫困人口占比高、贫困发生率高；人均可支配收入低；基础设施和住房差；低保五保贫困人口脱贫任务重、因病致贫返贫人口脱贫任务重、贫困老人脱贫任务重。[①]这些地区往往交通不便，生态环境脆弱，自然灾害频发；基础设施和社会事业发展滞后；农民思想相对保守，社会发育滞后，社会文明程度低；工业发展落后，非农经济机会比较有限，农民家庭生计相对脆弱。当前的深度贫困现象都集中在国家划定的这些区域内，但并不意味着这些区域都非常贫困，实际上其内部分化也比较大。这些极端贫困现象构成了思考转型期农村贫困性质的一种理想类型。

3. 一般农业区

从发展程度来讲，我国农村大体可以分为三类：一类是深度贫困区农村，极端贫困现象突出；第二类是东部发达地区农村以及中西部少数城郊村，产业发达、就业机会密集，村庄和城市社区区别不大；第三类是绝大多数中西部农业型村庄，农民依靠半工半耕（大田作物为主）、完全务工、完全务农（有特色经济作物种植）等方式获取家庭经济收入。由于大多数地区是以种植大田作物为主、农业产出固定、人均耕地较少，进城务工成为农民的主要选择。农民作为能动的主体积极融入国家的现代化进程，实现家庭的城市化转型是其发展目标和重要动力。这些地区的贫困现象多是个体性的，往往是由于疾病、残疾、意外变故等给农民带来的不幸。

---

① 习近平. 在深度贫困区脱贫攻坚座谈会上的讲话. 人民日报，2017-09-01（002）.

4. 文化贫困

刘易斯在 1959 年首次提出了"贫困文化",揭示了穷人如何在一种有别于主流文化的场域中适应并不断形塑其贫穷地位,并且这种文化还带有较为强烈的代际传递色彩。[①]从文化视角来解释贫困发生获得了越来越广泛的认可,周怡认为文化解释关注那些主要由规范衍生的穷人们已经习惯的内在因素,例如个人的动机、信仰、生活态度、行为特征和心理群像等。[②]伴随着贫困文化概念的兴起,文化贫困概念也获得了研究者的关注,"文化贫困的意思是指社会整体和个体的生存结构中,非文化要素的现实含量明显大于文化要素的含量,文化已经无法作为文明整体框架来统辖对现实生存的意义阐释及其现实本身",文化贫困本质上也是精神贫困,与经济贫困、技术贫困、宗教贫困等一系列概念范畴统一于多元结构模式。[③]在笔者看来,现代国家的贫困治理是基于现代性的发展理念与模式,对难以匹配社会发展节奏而陷入困境的个人或者群体进行综合性救助与扶持的过程,而这一过程对正处于现代化转型中的国家而言,不仅意味着要在经济层面解决贫困问题,而且也要从文化层面改变不适宜现代社会发展的诸多要素。因此,本书中的文化贫困主要是指地方社会在长期发展过程中所形塑出来的较为稳定的、对行动者能够产生支配性力量的思想观念、生活态度与行为惯性,这些要素难以适应现代社会的发展理念,并在潜移默化中影响着行动者的选择,使其处于贫困地位。

5. 价值贫困

在贺雪峰看来,传宗接代是中国农民本体性价值的核心,然而,现代性因素的进入,致使传宗接代的本体性价值开始理性化,从而导致传统的构成农民安身立命基础的价值观发生动摇,进一步导致其社会价值和基础价值失去依托,最后变得面目全非。[④]人生价值是支配个体行动选择的终极动力,是回答为何活着、为何奋斗的人生哲学。对于贫困治理而言,除了对无劳动能力者进行兜底保障之外,最关键的在于激发身心健全农民自身的发展动力,从而才能有针对性地培养其发展能力。书中的价值贫困主要

---

① Lewis Oscar.Five Families: Mexican Case Studies in the Culture of Poverty. New York: Basic Books, 1959.

② 周怡. 贫困研究:结构解释与文化解释的对垒. 社会学研究, 2002(3):49-63.

③ 王列生. 文化的贫困与文化的解困. 粤海风, 2000(2):4-6.

④ 贺雪峰. 农民价值观的类型及相互关系——对当前中国农村严重伦理危机的讨论. 开放时代, 2008(3):51-58.

是指构成行动者安身立命的传统价值秩序受到了社会剧烈转型所带来的外部冲击，导致一部分农民的内心秩序发生了较大变化，从而找寻不到个体奋斗的价值和意义，进一步外化表现为发展动力不足。

第二章 中国农村的反贫困历程

既有的反贫困研究一般都将标志着改革开放的 1978 年作为起始点总结中国举世瞩目的反贫困历程，从中华人民共和国成立到改革开放这段时间往往作为历史背景出现，甚至负面评价还要多一些，在一些学者看来正是由于前 30 年的错误政策才造成了 20 世纪 70 年代末的大规模贫困。扶贫作为一种政策话语从 1978 年后明确提出的说法虽然无可非议，但是仅仅将中国的反贫困历程局限于此未免失之偏颇。这种割裂看待反贫困历程的方式缺乏对前 30 年公正客观的评判，脱离了具体历史情境，容易造成误导。因此，有学者极力呼吁要正视前 30 年在反贫困中的重要贡献，将其纳入中国的反贫困历程。如邢成举认为 1949 年后的 30 年是一段被边缘的贫困治理史。[①]林毅夫等学者认为："从当时的发展阶段和认识水平看，实现国家工业化，几乎是发展经济、摆脱贫困和落后的同义语。"[②]中国在反贫困方面取得的成绩不是一蹴而就的，更不是空中楼阁，二战后中国能够在众多发展中国家脱颖而出，创造东亚奇迹，成为世界第二大经济体，其发展模式、反贫困历程、经验和教训都应该放在具体的历史情境中考察。

第一节 贫困治理的奠基之路

中国共产党领导的新民主主义革命推翻了压在中国人民头上的帝国主义、封建主义和官僚资本主义三座大山，结束了百余年来的屈辱。广大农民在土改运动中分到了土地，翻身做了主人。国家通过一系列的制度变革，"逐步消除了因财产分配不公导致的大规模贫困问题"，[③]人民生活水

---

① 邢成举. 精英俘获：扶贫资源分配的乡村叙事. 北京：社会科学文献出版社，2017：34.

② 林毅夫，蔡昉，李周. 中国的奇迹：发展战略与经济改革. 增订版. 上海：格致出版社，2014：23.

③ 汪三贵. 在发展中战胜贫困——对中国 30 年大规模减贫经验的总结与评价. 管理世界，2008 （11）：78-88.

平相比过去大幅提高。随后由于国际形势紧张，资本主义国家对华包围封锁，而当时中国的经济和工业基础又非常薄弱，为了彻底实现国家独立自主发展，改变传统农业国家的种种弊病，中国选择了优先发展重工业的策略。重工业的特征是资本密集性高、建设周期较长。为了克服困难，国家建立起了高度集中的计划经济体制，人为降低重工业发展成本；在农业领域，实行人民公社制度来对农业生产、农产品分配和消费进行控制，为降低重工业发展成本、提供经济剩余作出了重要贡献。[①]经过 30 年（1949—1978 年）的发展，尽管出现了很多波折，但是总体经济增速较高，建立起了较为完备的工业体系。1952—1978 年经济增长基本指标如表 2-1 所示。

表 2-1　1952—1978 年经济增长基本指标

时间	社会总产值	工农业总产值	国内生产总值	国民收入	积累率（%）
"一五"时期	11.3	10.9	9.1	8.9	24.2
"二五"时期	-0.4	0.6	-2.2	-3.1	30.8
1963—1965 年	15.5	15.7	14.9	14.7	22.7
"三五"时期	9.3	9.6	6.9	8.3	26.3
"四五"时期	7.3	7.8	5.5	5.5	33.0
1976—1978 年	8.1	8.0	5.8	5.6	33.5
1953—1978 年	7.9	8.2	6.0	6.0	29.5

注：增长速度按可比价格计算，积累率按现价计算。表格为笔者自制，相关数据来源于国家统计局国民经济平衡统计司所编的《国民收入统计资料汇编（1949—1985）》（中国统计出版社，1987 年版，第 2、45-46 页）。

这种发展模式也存在诸多问题：产业结构发展不均衡，生产要素和产品相对价格扭曲，劳动激励不足，人民生活水平没有得到有效提高。据国务院扶贫办（后改为国家乡村振兴局，全书同）周彬彬研究，在人民公社时期农民整体处于营养不足阶段，即按照营养学会的人体基本需要的供给量标准[②]衡量，农民摄入的蛋白质较标准低 20%，脂肪低 50%，热量低 10%～18%。[③]汪三贵认为当时至少有 40%～50% 的人群处于生存贫困状态。[④]与

① 林毅夫，蔡昉，李周. 中国的奇迹：发展战略与经济改革. 增订版. 上海：格致出版社，2014：40.

② 标准为热量 2400 大卡，蛋白质 75 克，脂肪 65 克。

③ 到了 1982 年，根据全国营养调查资料显示，农村居民的每日热量已达到 2614.9 千卡，超过供给量标准。周彬彬. 人民公社时期的贫困问题. 经济研究参考，1992（Z1）：821-837.

④ 汪三贵. 在发展中战胜贫困——对中国 30 年大规模减贫经验的总结与评价. 管理世界，2008（11）：78-88.

同时期的亚洲其他发展中国家相比，中国的状况处于平均水平，比印度（1919 大卡）、孟加拉（1796 大卡）高，和泰国（2098 大卡）、缅甸（2198 大卡）相差不多。这一时期，中国的减贫成就值得关注的有四个方面：

一、确立了"耕者有其田"的基本土地制度

土地作为基本的生产资料是人类赖以生存的保障，旧社会因为生产资料的不平等占有才产生了剥削、压迫与底层贫困的问题。土地改革的意义在于打破了生产资料不平等占有的基本格局，消灭了土地食利阶级，确立了按劳分配、不劳动者不得食的基本分配原则。[①]农民在分到了土地之后经历了短暂的土地私有阶段，很快在 20 世纪 50 年代的社会主义改造过程中，经互助组、初级社、高级社，过渡到了人民公社，明确了土地作为生产资料归集体所有，逐步确立、巩固了"三级所有、队为基础"的集体土地制度，最大限度保障了"耕者有其田"。

产权学派的学者认为土地是农民的私有财产，应该享有自由买卖的权利，并且试图从技术角度论证其合理性，土地兼并不但能使土地集中在少数经营效率更高的人手中，还有利于大规模开发、农业技术推广，促进生产力发展。[②]但是在中国传统社会，伴随土地私有的是土地兼并，一些地主为了扩大土地规模无所不用其极，小农也并不都是理性的，在一些处境下卖出土地后失去生存保障。钱穆认为："正因为土地私有，耕者有其田，才有了自由买卖，才开始兼并，才使贫者无立锥之地。"[③]

中国虽然国土广袤，但是可耕地相对较少，根据第三次全国国土调查显示，耕地面积为 19.179 亿亩[④]，人口多但可耕地面积少是基本国情。在农地农用的情况下，有限的人均耕地带给农民的财产收益非常有限，但是对生存保障意义重大。集体土地制度的优越性在于最大限度地规避了农民在土地买卖方面的非理性行为，通过明确土地性质——生产资料，明确土地所有权——集体所有，给农民设置了一道牢固的生存保障线，斩断了土地食利者的谋利空间，使广大人民树立起劳动获得报酬的基本分配理念。在中国农村，在人均耕地能够保障个体生存所需的背景下，除非是因为天灾人祸等造成生产效率低下或粮食减产，很少存在农民拥有土地还吃不上

① 贺雪峰. 城市化的中国道路. 北京：东方出版社，2014：119.
② 刘正山. 土地兼并的历史检视. 经济学（季刊），2007（2）：675-706.
③ 钱穆. 中国历代政治得失. 北京：三联书店，2001：18.
④ 第三次全国国土调查主要数据成果发布. 人民日报，2021-08-27（017）.

饭的情况。

集体土地制度的另外一种优势在于能够更好地服务于中国的现代化建设。在 1949 年之前，中国经历的百余年屈辱史让共产党人认识到要想实现国家独立、民族富强，就必须走上现代化的发展道路。但是在当时的背景下，中国的现代化建设面临着两个方面的紧迫问题：一是发展现代化的核心要素是工业化，而工业化需要资本、技术和人才等多方面要素，在资本主义国家对中国包围封锁的背景下，工业化的成本只能进行内部转嫁；二是中国几千年来形成的小农思想和意识一时难以打破，工业现代化的前提是农业能够同步现代化，而农业现代化需要集体化的生产制度。1949 年毛泽东主席在中国共产党七届二中全会报告中指出："中国还有大约百分之九十左右分散的个体的农业经济和手工业经济，这是落后的，这是和古代没有多大区别的。"在老一代共产党领导人观念中，"以土地私有为基础的个体农民是落后的经济形态，中国实现工业化就必须引导农民走向合作经济、集体经济"。①事实上，集体土地制度实现了在各方面资源有限的背景下为中国工业化发展作贡献的壮举，而农业和农民利益的牺牲是那个时代不得已的一种选择。从长远来看，这项制度为中国的贫困治理奠定了坚实的基础。

二、完善基础设施，尤其是农田水利设施等

农业是解决温饱问题、实现向工业化国家转型的根本。长期以来传统中国都是自然农业，生产力水平很低，受自然灾害影响非常大，即便农民有适量的耕地，也经常在温饱边缘挣扎。因此，农田水利等基础设施建设迫在眉睫。在经过一段时间探索后，伴随着农业合作化运动，我国农田水利设施的建设方针基本形成：国家负责兴修大型水利工程；人民公社依靠本级资金和劳动积累解决一切小型水利工程；总体原则是谁受益，谁建设。②20 世纪 60 年代自力更生的大寨精神得到了中央领导人的肯定并号召全国"农业学大寨"，进一步促进了农业基础设施的建设。在运动过程中，一些地方脱离实际，刮起了"浮夸风"，造成了人力物力的浪费、生态破坏等社会后果。

---

① 张路雄. 耕者有其田——中国耕地制度的现实与逻辑. 北京：中国政法大学出版社，2012：87.
② 人民公社的具体操作是将任务分解给生产队，参加建设的劳动者按工分参与年终分配. 李文，柯阳鹏. 新中国前 30 年的农田水利设施供给——基于农村公共品供给体制变迁的分析. 党史研究与教学，2008（6）：28-33.

但是也应该认识到，在国家集中有限资源发展工业的背景下，农村依靠自力更生、艰苦奋斗的拼搏精神，以及丰富的劳动力在条件有限的背景下完成了很多农业基础设施的改造，为农业生产及工业发展作出了重大贡献。据李文等统计，从 1957 年到 1978 年，农田有效灌溉面积的绝对数量从 4.1 亿亩增加到 6.7 亿亩；有效灌溉面积占耕地面积的比例从 24.4%增长到了 45.2%。[1]由于人民公社内在的效率不高等矛盾，农民的温饱问题始终没有得到有效解决。这一时期农田基础设施建设为分田到户后农业生产力的提高奠定了基础。20 世纪 80 年代以后国家在基层社会逐步失去了动员群众继续改造基础设施的能力，同时又没有更多的资源投入建设，农田水利设施在相当长一段时间都是吃人民公社时期的老本；进入新时期后，虽然国家不断强化对农村的资源投入，但又面临着项目落地困难、难以及时有效与群众需求相结合等新问题。时至今日，我们应该用客观公正的眼光来看待发展中的这些问题。

三、建立了合作医疗保障体系

中华人民共和国成立后百废待兴，医疗卫生事业也亟须快速发展。当时 90%左右的人口生活在农村，农村医疗卫生条件很差，缺医少药、传染病猖獗，严重威胁农民生命健康。20 世纪 50 年代初，经过两次全国卫生会议讨论，确立了"面向工农兵、预防为主、团结中西医、卫生运动与群众运动相结合"的四大卫生方针，[2]奠定了国家卫生工作的基础。在此方针指导下，政府大力加强城乡疾病预防工作，完善基层卫生组织；伴随着人民公社的发展，很多地方都出现了"以集体经济为基础，集体与个人相结合，具有互助互济性质的合作医疗"模式探索，[3]这些探索得到了中央领导人的大力肯定并在全国推行，"到 1965 年，农村绝大多数地区的县、公社和生产大队均建立起医疗卫生机构，形成了较为完善的三级预防保健网"。[4]

真正能让医疗体系发挥作用的归根结底还是人才。20 世纪六七十年代，我国医疗人才队伍的建设取得了较为瞩目的成果，在很大程度上扭转

① 李文,柯阳鹏. 新中国前 30 年的农田水利设施供给——基于农村公共品供给体制变迁的分析. 党史研究与教学, 2008（6）：28-33.

② 宋莉. 1950 年四大方针领航卫生 40 年. 中国医院院长, 2009（19）：18+20.

③ 李德成. 合作医疗与赤脚医生研究（1955—1983 年）. 杭州：浙江大学, 2007：11.

④ 朱玲. 政府与农村基本医疗保健保障制度选择. 中国社会科学, 2000（4）：89-99+206.

了中国卫生事业糟糕的格局。针对当时城乡医疗发展不均衡的问题，[①]1965
年 6 月 26 日，毛泽东作出了"把医疗卫生工作的重点放到农村去"的指
示，又称"六二六指示"。之后，卫生部门深刻检讨了工作失误，为了在
短时期内为农村卫生事业培养人才，卫生部门采取缩短学制、降低招生学
历要求等方法，在农村培养了一大批有知识[②]但不脱离农业生产的卫生员，
这些半医半农的卫生员依靠"记工分"获得劳动报酬，又被称为"赤脚医
生"。[③]"赤脚医生"结合中西医，充分利用中草药，极大地降低了医疗成
本，为农民日常生活中的疾病治疗作出了巨大贡献。除了治病救人，"赤脚
医生"的职责还有计划免疫、爱国卫生、改水改厕等公共卫生服务，筑起
了农村基层卫生防疫网络。据统计，截止到 1976 年全国农村的"赤脚医
生"达到了 150 万人，[④]为改善农村缺医少药的医疗困局作出了积极的贡
献，也为世界其他欠发达国家的医疗体系建设提供了宝贵经验。1945—1975
年婴儿死亡率和人口预期寿命如表 2-2 所示。

表 2-2　1949—1975 年婴儿死亡率和人口预期寿命

指标	年份						
	1945—1949 年	1950—1954 年	1955—1959 年	1960—1964 年	1965—1969 年	1970—1974 年	1975 年以后
婴儿死亡率（‰）	265	195	179	121	81	61	41
预期寿命（岁）	30.5	40.8	44.6	49.5	59.6	63.2	65.8

注：表格为笔者自制，相关数据来源于瑞斯金（Carl Riskin）编《中国人类发展报
告 1997》（人类发展与扶贫联合国开发计划署，1997：17）.

到了 20 世纪 80 年代，建立在集体经济基础之上的农村合作医疗制度
随着人民公社的解体而逐渐瓦解，因此与之相辅相成的"赤脚医生"失去
了制度土壤。1985 年，卫生部取消了"赤脚医生"的称呼，取而代之的是
有着从医资格认定的乡村医生，"赤脚医生"彻底在时代中消失。原本带有

---

① "由于卫生部领导上长期把人力、物力、财力主要用在城市，以致农村缺医少药的问题，迄今未
能很好地解决。" 1964 年的统计情况表明：高级卫生技术人员 69% 分布在城市，31% 分布在农村，其中
县以下仅占 10%；按人口平均的比例计算，农村中西医不仅远低于城市，多数医生的技术水平还很低；
全国卫生事业费 9.3 亿元，用于公费医疗有 2.8 亿（占 30%），用于农村医疗有 2.5 亿（占 27%），其中
用于县以下的仅有 16%。这意味着 830 万人享受的公费医疗经费比 5 亿农民的还多。转引自卫生部基层
卫生与妇幼保健司. 农村卫生文件汇编（1951—2000），2001：27.

② 主要由三部分构成：一是医学世家；二是高中毕业且略懂医术病理；三是上山下乡的知识青年。

③ 田孟. 从"赤脚医生"到"乡村医生"的变迁. 中国乡村发现，2016（3）：106-112.

④ 卫生部基层卫生与妇幼保健司. 农村卫生文件汇编（1951—2000），2001：420.

强烈福利保障色彩的医疗卫生制度被市场经济下的医疗制度所替代，农村卫生防疫网络基本瓦解。中国 20 世纪的合作医疗制度虽然存在很多问题和教训，但是也为那个时代的医疗卫生事业以及贫困治理作出了贡献。

四、大幅改善了落后的教育状况

在传统中国，"万般皆下品，唯有读书高"，读书识字是少数精英阶层才能享有的权利，是参与政治的基本条件。对大多数农民家庭来讲，其经济能力很难培养读书人。因此，在传统中国绝大多数农民都是文盲。1840 年以后，一批又一批的仁人志士看到了开启民智、启迪民心是实现民族富强的必由之路。尽管他们大声呼告，开展了各种运动，但是并没有从根本上改变农村文盲率高居不下的状况。以至于到 1949 年全国 5.5 亿人口中仍有 4 亿多是文盲，文盲率[①]高达 80%[②]，农村地区的文盲率高达 95%以上。[③]对于中国共产党来讲，提高大众文化水平、启迪民智不仅关系到能否顺利实现从传统农业国向现代工业国的转型，也关系到中华民族自强复兴的长久大计。

在 1945 年中共第七次全国代表大会上，毛泽东在《论联合政府》中指出："从百分之八十的人口中扫除文盲，是新中国的一项重要工作。"[④]中华人民共和国成立后，中央政府将扫除文盲作为一项"刻不容缓的重大政治任务"。[⑤]这次扫盲运动是充分把群众发动起来的一次全国性大行动，在中央号召下，广大师生及干部积极参与扫盲行动，各地建立了多种形式的扫盲队伍、学习小组。在农闲时推广"夜校""冬学""识字班"，在农忙时搞"小黑板识字"，推行"亲教亲，邻教邻，夫妻识字，爱人教爱人，儿子教父亲"。[⑥]经过努力，中国的文盲率迅速下降，1964 年已经降到了

① 文盲率：超过学龄期（15 岁及以上）既不会读又不会写字的人在相应人口中所占的比例。

② 赵婀娜. 60 载教育　奠基中国——教育部部长周济谈新中国 60 年教育. 人民日报，2009-08-27（006）.

③ 新中国的扫盲运动. 中国网，2009-11-24. http://www.china.com.cn/aboutchina/zhuanti/zg365/2009-11/24/content_18936237.htm.

④ 刘善文. 新中国的扫盲运动（一）. 党史文苑，2017（7）：38-39.

⑤ 1950 年第一次全国工农教育会议、教育部 1952 年颁布的《关于各地开展"速成识字法"的教学实验工作的通知》，以及中共中央、政务院 1956 年 3 月 29 日发布的《关于扫除文盲的决定》（以下称《决定》）都将扫盲作为一项发展大计。《决定》明确强调，扫除文盲不仅是中国文化上的一大革命，也是国家社会主义建设的重大任务。在与国家的社会主义工业化和农业合作化的发展紧密联系的同时，根据当地情况在 5 年至 7 年基本上扫除文盲，并对扫盲教育中有关教师、教材、指导内容和方法等作出具体规定. 转引自浅井加叶子. 当代中国扫盲考察. 王国勋，刘岳斌，译. 北京：当代中国出版社，1999：8.

⑥ 肖东波. 新中国成立初期中国共产党执政实践研究（1949—1956）. 北京：中央文献出版社，2013：465.

33.61%，1982 年下降到了 22.81%。^①

　　妇女识字率在这个过程中也得到了迅速提高。共产党内在的意识形态要求打破封建社会的不平等，而作为旧时期最大的社会不平等的"男尊女卑"思想在 1949 年以后很快就得到了法律层面的根本否定。中华人民共和国颁布的第一部法律就是 1950 年的《中华人民共和国婚姻法》，明确规定："废除包办强迫、男尊女卑、漠视子女利益的封建主义婚姻制度。实行男女婚姻自由、一夫一妻、男女权利平等、保护妇女和子女合法利益的新民主主义婚姻制度。"^②妇女获得了平等就业、政治参与的权利，拥有了独立的人格和社会地位，在社会发展和国家建设中发挥了积极的作用。

第二节　全面解决温饱问题

　　1978 年，十一届三中全会明确指出中国在社会主义初级阶段的矛盾是人民日益增长的物质文化需求同落后的社会生产之间的矛盾，提出了要解放和发展生产力。在对改革前 30 年的反思过程中，中国共产党人清醒地认识到："从一九五七年到一九七八年，全国人口增长三亿，非农业人口增加四千万，耕地面积却由于基本建设用地等原因不但没有增加，反而减少了。因此，尽管单位面积产量和粮食总产量都有了增长，一九七八年全国人均占有的粮食大体上还只相当于一九五七年的水平，全国农业人口人均年收入只有七十多元，有近四分之一的生产队社员收入在五十元以下，平均每个生产大队的集体积累不到一万元，有的地方甚至不能维持简单再生产。农业发展速度不加快，工业和其他各项建设事业就上不去，四个现代化就化不了。我国农业问题的这种严重性、紧迫性，必须引起全党同志的充分注意。"^③按照国家统计局"关于中国农村贫困状态的评估和监测"中划定的 1978 年人均年收入低于 100 元为贫困线计算，当时全国贫困人口达到了 2.5 亿，占人口总数的 25.97%，占农村人口总数的 30.7%，占世界贫困人口总数的 1/4。^④当时中国所面临的反贫困任务非常艰巨，贫困治理主要

---

　　① 国务院第六次全国人口普查办公室，国家统计局人口和就业统计司.2010 年第六次全国人口普查主要数据. 北京：中国统计出版社，2011：11.

　　② 中共中央文献研究室. 建国以来重要文献选编：第 1 册. 北京：中央文献出版社，1992：172.

　　③ 1979 年中国共产党第十一届四中全会通过了《中共中央关于加快农业发展若干问题的决定》. 转引自中共中央文献研究室. 三中全会以来重要文献选编（上）. 北京：中央文献出版社，2011：156.

　　④ 赵曦. 中国西部农村反贫困模式研究. 北京：商务印书馆，2009：95.

从以下两个层面展开。

一、以经济建设为中心，全面深化推进农村改革

人民公社体制的一个主要缺陷是效率低下，束缚了生产力的发展。我国改革也最先从农业领域展开，逐步确立了以家庭联产承包责任制为基础，统分结合的双层经营体制。"交够国家的，留足集体的，剩下都是自己的"，生产关系的变革极大地刺激了农民的劳动积极性。1984 年，全国粮食总产量达到创纪录的 40731 万吨，比 1978 年增长 33.6%；棉花总产量达到 625.8 万吨，比 1978 年增长 1.89 倍；油料总产量达到 1191 万吨，比 1978 年增长 1.28 倍。[①]与此同时，中央也不断调整土地政策，给农民吃定心丸：1982 年，中央一号文件指出，社员承包的土地应尽可能连片并保持稳定；1984 年，中央一号文件规定，土地承包期一般应在 15 年以上；接下来，1987 年、1990 年、1991 年的文件均多次强调要稳定和完善土地承包制；1991 年中央发布了《中共中央、国务院关于当前农业和农村经济发展的若干政策措施》，文件规定在原定的耕地承包到期之后，再延长 30 年不变。[②]农业生产关系的调整，促进了生产者的积极性，随着技术的进步，粮食产量越来越高，满足了大多数地区的温饱需求。

我国人多地少，过去由于城乡二元结构的限制，非农就业机会极其有限，农村人口难以实现向城市流动。改革后，经济发展给减贫带来的效益是全方位的，不仅在农业上提高了粮食生产能力，也进一步解放了农业生产力，给农民带来了更多的就业空间。这个就业空间主要表现为两个方面：

一是在 1978 年之后，农村经历了快速工业化的阶段，乡镇企业发展迎来了黄金时期。市场改革、价格改革等为农村发展释放了巨大的活力，由于农民收入的增加进一步刺激了消费品需求的增长，这一时期丰富的劳动力使得乡镇企业正好可以改善过去工业结构发展不均衡带来的劳动密集型消费品短缺的问题。[③]据统计，从 1978 年到 1996 年，乡镇企业从 150 万家增加到 2020 万家，吸纳劳动力从 2800 万人增长到了 1.35 亿人，乡镇企业增加值从占国内生产总值的不到 6%增长到了占国内生产总值的 26%。[④]不过这一时期的乡镇企业也面临着发展不均衡的问题，东部沿海地区由于人

[①] 国家统计局. 中国统计年鉴（1995）. 北京：中国统计出版社. 1995：347-348.

[②] 张路雄. 耕者有其田——中国耕地制度的现实与逻辑. 北京：中国政法大学出版社，2012：107-111.

[③] 约瑟夫·E. 斯蒂格利茨，沙希德·尤素福. 东亚奇迹的反思. 王玉清，朱文军，等译. 北京：中国人民大学出版社，2013.

[④] 巴里·诺顿. 中国经济转型与增长. 安佳，译. 上海：上海人民出版社，2016：244.

口一直比较密集，人地关系相对紧张，且因为交通优势历来都有经商传统，所以发展要更快更好一些。因为这些要素禀赋的差异，中西部地区乡镇企业发展相对缓慢。

二是农村领域改革的成效迅速地带动了城市改革，20 世纪 90 年代随着市场经济的发展，东部地区的工业化发展需要大量的劳动力。改革后造成城乡二元结构的制度壁垒被逐渐打破，农民可以实现向城市的自由流动，在城市中寻找到非农就业机会。城市经济因为有充足的劳动力补充，经济发展被源源不断地注入新的活力。在当时国际社会发达国家向发展中国家转移劳动密集型产业的背景下，一些城市依靠劳动力优势招商引资，为工业转型升级积攒了资本。对于农民来讲，在城乡之间往返的就业模式逐步成了主流的家庭生计模式，影响持续至今。当然也有相当一部分农民实现了家庭城市化的梦想。

在由计划经济向市场经济转型的改革与发展过程中，中国社会释放了巨大的活力。经济建设一直是政府的发展重心，工业化、城市化构成了强大的经济增长引擎。在不断地转换升级中，中国逐渐缩小与世界发达国家的差距，也为贫困治理创造了巨大空间，使得农民有更多的机会参与发展过程，分享改革和发展的红利，国家也有更加充足的实力来针对贫困问题展开治理。

二、将贫困治理列为国家专项任务

改革开放焕发了中国的发展活力，由于我国国土面积广阔且差异较大，各地区的发展并不平衡。偏远山区、边疆地区、革命老区及少数民族聚居区发展相对滞后，相当一部分地区温饱问题解决仍然存在困难。1984 年，中共中央、国务院发布了《关于帮助贫困地区尽快改变落后面貌的通知》。该文件指出，国家对贫困地区要有必要的财政扶持，但必须善于使用，纠正单纯救济的观点；解决贫困地区的问题要突出重点，应集中力量解决十几个连片贫困地区的问题等。[①]这份文件的发布标志着我国把反贫困作为一项重要的国家任务。1986 年国务院扶贫开发领导小组成立，由分管农村工作的国务院副总理兼任组长，国务院下属各部门作为成员单位，负责从总体上协调有计划、大规模的扶贫开发工作。中央进一步明确了变救济为开发、增强贫困地区自我发展能力的开发式扶贫的战略方针。在对贫困地

---

① 中共中央 国务院关于帮助贫困地区尽快改变面貌的通知. 中华人民共和国国务院公报，1984（25）：866-869.

区的支持方面，进一步瞄准贫困治理对象，以县域为单位，对筛选出来的贫困县进行有针对性的资源投入和帮扶。经过各级政府及社会各界的努力，农村绝对贫困人口从1986年的1.25亿人下降到1993年的8000万人。[①]

在向市场经济转轨过程中，中国取得了较大的发展成就，但是也面临着贫富差距越来越大的问题。尤其是老、少、边、穷地区，交通、生态、文化教育等都是制约地方发展的关键要素，单纯依靠地方力量很难实现发展突破。在改革开放之初，领导人提出了要先富带后富，"共走富裕路"才是中国特色的社会主义。为了进一步缩小发展差距、解决农村贫困问题，1994年国务院发布了《国家八七扶贫攻坚计划》，提出从1994年开始到20世纪末，利用七年时间集中各方面力量解决农村八千万贫困人口的温饱问题。[②]《国家八七扶贫攻坚计划》成为20世纪由中国政府推动扶贫开发工作的最重要的纲领性文件。为了让各级政府充分认识到扶贫工作的紧迫形势与艰巨任务，进一步统一思想和行动，1996年中共中央、国务院发布了《关于尽快解决农村贫困人口温饱问题的决定》。该决定明确了扶贫工作的基本方针、任务和要求，即继续坚持开发式扶贫的方针；把解决贫困人口温饱问题作为首要任务；把有助于直接解决群众温饱问题的种植业、养殖业和以当地农副产品为原料的加工业作为扶贫开发的重点；认真抓好科教扶贫和计划生育工作；坚持因地制宜，分类指导；扶贫攻坚要坚持到村到户；要动员社会力量参与扶贫；要发扬自力更生、艰苦奋斗精神。[③]在中央和地方的大力推动下，后续配套政策不断完善，对贫困治理起到了积极的效果。到了2000年农村贫困人口减少到了3200万人，基本完成了解决贫困人口温饱问题的首要任务。

第三节　全面建设小康社会

从2000年以后，中国的贫困治理进入了新的阶段。随着国家能力的强大，贫困治理、社会保障方面的制度体系不断完善。而农村贫困的主要矛盾也发生了变化，过去是以温饱问题为主，后来则逐渐过渡为发展中的贫困问题。2001年，中共中央、国务院发布了《中国农村扶贫开发纲要（2001—

---

① 汪三贵，张伟宾，杨浩，等. 城乡一体化中反贫困问题研究. 北京：中国农业出版社，2016：28.
② 中共中央文献研究室. 十四大以来重要文献选编（上）. 北京：中央文献出版社，2011：673.
③ 中共中央文献研究室. 十四大以来重要文献选编（下）. 北京：中央文献出版社，2011：170.

2010 年)》，明确了 20 世纪前十年的基本目标，即尽快解决少数贫困人口温饱问题，进一步改善贫困地区的基本生产生活条件，巩固温饱成果，提高贫困人口的生活质量和综合素质，加强贫困乡村的基础设施建设，改善生态环境，逐步改变贫困地区经济、社会、文化的落后状况，为达到小康水平创造条件。[①]这一时期的贫困治理政策延续了过去开发式扶贫的理念和诸多做法，随着国家财力的富足，各项惠农政策越来越健全，对贫困地区的支持力度越来越大。

一、新时期前十年的探索（2001—2010 年）

中国经济发展在 21 世纪进入了快车道，2001 年加入了世界贸易组织，到 2016 年中国的进出口贸易总额从 5000 多亿美元上涨到 40000 多亿美元，占世界贸易的比重从 4%上涨到 13%以上。中国的产业结构也不断优化升级，缩小了与发达国家的差距，逐步成为世界第一大出口国、世界第二大经济体。经济发展虽然取得了很大的成就，但是发展不平衡的问题也越来越突出，主要表现为城市和乡村发展不平衡、工业和农业发展不平衡、东部地区和中西部地区发展不平衡。国家在向农村收取农业税费的过程中由于地方的一些不规范行为，激化了基层社会矛盾，造成干群关系紧张。这些都促使中央重新思考新时期的城乡关系、工农关系。

2004 年在党的十六届四中全会上，胡锦涛总书记作出了"两个趋向"的重要论断，即纵观一些工业化国家发展的历程，在工业化初始阶段，农业支持工业、为工业提供积累是带有普遍性的趋向；当工业化达到相当程度后，工业反哺农业、城市支持农村，实现工业与农业、城市与农村协调发展，也是带有普遍性的趋向。[②]这标志着我国的农业政策发生了根本性的转折，从此国家开启了城市支持乡村、工业反哺农业、项目资源下乡的新阶段。在统筹城乡发展过程中，对于农村发展影响较大的政策大体可以分为四个方面：

一是农村税费改革。2006 年国家全面取消农业税费，不断加大农业补贴力度，并采取了一系列政策措施防止加重农民负担。实行了千年之久的"皇粮国税"被彻底取消，受到了农民的极大欢迎，减少了基层矛盾、缓和了干群关系，税费改革在农民收入增加方面起到了一定的效果。但是从另

---

① 国务院法制办公室. 中华人民共和国法规汇编（2001 年第 16 卷）. 北京：中国法治出版社，2005：491.

② 中国社会科学院农村发展研究所，国家统计局农村社会经济调查司. 中国农村经济形势分析与预测 2013—2014. 北京：社会科学文献出版社，2014：178.

外一个角度来看，即便农业税费取消了，除了原本要上交的税费部分可以看作农民增加的收入部分之外，农业收入也很难再进一步提高，已经接近增长的极限，在打工经济背景下，非农收入已经成为农民家庭的主要收入来源。[①]

二是项目下乡。为了解决 20 世纪国家分税制改革所伴生的财权集中给农民带来的负担问题，中央政府在 21 世纪初不但取消了农业税费，还通过规模巨大的专项转移支付资金"反哺"农村，此后政府间的资金分配越来越依靠"专项"或"项目"的方式。[②]"项目下乡"旨在解决如下问题：项目下乡与重大农村发展战略（如新农村建设）相结合，为村庄提供公共品，改变村庄面貌，完善基础设施，缩小城乡差距；提高基层组织战斗力，通过输入资源的方式，让基层组织起来，调动起基层自身建设的主动性和积极性；解决城乡发展在历史中由于政策倾向所带来的不均衡问题，让农民享受到改革发展的成果。[③]

三是建立并完善农村社会保障体系。"社会保障是现代社会防范劳动者及社会成员社会风险、缓解收入分配差距、促进社会和谐稳定的制度安排。"[④]健全的社会保障制度是调节收入分配的重要工具，也是实现社会公平正义的有效途径。我国城乡社会保障制度发展极其不平衡，长期的城乡二元结构使得农村的社会保障制度建设起步晚、覆盖范围窄、保障水平低。直到 2003 年新农村合作医疗制度和 2009 年新农村社会养老保险制度试点实施后，才从根本上扭转局面，[⑤]城乡基本公共服务的差距逐渐缩小。在社会救助方面，2007 年农村最低生活保障制度全面建立，随后医疗救助、危房改造、教育奖助等项目也被捆绑进低保福利中，一定程度上还造成了低保制度的泛福利化问题。[⑥]这也从反面说明了我国在农村社会保障制度建设过程中力度的确非常大。以 2015 年数据为例，全国共有城乡低保 6654.9 万人，占总人口的 4.9%，其中城市低保 1721.6 万人，农村低保 4933.3 万人。2015 年中央财政共安排城乡低保补助资金 1171.48 亿元，较上年增长

---

① 方齐云，陆华新，鄢军. 我国农村税费改革对农民收入影响的实证分析. 中国农村经济，2005（5）：35-38+46.

② 周飞舟. 财政资金的专项化及其问题 兼论"项目治国". 社会，2012（1）：1-37.

③ 刘成良."项目进村"实践效果差异性的乡土逻辑. 华南农业大学学报（社会科学版），2015（3）：50-59.

④ 王延中. 发挥好社会保障收入再分配作用. 经济参考报，2016-04-01（008）.

⑤ 杨林，薛琪琪. 中国城乡社会保障的制度差异与公平性推进路径. 学术月刊，2016（11）：108-117.

⑥ 仇叶，贺雪峰. 泛福利化：农村低保制度的政策目标偏移及其解释. 政治学研究，2017（3）：63-74.

6.36%，1 至 11 月全国累计支出城乡低保资金 1414.7 亿元。2007—2015 年我国农村低保覆盖情况如表 2-3 所示。

表 2-3　2007—2015 年我国农村低保覆盖情况

年份	2007	2008	2009	2010	2011	2012	2013	2014	2015
低保人口（万）	3566	4305	4760	5306	5345	5345	5388	5207	4933
农村总人口（万）	71496	70399	68938	67113	65656	64222	62921	61866	60538
低保覆盖率	4.9	5.9	6.6	7.8	8.1	8.3	8.5	8.4	8.1

注：表格为笔者自制，相关数据来源于国家统计局公布的统计公报（http://www.stats.gov.cn/tjsj/tjgb/ndtjgb/）和民政部发布的民政事业发展统计公报（http://www.mca.gov.cn/article/sj/tjgb/）。

城乡低保制度作为保障生存底线的救助制度，在贫困治理方面发挥了非常大的作用。除此之外，为了解决农民因病致贫的问题，在社会救助方面不断完善大病医疗救助，这些为农民生活构筑了多重安全保障。

四是全面普及九年义务教育。教育是解决农村贫困问题的根本，为推进城乡教育均衡，促进农村教育水平的提高，国家在普及九年义务教育之后，针对农村贫困地区逐步推行了"两免一补"政策，即免除义务教育阶段学生的书本费、学杂费，补助寄宿生生活费等，后来政策又逐步扩大到所有农村地区，2017 年进一步扩展到城市地区。2011 年，针对老、少、边、穷地区的农村义务教育阶段学生，国家推行营养餐计划。国务院常务会议决定从 2011 年秋季开始，中央财政每年承担 160 亿元，为试点地区学生提供营养餐，平均每生每天补助 3 元，后来补助标准、范围和财政投入力度也在不断加大。

经过十年的艰辛探索，截至 2010 年底，按照当时的脱贫标准，农村贫困人口减少到了 2688 万人，贫困发生率降为 2.8%。值得注意的是，国家扶贫战略较 2000 年以前也发生了较大调整，国家在 592 个扶贫工作重点县的基础上，选择了 15 万个贫困村作为"整村推进"的扶贫对象，大力推进产业扶贫和劳动力培训转移，以及易地扶贫搬迁和生态移民等重要工程，[1]这些不仅实现了有效减贫，而且也为精准扶贫战略的提出与实施奠定了重要的政策基础。

---

① 中华人民共和国国务院新闻办公室. 人类减贫的中国实践. 人民日报，2021-04-07（009）.

二、全面建设小康社会的十年（2011—2020 年）

2011 年，中共中央、国务院发布了《中国农村扶贫开发纲要（2011—2020 年）》（简称《纲要》），成为指导我国下一个阶段扶贫开发工作的纲领性文件。《纲要》在肯定了 21 世纪前十年的扶贫工作后，明确指出我国扶贫开发已经从以解决温饱为主要任务的阶段转入巩固温饱成果、加快脱贫致富、改善生态环境、提高发展能力、缩小发展差距的新阶段。新阶段的工作方针是继续坚持开发式扶贫，做好扶贫开发和农村低保制度的有效衔接，提出到 2020 年目标："稳定实现扶贫对象不愁吃、不愁穿，保障其义务教育、基本医疗和住房。贫困地区农民人均纯收入增长幅度高于全国平均水平，基本公共服务主要领域指标接近全国平均水平，扭转发展差距扩大趋势。"①与此同时，国家也将扶贫标准进一步提高到人均纯收入 2300 元，而按照新的标准，贫困人口为 1.22 亿。

2012 年，党的十八大后中央政府将贫困人口脱贫作为全面建成小康社会的底线任务和标志性指标，从此在全国范围内展开了一场力度空前的脱贫攻坚战。2013 年，党中央创新了扶贫工作机制，与以往最大的区别就是精准扶贫战略的实施，更加注重贫困治理对象的精准性、资金使用的精确性等。习近平总书记也多次强调："扶贫开发贵在精准，重在精准，成败之举在于精准。"

2015 年 11 月，中共中央、国务院发布了《关于打赢脱贫攻坚战的决定》②，明确指出确保到 2020 年农村贫困人口实现脱贫，是全面建成小康社会最艰巨的任务；提出了总体目标，即实现农村贫困人口"两不愁三保障"③；实现贫困地区农民人均可支配收入增幅高于全国平均水平，基本公共服务主要指标接近全国水平；现行标准下农村贫困人口实现脱贫，贫困县摘帽，解决区域性整体贫困。

2017 年 10 月，党的十九大报告首次提出精准脱贫是决胜全面建成小康社会的三大攻坚战之一，这些都充分表明党和国家高度重视贫困治理，并将其上升至前所未有的高度。经过国家和社会各界八年的辛勤付出与不懈奋斗，努力克服了新冠疫情、特大洪水等自然灾害所带来的不利影响，终于实现了全面建成小康社会的目标。全面建设小康社会的十年，贫困治理呈现出以下四个方面特征：

---

① 参见 http://www.gov.cn/jrzg/2011-12/01/content_2008462.htm.

② 中共中央 国务院关于打赢脱贫攻坚战的决定. 中华人民共和国国务院公报，2015（35）：11-21.

③ 不愁吃、不愁穿，义务教育、基本医疗和住房安全有保障。

（一）强化政治责任，贫困治理上升至国家攻坚战高度

地方政府往往面临着复杂的任务格局，尤其越是基层，所需要执行的政策命令越多。无论是经济发展，还是基本民生保障，都是地方政府需要履行的重要责任，但同时也面临着悖论性问题：有限的地方政府能力如何处理复杂的行政任务？事实上由于地方政府的人力和财力资源有限，大多情况下都是根据任务的轻重缓急对这些任务进行分类，优先解决最紧迫的、上级政府最重视的工作，而其他工作则采用策略性的形式进行应对。以往扶贫开发工作在地方政府的任务格局中虽然重要，但是更紧迫的考核是经济发展，由于领导注意力分配方式的差异，扶贫开发工作相对缺乏关注。而脱贫攻坚开始后，中央政府将贫困治理作为各级政府重要的政治任务，形成了"五级书记抓脱贫、全党动员促攻坚"的政治氛围。尤其是在中国的国家治理语境中，政治任务在自上而下的政府层级中，是一种非常严肃的、优先级别最高的任务表达方式。正如古德诺在《政治与行政》中所言，政治是国家意志的表达，而行政则是对国家意志的执行。[①]政治任务对于地方政府而言，更为关键的是政治责任，即如何不折不扣、保质保量地完成上级政府的任务；其蕴含的更深层含义是不允许下级政府对上级政府讨价还价，不允许地方政府对中央政府讨价还价，地方政府无须过多地考虑任务的正当性，而需要将注意力放置在任务的完成规划中；除此之外，政治任务还包含了上级政府对成本与收益关系的态度，即相较于纯粹的经济理性算计，政治任务包含了对任务的正当性、民心民意、成本收益等综合因素考虑，扶贫开发工作的成本往往是大于收益，但并不能因此而放弃投入，改善贫困地区的生产生活条件、供给完善的公共服务也是政府的重要职能之一。在此背景下，中央政府将贫困治理上升至国家攻坚战高度，并将其作为重要的政治任务进行全面部署，充分表明了国家治理贫困的决心和魄力。

（二）创新扶贫理念，政策设计更加注重科学性和严谨性

为了解决扶贫资金渗漏、更加有效地化解复杂多元的致贫要素，在吸收以往扶贫开发模式经验和教训的基础上，本轮贫困治理更加注重政策设计的科学性和严谨性。也正是因此，中央政府才逐步提出并丰富完善了"精准扶贫"理念，既要实现扶贫资源由"大水漫灌"向"精准滴灌"的转变，

---

① 弗兰克·古德诺. 政治与行政——政府之研究. 丰俊功，译. 北京：北京大学出版社，2012：21.

也要实现扶贫开发模式由"输血"向"造血"的转变，还要实现扶贫资源由多头分散向统筹集中的转变。精准扶贫政策以贫困户的识别工作为起点，注重识别对象的精准性，从而为后续的扶贫工作奠定关键基础；在帮扶政策的设计上，充分考虑到致贫要素的差异性，并围绕着产业、教育、住房、医疗、公共服务等方面，提出了一系列的帮扶措施，统筹了多个部门的相关职能，从而提供更加有效的贫困治理对策；在脱贫攻坚政策的推动方面，完善了自上而下的监督体系，通过交叉检查、跨层级检查、政府审计及其他明察暗访的手段来解决政策执行不到位的问题，从而保障扶贫政策能够得到贯彻实施；在脱贫攻坚的手段方面，越来越多的技术要素被应用到扶贫过程之中，例如国务院扶贫办建立的"扶贫开发信息管理系统"，以及地方政府在加强部门统筹之后建立的"财产检索系统"，这些不仅便于实现对贫困户的管理，也使得上级政府能够有效解决层级政府间信息不对称等问题；在脱贫攻坚效果的评价方面，改变了以往由政府内部考核验收的方式，积极引入专业力量参与评估验收工作，通过第三方评估等方式来保障脱贫攻坚成效的真实性与可信性，从而改变政府既当运动员又当裁判员的双重角色悖论；在脱贫攻坚效果的巩固方面，中央政府高度重视政策的延续性，通过完善巩固拓展脱贫攻坚与乡村振兴有效衔接政策，明确中央政府各个部门及地方各级政府的职责，设置五年的过渡期，并以年度考核验收等方式，压实各级政府责任，从而改变了以往政策执行缺乏可持续性等问题，也避免了"另起炉灶"、重复建设等弊病，更关键的是，有效避免了脱贫后大规模返贫等问题。以上内容充分表明，在全面推进国家治理体系和治理能力现代化的背景下，贫困治理的政策设计越来越具有科学性和严谨性。

（三）加大资源投入，对体制和社会进行深度动员

国土面积广袤、人口基础巨大、区域发展不平衡不充分是当前中国的基本国情，在此背景下贫困呈现出多维性、复杂性等特征，贫困治理的难度和挑战性可想而知。在此背景下，中国的贫困治理不仅需要海量的真金白银资源投入欠发达地区，而且也需要大量的人力参与到贫困治理过程之中。从资源的投入力度来看，脱贫攻坚战进行了 8 年，中央、省、市县财政专项扶贫资金累计投入达 1.6 万亿；土地增减挂钩指标跨省域调剂及省域内流转资金达 4400 多亿；扶贫小额信贷累计发放资金 7100 多亿、扶贫再贷款累计发放 6688 亿、金融精准扶贫贷款发放 9.2 万亿；东部北京、天

津、上海、辽宁、江苏、浙江、福建、山东、广东9省市累计向扶贫协作地区投入财政支持和社会帮扶资金1005亿；东部地区一起向扶贫协作地区累计投资1万多亿。这些资源为促进贫困地区发展，解决"两不愁三保障"等问题，提供了坚实的经济基础。为了保障脱贫攻坚政策能够得到贯彻实施，国家对行政体制和社会也进行了高度动员，一方面选派了25.5万支驻村工作队、300多万名第一书记和驻村干部长时期驻扎在农村，与近200万名乡镇干部、数百万名村干部一起走村串户，了解农村实际情况、宣传国家扶贫政策、精准识别贫困人口、谋划贫困地区发展、解决贫困人口实际问题。由于多数贫困地区的自然条件相对恶劣，这些干部深入到基层，不仅面临着无法及时照顾家人等问题，而且自身也承受着各种各样的风险，截至2020年底，共有1800多名扶贫工作者牺牲在脱贫攻坚一线①。另一方面，国家也实现了对社会的全面动员，央企国企、民营企业、社会组织、爱心人士等多个主体也都参与到贫困治理过程之中，彰显了社会责任感和使命担当。例如，国务院国有资源监督管理委员会和97家中央企业就先后结对帮扶了248个国家贫困县，承担了11000多项结对帮扶任务，累计派出了1万余名扶贫干部，投入了近千亿资金。资源的大量投入、人员的广泛参与，不仅有效解决了贫困地区的发展瓶颈，也实现了锻炼干部队伍、拉近与群众距离等目标，更加彰显了社会主义能够集中力量办大事的制度优势。

（四）扶贫成效明显，为世界减贫贡献中国方案

走过8年脱贫攻坚之路，实现了9899万农村贫困人口脱贫，832个县摘掉国定贫困县帽子，12.8万个贫困村摆脱了绝对贫困，790万户、2568万贫困人口的危房获得改造，960多万农民通过易地扶贫搬迁挪了穷窝。中国的贫困治理成果也因此收获到了世界赞誉：世界银行前行长金墉评价中国的扶贫事业是"人类历史上最伟大的事件之一"。一贯将中国问题作为竞选焦点的美国总统大选也在激烈的辩驳中发出了一些不一样的声音：美国民主党参议员伯尼·桑德斯在高度评价中国消灭极端贫困作出的贡献时说："如果我没弄错，中国解决极端贫困问题上取得的成就，比文明史上任何一个国家都要大，中国为本国人民做了很多事。"回顾中国的反贫困历

---

① 痛心！已有1800多人牺牲在脱贫攻坚一线. 光明网，2021-02-24. https://m.gmw.cn/baijia/2021-02/24/1302131367.html.

程，从中华人民共和国成立之时积贫积弱、缺医少药、文盲率高达 80%、广大人民难以满足温饱的基本国情，到成为世界第二大经济体，解决了绝大多数人民的温饱问题，正在实现全面建设小康社会的伟大目标，中国的贫困治理不仅展现了中国智慧与力量，而且为全球减贫也作出了超过 70%的贡献。正是由于中国在减贫方面的巨大贡献，第 73 届联合国大会将中国的"精准扶贫"理念与实践写入消除农村贫困的决议之中。联合国秘书长古特雷斯认为中国的精准扶贫是"帮助最贫困人口实现 2030 可持续发展议程中宏伟目标的唯一途径"。中国在反贫困方面取得的成绩不是一蹴而就的，更不是空中楼阁。新一轮的扶贫战略改变了以往政府运动式治理的方式，脱贫攻坚战作为各级政府的中心工作、长期任务，要有规划、有节奏、系统性地展开贫困户认定、帮扶及脱贫工作，并且还加强了对脱贫成效的考核，层层落实责任制，在扶贫工作中实行严格的"不脱贫、不脱钩"政策，以保持扶贫干部队伍的稳定。[①] 除了政府的专项扶贫行动，中国的制度优势和发展势能也为贫困治理作出了突出贡献。中国土地制度的宪法秩序保障了耕者有其田、居者有其屋，国家通过取消农业税费、完善农村合作医疗和养老保障制度体系，为农民的生存和发展构筑了稳固的保障线。贫困治理不仅需要完善的顶层设计，更离不开人民群众的拼搏与奋斗。随着改革开放的不断深化，腾飞的中国经济与稳定的政治社会环境为农村劳动力转移和就业创造了巨大的空间和机会，绝大多数中国农民通过勤劳奋斗改变了贫穷落后的命运。

第四节　中国特色的城市化与农村减贫道路

工业化、城市化构成了中国从传统农业国家走向现代工业国家的两大重要引擎。从发展脉络来看，1949 年之后的 30 年中国选择了赶超型工业化战略，为建立自主完备的工业体系，重工抑农，城市化进程被刻意压制，

---

① 2016 年 4 月 25 日，中央组织部、国务院扶贫办发布了《关于脱贫攻坚期内保持贫困县党政正职稳定的通知》，为给打赢脱贫攻坚战提供坚强的组织保证，把"不脱贫不调整、不摘帽不调离"作为组织纪律，贫困县（包括贫困乡镇）党政正职在完成脱贫任务前原则上不得调离。脱贫摘帽后也要保持稳定一段时间。为了防止"数字脱贫"，将精准扶贫落到实处，改进考核机制，落实年度逐级督察制度。参见 http://www.cpad.gov.cn/art/2016/4/25/art_1744_95.html.

形成了城乡二元结构。农村存在大量剩余劳动力，生活水平改善缓慢，城市化水平远远落后于工业化水平。1978 年中国工业净产值达到 GDP 的44.3%，但是城镇人口才占到总人口的 17.9%。[①]改革开放后随着国际局势的缓和，中国可以和世界进行更多的互动和交流，参与全球化贸易，工业化水平在发展和竞争中实现转型升级。国内原本抑制城市化进程的二元结构的制度基础逐步瓦解，城乡之间实现自由流动，在市场经济改革的推动下中国的城市化进程明显加快。

　　城市是人类文明的结晶，城市不单是人口在空间上的聚集，也是生产和消费公共产品的场所。[②]城市化水平越高，提供公共服务的水平也就越高。工业革命之后，各个资本主义国家在发展过程中无不以城市化为发展目标，实现占绝大多数的农业人口向城市人口的转型被看作城市化的基本标志，也被作为考察国家经济发展水平、社会组织程度和管理水平的基本参照标准。工业化和城市化常作为一对概念出现，世界银行报告认为工业化必然伴随着城市化，城市化是工业化的地理学概念。[③]工业革命后人类社会就被发展话语所主导，在全球竞争中发展缓慢则面临着处处受限的问题。现代化是典型的发展话语，被天然地内嵌于工业时代及后工业时代的国家发展话语中。现代化被认为是"由农业社会过渡到工业社会的过程，这一过渡需要高级工业技术的发展，以及维持、指导、运用这一技术的政治、文化、社会配套设施"。[④]现代化的概念"将工业化及伴随工业化产生而来的像经济增长或发展、政治变迁、社会变迁、宗教变迁、教育变迁及其他体制变迁等都纳入其中"。[⑤]

　　中国的城市化进程经历了由缓慢发展向快速赶超的过程。改革开放后，城市化和工业化严重不同步的现实得到了扭转，城市化作为国家发展的战略成为促进中国经济强劲增长、人民生活水平提升、国家现代化转型的重要动力。

　　我国的城乡人口变化如图 2-1 所示。

---

① 魏后凯. 21 世纪中西部工业发展战略. 郑州：河南人民出版社，2000：328.

② 赵燕菁. 城市化的几个基本问题（上）. 北京规划建设，2016（1）：156-158.

③ 世界银行. 增长报告：可持续增长和包容性发展的战略. 北京：中国金融出版社，2008.

④ 史蒂文·瓦戈. 社会变迁. 5 版. 王晓黎，等译. 北京：北京大学出版社，2007：80.

⑤ 史蒂文·瓦戈. 社会变迁. 5 版. 王晓黎，等译. 北京：北京大学出版社，2007：83.

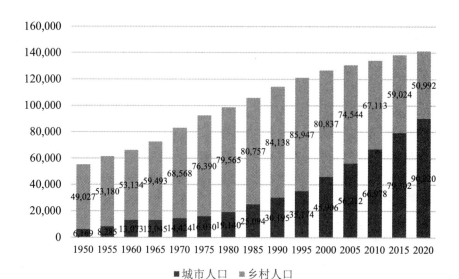

图 2-1　我国城乡人口变化图（1950—2020 年）

注：图形为笔者自制。

1. 1981 年及以前数据为户籍统计数；1982、1990、2000、2010 年数据为当年人口普查数据推算数；其余年份数据为年度人口抽样调查推算数据。

2. 总人口和按性别分人口中包括现役军人，按城乡分人口中现役军人计入城镇人口。

3. 数据来源：国家统计局 2021 年统计年鉴。

上图表明：经过六十余年发展，中国终于在城乡人口比例方面实现了历史性的转折，"乡土中国"向"城市中国"迈出了实质性的一步。当前的城市化率是按照居住地来计算，如果按照户籍人口来计算城市化率还不足50%，未来中国的城市化进程还有非常大的空间。中国的城乡关系、城市化道路具有鲜明的本土特色，没有出现大多数发展中国家城市化进程中的贫民窟问题，城市化对于中国减贫的意义值得进一步探讨。

一　保护型城乡二元结构与农民的城市化目标

城乡二元结构塑造出来的不平等是通过计划经济时期一系列制度展现的，如户籍制度、住宅制度、粮食供给制度、副食品与燃料供给制度、生产资料供给制度、教育制度、就业制度、医疗制度、养老保险制度、劳动保护制度、人才制度、兵役制度、婚姻制度等。①改革开放后原来附着在城乡二元结构上的制度，尤其是对农村发展起到负面作用的制度被淘汰或者已经失去了存在意义。当前城乡二元结构依然存在，确实还有一些制度附着在城乡二元结构之上，但更多的是对农村发展、农民利益起到实质性保护作用的制度，诸如农村土地制度等。因此，贺雪峰等认为当下的城乡二元结构是对"三农"的保护型结构。

农村集体土地制度就是一种典型的城乡有别但是对农村发展起到保护的制度。我国农村仍然是集体土地所有制，农民作为村庄成员可以享有农村土地的承包经营权，可以享受宅基地使用权，这些就在根本上保障了农民的基本生活利益；村集体作为土地所有者享有集体经营性建设用地的使用权，这在一定程度上保障了集体收益。这些都是城市所不具有的，也是很多城市人梦寐以求的，尤其在后工业时代城市人为了乡愁、为了追求田园生活，对农村的土地有着强烈的欲望。如果放开土地买卖，资本、富人会迅速到农村跑马圈地。资本具有天然的逐利性，城市化进程中，农地向非农用地转化的过程会产生大量的增值收益，因此资本对农村土地一直虎视眈眈。农村集体土地所有制在一定程度上抵制着资本的谋利动机。在农村调研中发现，资本对于城郊的土地利益非常敏感，往往在城市规划发展之前，就瞄准好了要追逐的利益。近年来国家鼓励土地流转、资本下乡，一些资本就到城市郊区圈地，和农民签订长期的土地租约，名义上是搞农业开发，实质上是圈地后坐等政府征地时谈判。资本为了圈地会想方设法让农民把土地私下卖出去，尽管从程序上来讲并不合法，有的甚至动用非法手段来拿地。城乡之间如果没有集体土地制度这层保护型结构，处于劣势地位的农村就会在丛林法则中被资本打败，结果是穷者越穷。

国家在制度设计中坚决从地权制度上保障农民权益。2017年10月18日中国共产党召开第十九次代表大会，习近平总书记在报告中指出：巩固和完善农村基本经营制度，深化农村土地制度改革，完善承包地"三权"分置制度。保持土地承包关系稳定并长久不变，第二轮土地承包到期后再延长三十年。深化农村集体产权制度改革，保障农民财产权益，壮大集体经济。②

---

① 郭书田，刘纯彬. 失衡的中国：城市化的过去、现在与未来（第1部）. 石家庄：河北人民出版社，1991.

② 习近平. 决胜全面建成小康社会 夺取新时代中国特色社会主义伟大胜利——在中国共产党第十九次全国代表大会上的报告. 中国政府网，2017-10-27. http://www.gov.cn/zhuanti/2017-10/27/content_5234876.htm.

　　城乡二元结构对于"三农"的保护意义使得农民能够放心大胆地到城市务工，从而在非农经济积累中实现在城市安家落户的梦想，并且也不用太担心进城失败的风险，只要农村留有土地和房屋，那么就会有退路。中国农民的城市化在二元结构作用下成了弹性的城市化，也正是因此没有出现很多发展中国家在城市化进程中出现的贫民窟问题。应对经济震荡时农民工的失业问题可以通过返乡来化解，经济复苏时再次进城务工即可。2008 年全球金融危机，中国虽然受到了较大冲击，但是没有产生大的社会问题。充满弹性的城乡二元结构，在中国经济和社会稳定发展中扮演了稳定器的角色。

　　我国这几十年来在减贫上的成就很大程度上得益于经济发展带来的就业机会增多，珠三角、长三角、环渤海经济带从 20 世纪 80 年代初就走在经济发展的前列，成为吸引农民工流入的核心地带。由于我国农村大量的劳动力是从 80 年代之后才开始向城市转移，充足的劳动力供给也在一定程度上压低了劳动力的价格，这使得 80 年代初期东部沿海地区在承接国际劳动密集型产业时具有充足的竞争力。工资水平不高、缺乏社会保障……是农民在务工过程中面临的问题，但是相比农业收入，这些务工赚来的辛苦钱显然能够更快更好地改善家庭经济状况，此时收入差距是农民向城市流动的基础。20 世纪八九十年代就外出打工的农民，多数是农村中知识水平最高、最有闯荡精神的草根精英，只是农村中发展空间实在有限，过去由于体制原因不得不留在农村，他们不单纯是从农业生产中"挤出"的剩余劳动力。[①]在 2000 年以后，除了第一代农民工继续在城市中寻找发展机会外，第二代农民工也进入了城市舞台，学术界一般把出生于 20 世纪八九十年代、在城镇就业但拥有农村户籍的人员称为新生代农民工，这代人的生长和生活环境比父代要优越很多，文化知识水平也更高，多数是从校门直接走向城市，因此发展平台也比父代更高。据杨志明研究，2016 年新生代农民工有 1.3 亿，选择外出就业的就有 1 亿人，占到了新生代农民工总数的 80%，占到农民工总数的 60%。[②]新生代农民工有着比父代更明确的发展目标，在实现自身的城市身份转型方面的愿望更加强烈。

　　从经验来看，农民在实现市民身份的转型过程中往往是以在城市中购买了房屋、具有稳定的收入为标志，户籍意义并不大；"农民进城"也很少能一次性成功，而是在城乡之间的往返过程中逐步实现家庭积累，从而实

---

　　① 广东外来农民工联合课题组. 在流动中实现精英移民——广东省外来民工调研报告. 战略与管理，1995（5）：112-120.

　　② 杨志明. 中国特色农民工发展研究. 中国农村经济，2017（10）：38-48.

现在城市定居落户的梦想；农民的城市化进程虽然以家庭为单位，但是很少会实现家庭成员的全部城市化，多是局部成员的城市化，即年长的父母往往会选择留在农村继续生活，形成了我国独特的城乡往返式、家庭接力式进城的模式。

二、全国劳动力市场的形成

中国的城市化进程除了有独特的城乡互动结构保驾护航之外，更重要的是得益于近几十年来经济的持续增长，逐步形成了统一的劳动力市场，让农民拥有更多的就业机会，为其进城目标奠定坚实的经济基础。经济增长对于减贫的意义是毋庸置疑的，农业领域中经济空间非常有限，在人多地少的格局下意味着农民实现财富积累需要在更多的非农领域获取经济机会。2016年我国农村到城市的流动人口规模达到了2.8亿，其中外出农民工大约有1.7亿，[①]其余是就近转移就业，充分表明我国城乡劳动力市场融合取得了较好的效果。劳动力市场的融合具有多重功能，宏观上可以使资本和劳动力更好地匹配，提高经济增长效率；在微观方面，劳动力市场融合增加了就业机会，进一步提高了农民工的经济收入，在农村减贫方面发挥积极作用。[②]

从总体上看，已经形成的全国劳动力市场具有三个重要特征：

一是劳动力可以实现在全国城乡之间、不同区域之间自由流动，不受户籍等制度的限制，依据自身的文化水平、能力以及社会资本等要素寻找工作机会；

二是市场强大的资源配置效率使得劳动力的价格相对标准化，不同工种对应不同的劳动力定价区间；

三是全国劳动力市场的非均衡分布，我国经济发展的不均衡性，导致了就业机会、劳动力市场的非均衡分布。

客观来讲正是因为经济发展的不均衡性，才形成了劳动力的大规模流动，那些经济机会少的地区的农民向经济机会多的地区流动，这种流动进一步打破了原来相对封闭的地方市场。基于劳动力市场的前两个特征，原

---

① 数据来自2016年《人力资源和社会保障事业发展统计公报》。

② 宋锦. 中国劳动力市场一体化的主要问题研究. 东南大学学报（哲学社会科学版），2016（6）：103-109+148.

来地方市场在信息不对称条件下形成的劳动力价格不得不和全国劳动力市场价格对接。[①]

全国劳动力市场的非均衡性对农民的生产和生活也产生了重大影响：

一是市场机会密度的不均衡，即沿海的珠三角、长三角、环渤海工业带是中国近几十年来工业发展的重要引擎，这些地方提供了大量的就业机会，成了农民外出务工的主要流入地。中西部农村地区工业发展长期滞后，市场机会比较稀薄，成为人口净流出区。

二是农民务工远近及心理成本的不均衡，沿海工业带及在工业发展辐射区内的经济机会较多，农民务工可以离土不离乡，家庭内的劳动力均可以在市场上找到合适的就业机会，实现充分就业，经济收入自然要高很多。农民在生活中更容易积攒丰富的社会资本，寻找好工作的能力和机会都要比外来务工者要强。中西部地区农民外出打工不仅要面临更大的心理成本，比如要做好外出后面对各种不确定性的心理准备（语言适应、工作机会寻找……），还要做好家庭内的分工策略——如何照顾老人和孩子、安排农业生产。

市场机会密度的差异对代际关系也有影响：东部地区的社会保障水平较高，五六十岁的农民依然可以在市场上找到合适的就业机会，获得不错的打工收入，甚至老人的收入有可能比子女还高，经济要素也决定了老人在家庭中的地位较高，不必因为经济能力弱而忍气吞声，或者看子女的脸色行动。在这种情况下老人的生活不仅有保障，还能得到尊重。中西部农村当前出现孝道堪忧状况的本质是老人经济地位不高，农业收入仅能糊口，少有余钱，老人在家庭分工中处于辅助角色，帮着子女照顾小孩，做一些小事，在家庭发展压力增大的过程中老人不得不处于边缘位置，即家庭有限的资源多数用于发展，进一步挤压了养老开支。不仅如此，由于儿媳妇地位的提升，老人往往处于受支配的地位。

从参与市场劳动的配置形态来讲，中西部地区农民就已经落后于东部地区农民。农民在外出务工的过程中还必须面对的一个问题是务工机会的选择，即个体面对着庞大的劳动力市场该如何选择的过程。因为充满着不确定性，还要面对很多未知的机会成本，还要考虑到家庭，农民在选择的过程中需要付出较大的心理成本，这和离土不离乡的农民境遇完全不同。

---

① 当然即便是地方市场和全国市场的劳动力价格对接，相同工种在不同区域之间的劳动力价格还是略有差异的，如果扣除生活成本等因素，实际所得其实差异很小。以建筑小工为例，在发达城市地区，价格在 200 元/天左右，而在中西部很多欠发达的农村地区，建筑小工一般也都达到了 100 元/天，有的会更高一些。

因此，全国劳动力市场的非均衡性形塑了不同区域农民的家庭生计样态、代际关系的差异。

全国统一劳动力市场还有很多不完善的地方。户籍制度虽然已经不再是限制农民自由流动和选择打工地点的主要因素，并且农民也可以凭借自己的知识和技能在市场上寻找到匹配的就业岗位，但是农民工在享受城市公共服务，诸如保障性住房、社会保障、子女义务教育等方面仍然受到户籍制度的限制。这也是政府面临的棘手难题：一旦彻底做到城乡无差别的公共服务供给机制，就需要超高额的财力来支撑，在当前是不现实的，很难找到比设置户籍壁垒更好的管理方式，这是推动深度城市化时所面临的问题症结。①

三、经济增长的益贫性：中国能否跨越中等收入陷阱

依靠经济增长带来的充足就业机会是保障农民收入增加、实现城市化和农村持续减贫的前提。从中可以引申出两个关键问题：一是经济能否实现持续高速增长，即中国能否顺利跨越中等收入陷阱；二是在经济持续增长背景下农村劳动力是否可以实现持续供给，中国是否已经迎来了刘易斯拐点。正是因为中国近年来劳动力价格上涨已经成为不争的事实，传统依靠劳动密集型的低端制造业在国际竞争中逐渐失去优势，所以才引起了很多关于中国刘易斯拐点是否到来、能否跨越中等收入陷阱的争论。

2006年世界银行发布的《东亚经济发展报告》提出了中等收入陷阱这一引起广泛热议的概念：在20世纪后期的工业化浪潮中，鲜有中等收入的经济体成功地跻身为高收入国家，很多国家在经历一段时间的高速增长后便陷入到经济增长的停滞期，面临着既无法在工资方面与低收入国家竞争，又无法在尖端技术和现代服务业方面与富裕国家竞争的困局。②近年来，关于中等收入陷阱的讨论在国内一直非常激烈，有的学者认为这是一个伪问题，如厉以宁认为堕入中等收入陷阱的几个国家存在三个方面的原因：一是制度陷阱，发展前期没有解决土地制度的问题，导致后期改革困难；二是社会危机陷阱，土地制度问题没有解决，造成贫富分化过大，社会矛盾

---

① 蔡昉. 城市化与农民工的贡献——后危机时期中国经济增长潜力的思考. 中国人口科学，2010（1）：2-10.

② 王红茹. 许小年称"中国陷入了中等收入陷阱"，厉以宁等专家给予反驳. 中国经济周刊，2017（29）：42-45.

增加，政府忙于维持稳定而无暇顾及经济；三是技术陷阱，缺乏人才支撑、技术创新，对资本市场认识不足。①

　　能否跨越中等收入陷阱的关键在于如何保持经济的持续健康增长。近年来中国经济增速放缓，劳动力成本不断上升让很多学者产生焦虑。毕竟在改革开放后的几十年，中国一直努力实施出口导向型战略，虽然在融入全球化、参与国际分工的过程中成为"世界工厂"，但是多处于产业价值链的末端，利润低、能耗高、污染大，缺乏核心竞争技术。②随着劳动力成本上升，原来的劳动密集型产业优势逐渐消失，而产业转型升级能够及时为经济持续增长打上一剂强心针。也有很多学者对此保持乐观，认为中国正处于"三期叠加"（增长速度换挡期、结构调整阵痛期、前期刺激政策消化期）中结构调整的阵痛阶段，③是供给侧结构性改革的必经阶段。从经济数据来看，从 2014 年到 2016 年虽然中国经济的下行压力较大，但是增速保持基本稳定，都在 6.5% 以上，基本实现了 L 型软着陆。④按照国家统计局公布的数据，2016 年人均 GDP 是 53980 元，换算成美元标准的话，人均 GDP 是处于 8000 美元的中等偏上水平的。⑤2015 年国务院总理李克强在第五届中国—中东欧国家经贸论坛上致辞："未来 5 年，经济年均增速需要保持在 6.5% 以上，这意味着到 2020 年人均 GDP 将达到 1.2 万美元左右，按照世界银行的标准，接近高收入国家水平，基本跨越'中等收入陷阱'，这将是中国现代化进程中又一个里程碑。"⑥从工业化的成果来看，中国目前是全世界唯一的拥有联合国全部产业门类的国家（39 个大类、191 个中类和 525 个小类），不仅全面占领了中低端产业，而且正逐步向高端产业延伸。⑦独立完整、门类齐全的工业体系对于劳动力也提出了更多样化的需求，不仅需要高端工程师，也需要一般劳动力。

　　由于劳动力短缺和工资持续提高使得越来越多的学者判断中国的刘易斯拐点已经到来，人口红利的消失使得依靠大规模政府主导型投资来保

　　① 厉以宁. 认清中国当前面临的六大问题. 江淮论坛，2017（5）：5-8+2.

　　② 王昀，孙晓华. 政府补贴驱动工业转型升级的作用机理. 中国工业经济，2017（10）：99-117.

　　③ 王红茹. 许小年称"中国陷入了中等收入陷阱"，厉以宁等专家给予反驳. 中国经济周刊，2017（29）：42-45.

　　④ 徐康宁. 为什么"中等收入陷阱"经不住现实检验. 南京财经大学学报，2017（5）：1-8.

　　⑤ 依据的是 2014 年世界银行以人均 GDP 为标准对各国经济发展水平进行了分组：人均 GDP 低于 1045 美元为低收入国家；1045 至 4125 美元为中等偏下收入国家；4126 至 12735 美元为中等偏上收入国家；高于 12736 美元为高收入国家。

　　⑥ 参见 http://news.xinhuanet.com/politics/2015-11/25/c_128464484.htm.

　　⑦ 参见 http://www.sohu.com/a/118469720_522926.

持经济增速的方式已经不再具有可持续性。[①]也有反对者认为刘易斯拐点并未到来，当下出现的民工荒、工资上涨是在劳动剩余条件下的供给不足，劳动供给还受制于家庭分工，随着农村留守劳动力的减少，"家庭分工的约束不断强化，并使保留工资以递增的幅度上涨；在这种情况下，劳动供给对工资的反应是非连续的：在达到新的保留工资水平前，工资上涨并不能刺激劳动供给增长"。[②]或许在未来，制造业中的劳动力就会被更加智能的、低成本的机械化动力所取代，所谓的刘易斯拐点也就没有了讨论的意义。尽管当下政府正在紧锣密鼓地布局"中国制造 2025"，在转折期到来之前，农村劳动力仍然有一定的优势，这也对农村劳动力提升职业技能提出了更高的、更迫切的要求。

各地农村调研经验表明：农村中过剩劳动力依然需要进一步释放，城市化进程还有较大空间。一些偏远地区农民还没有形成外出打工的意识，而是将劳动全部投入农业生产，生产效率不高、产值很低，造成了家庭贫困。在全国劳动力市场已经形成的背景下，农民可以自由选择到适合自身发展的地方打工，并且不同工种的劳动力价格相对稳定。从政策环境来看，中央到地方都在不断强化有关劳动者保护的公共政策，虽然目前还不健全，但是劳动者的权益保护相比过去已经有了长足的进步，这些都有利于农村劳动力进一步向外转移。从贫困治理的角度讲，农村劳动力要尽快抓住当下的机遇，努力提升自身素质以适应时代变化需求，否则将在现代化进程中面临更加被动的局面。

① 蔡昉. 中国经济增长如何转向全要素生产率驱动型. 中国社会科学, 2013 (1)：56-71+206.

② 丁守海. 劳动剩余条件下的供给不足与工资上涨——基于家庭分工的视角. 中国社会科学, 2011 (5)：4-21+219.

第三章　经济贫困与农民家庭生计模式转型

第一节　小农生产的时代性与生计模式类型

我国人口众多、耕地面积较少，粮食安全极为重要。基辛格曾说过，"谁控制了粮食，谁就控制了人类"。作为一个拥有 14 多亿人口的大国，中国的粮食安全必要牢牢地把握在自己手中。因此，国家战略层面近年来减免了农业税，提高农业综合补贴，安排大量项目资金进行国土整治、建设高标准农田，调整农业经营体制以适应生产力的发展，都是为了从根本上保障粮食安全。农业作为支撑国民经济建设和发展的基础产业，有着绝对重要的战略地位。基于此，越来越多的人认为走规模化、机械化、合作化道路是提高农业生产效率，促进农业高质量发展的必由之路。由于中国区域面积厂阔，发展不平衡不充分矛盾较为显著，虽然一些地方的农业生产模式已经越来越现代化，但是人多地少、小农户众多的格局仍然是当前阶段的基本国情。因此，平衡小农生产与现代化农业发展道路的关系至关重要。

一、小农生产与大国粮食安全

虽然农业非常重要，但步入工业和信息社会后，农业的产业弱质性不断凸显，尤其是粮食产业。现代科学技术在农业生产中已经得到了较为充分的应用，粮食单位面积产量已经很高，继续向上提升的空间比较有限，而粮食价格又不可能有大幅度的提升，这就意味着粮食种植的利润始终比较有限。目前中国的主粮生产成本、价格均高于世界市场，但这并不意味着中国可以完全依靠进口。如果中国放弃了自己的粮食安全，大幅进口，世界粮食市场价格肯定会大幅飙升，粮食安全还是难以得到保障。所以，中国的粮食安全命脉必须由自己掌握，世界市场只能作为辅助和补充。

粮食生产很难像工业品生产那样，随着技术进步带来价值提升，作为涉及国计民生的基础产业，其价格也不可能大起大落。所以，很难提升粮食生产的利润空间。例如在华北地区，农民一年种植玉米、小麦两季作物，扣除农资成本、机械成本，每亩土地利润在1000元左右，且还未扣除农民自身的劳动力投入成本。南方地区农民一年种植两季水稻的收益是1000多元，由于水稻种植工序复杂，种植两季的成本收益还不如只种植一季水稻划算，于是只种单季稻就成为许多农民的理性选择，不扣除劳动力成本，收益也在1000元左右。姚洋说："农业在中国是极其昂贵的行业，包括在日本、韩国、中国台湾乃至整个东亚地区都是如此……粮食种植是不可能有丰厚的商业利润的。在全球范围内，这种情况有一定的普遍性，西方很多大农场也主要依赖财政补贴。"[①]

粮食生产利润微薄是不争的事实，为了保障粮食安全，国家给予农业生产以补贴是必要的，也是必需的。长期以来，在人多地少的基本国情下，我国已经形成了比较精细化的小农耕作模式。单家独户的小农生产是我国粮食种植中的主力军，筑起了我国粮食安全的屏障。粮食生产的利润虽然很低，但是小农在生产的过程中依靠不计成本的、较为密集的劳动力投入，实现了单位面积的较高产出。由于粮食生产的利润过于稀薄，仅能满足温饱，但是少有余钱，发展缓慢，小农还要寻找其他形式的收入。

二、小农生产的时代特质

在工业时代，标准化、规模化、流程化的生产模式成了主流，使得越来越多的经济学家认为中国的小农经济不仅是一种落后、低效的生产形态，还阻碍了工业化进程，应该被规模化的农场经营所取代。很多经济学者往往将美国的大农场生产模式作为中国农业发展的样板。事实真的如此吗？

2017年3月6日《北京日报》第18版发表的一篇理论文章引起了较大反响，文章题目是"小农生产在以日本与中国为代表的东亚长盛不衰，是历史理性的选择——小农生产过时了吗？"。其核心观点认为，中国自古以来就将以小农经济为代表的农业经营形式发展到了极致；小农经济是人多地少背景下历史发展的理性选择；世界范围内的小农单位面积产出高于大农场；小农家庭是一个完整的生产单位，小农经济催生了大量掌握着

---

① 姚洋. 小农生产在以日本与中国为代表的东亚长盛不衰，是历史性的选择——小农生产过时了吗？. 北京日报，2017-03-06（018）.

各种社会技能和经验的小农，培养了很多有经济头脑、有管理才能、有企业家精神的人才；小农经济造就了中国低成本的工业化，没有产生大规模的贫民窟问题。[①]

姚洋的文章引起了中央高层的重视，习近平总书记于 2017 年 3 月 10 日作出批示："请汪洋同志阅。这篇文章中的观点值得思考。以家庭经营为特点的小农生产在我国历史上曾长盛不衰，现在也没有完全过时。我国的国情是人多地少，地区农业生产条件差异大，有的零散地块只适于家庭耕作，这决定了我国农业不可能全面实现规模化经营，小农生产仍有其合理存在的空间。推进农业现代化，需要深入研究中国国情，做到因地制宜，不搞一刀切，不搞强迫命令。在鼓励适度规模经营同时，要研究完善针对小农生产的扶持政策，加强社会化服务，把小农生产引入现代农业发展轨道。此事应与打赢脱贫攻坚战部署统筹起来。"

关于小农经济的讨论有很多，贺雪峰认为中国的小农经济在不断自我调整、与时俱进。一方面，农民家庭中普遍出现了以代际分工为基础的半工半耕结构，家庭中通过分工使得年轻人到城市务工经商，中老年人在村务农；另一方面，农村中通过土地自发流转形成了中等规模土地的经营者——"中农"。[②]杨华认为小农经济的劳动是高度集约化的，擅长精耕细作，可以使土地得到充分利用，最大限度地生产粮食，不仅能满足农民养家糊口的基本需要，也能保障国家的粮食安全。小农经济还承担着降低工业化、城市化及经济社会发展成本的功能。[③]从减贫视角来看，叶敬忠研究发现，以市场为导向的农村产业扶贫方式很难全面覆盖到深度贫困的小农户，而小农生产事实上也并没有完全过时，脱贫攻坚需要建立小农户与市场的对接机制。[④]

中国当下的小农经济已经不再是传统时期男耕女织的小农经济，而是在家庭理性觉醒后，通过家庭内部的细致分工，使每个劳动力都能够有效发挥其价值的小农经济。这种小农经济并不必然代表着落后的生产力。正相反，基于发展理性的选择，小农能够积极调适生产关系和生产力发展之间的矛盾，善于利用先进的科学技术等提高农业生产效率。因此，这也是

[①] 姚洋. 小农生产在以日本与中国为代表的东亚长盛不衰，是历史性的选择——小农生产过时了吗？. 北京日报，2017-03-06（018）.

[②] 贺雪峰. 重新认识小农经济. 观察者网，2017-07-17. http://www.guancha.cn/he-xue-feng/2014_07_17_242295.shtml.

[③] 杨华. 论中国特色社会主义小农经济. 农业经济问题，2016（7）：60-73.

[④] 叶敬忠，贺聪志. 基于小农户生产的扶贫实践与理论探索——以"巢状市场小农扶贫试验"为例. 中国社会科学，2019（2）：137-158+207.

在基本国情下具有时代特征的小农经济。

三、小农经济与农民的生计类型

中国改革开放 40 年来快速的发展，为农村劳动力转移和就业提供了大量的机会。当前中西部大多数农村地区农民家庭收入来源主要依靠非农就业，农业只占到很少的比例，或者几乎可以忽略不计。这并不意味着农业对于农民家庭已经完全失去了意义，正相反，农业虽然没有提供较高的收入来源，却成为家庭发展的重要保障。

不是所有的农村劳动力都能在市场上找到合适的就业岗位，中老年群体在就业市场上缺乏优势，逐渐成了农业种植的主力。由于生产力的发展，农业生产中很多体力劳动可以被机械替代，留在村庄发展的农民就像是在农村中就业，虽然收入不高，但是付出的劳动也不必特别多，依靠土地可以进行多种经营、自给自足，生存和发展都有了保障。除此之外，还可以很好地照顾家庭。对于外出打工的人来讲，家庭中有这样的依靠，他们就能够在城市中进退自如，当经济危机来临或者市场就业不景气时，并不用担心生存问题，也不用担心老人的保障问题。

城市化、工业化的发展为农民提供了更为广阔的就业空间，而乡村社会的土地又成为农民发展的底线和保障，所以农民能够在城乡之间进退自如，其家庭经济模式也呈现出了多样化特征，大体可以分为三类：

其一，完全务农。家庭劳动力以农业生产为主，有的地方形成了特色产业，如蔬菜、水果等经济作物，这些产业的利润并不比外出打工收入低；有的地方是因为外出务工人员较多，一些农民就可以通过自发流转的形式来扩大种植规模；还有的地方是依靠农牧结合、种养结合的形式来发展农业。

其二，完全务工。家庭劳动力以务工或经商为主，有的地方已经形成了特色工业产业，即便身处农村，但早已脱离了农业生产，依靠出租土地或者农民自发生产经营非农产业，农民离土不离乡；在那些没有形成产业发展优势的地区，农民家庭通过离土离乡的形式到城市从事非农产业来获取家庭经济收入。

其三，半工半耕。农民家庭形成了以代际分工为基础的半工半耕的家计模式，家庭内部通过分工，进行多种形式的经营：有的在家从事农业，有的外出从事工商业，即便是在家完全从事农业，也可以通过开商店、打零工等形式获取非农收入，形式多样灵活。这是当前中西部农村最为普遍的农民家庭发展模式。

以上三种是当前农民家庭生计模式的主要类型划分。无论是何种形态，对于积极融入城市化、现代化的农民来讲，经济模式的选择是基于发展的理性主义，势必要将家庭劳动力的形态、家庭发展目标及成本—收益核算等要素综合考虑在内。然而，还有一些地区农民家庭虽然从类型上看也是小农经济模式，却没有将上述几项因素考虑在内。因此，就形成了两种类型的小农经济：一种是基于发展理性、具有时代特色的小农经济；另一种则是比较保守、更为传统的小农经济。前者存在于绝大多数的农业型地区，而后者在深度贫困区更为明显。家庭生计模式选择与当前的农村贫困问题紧密相关，中国社会的剧烈转型存在着区域性的差异，下文将针对深度贫困区和一般农业区来探讨生计模式选择与农民贫困的关联。

第二节　深度贫困区农民的生计特征：自循环型小农经济

从 20 世纪 80 年代初国家将贫困治理作为专项任务以来，深度贫困区一直是贫困治理的重要战场。三十余年来，国家投入了大量的资金、人力、物力，从产业、教育、医疗、基础设施等多个维度来支援深度贫困区的发展，虽然取得了较大成效，但是这些地区仍然是贫困治理的重点区域。这也充分表明，深度贫困的治理很难一蹴而就，要尊重事物发展的客观规律，走出一条可持续、内生动力和活力充足的发展道路至关重要。2017 年6 月 23 日，习近平总书记在深度贫困区脱贫攻坚座谈会上的讲话中专门指出："西部地区特别是民族地区、边疆地区、革命老区、集中连片特困地区贫困程度深、扶贫成本高、脱贫难度大，是脱贫攻坚的短板。必须采取系统的政策和措施，做好东西部扶贫协作和对口支援工作，全面打赢脱贫攻坚战。"[①]

深度贫困区治理是精准扶贫工作的重中之重，之前对于深度贫困区的认识存在很多误区，这些误区在一定程度上影响着贫困治理对策和效果。例如，深度贫困区内并非所有的农户都处于深度贫困状态，相当一部分群体生活都很不错，和中西部一般农业区的普通农民生活差不多，很多都是住楼房，家庭有积蓄，吃穿并不愁。在深度贫困区，进一步探索会发现一些规律性的特征：平原区经济发展状况普遍比山区好，山区低海拔地区经济状况比高海拔区域好；靠近集镇的农村要比远离集镇和交通要道的区域

---

① 习近平. 在深度贫困区脱贫攻坚座谈会上的讲话. 人民日报，2017-09-01（002）.

发展好；汉族村庄普遍比少数民族聚居村庄发展好，而汉族和少数民族杂居的村庄发展一般也可以，也比单纯少数民族聚居的村庄好……在深度贫困区的很多镇域范围调查，这些特征呈现得比较明显。这说明，当前所划定的这些深度贫困区并不必然会产生贫困，那些"一方水土不能养活一方人"的生态恶劣区除外。

虽然当前这些深度贫困区所处的区位差异较大，但是在致贫原因方面有很多相似的特征，这些对深度贫困区的贫困性质认识和判断有着至关重要的作用。

一、深度贫困区的小农经济

影响农民家庭是否贫困的关键因素在于家庭经济模式，而家庭经济模式又与区域自然环境、经济发展水平、社会文化规范、农民家庭劳动力配置形态等要素紧密相联。作为一个农业大国，我国在向工业大国转型的过程中并不是整体同步的，市场经济的发展程度也存在着区域性的差异。因此，市场经济虽然作为一种现代主流的经济模式被广泛认可，但是在一些欠发达地区仍然面临着接受度低的问题，农民的家庭经济模式依然保留着农耕时期的样态，农牧结合（抑或种养结合），日出而作、日落而息，农业生产伴随着农民一年四季的社会生活。

在人类社会步入了以发展为目标的工业社会后，传统农耕社会被视为一种落后、保守的代表，一方面是因为农耕社会的核心在农而不在工，工商发展受到抑制；另一方面最根本的在于农业生产力落后，生产效率低，难以养活更多的人口，或者供养城市规模的扩张。因此，社会处于一种相对静止—稳态的结构。工业革命后，机械动力的使用大幅提升了生产力水平，迅速打破了这种稳态结构，生产效率的提高使得人类社会到了追求工业发展、城市文明的新阶段。农业作为基础产业，发展农业的根本目的在于解决与生存相关的温饱问题，使粮食价格始终处于一种稳定的状态，虽然劳动生产力提高，但是单位面积的粮食产出总是相对稳定的，并且科学技术的发展使得单位面积的粮食产出已经接近增长的极限，在价格、产出相对稳定的情况下，农业生产的利润也始终保持稳定。对于小农户来讲，除非增加其种植面积，否则很难提高农业利润。我国人多地少的基本国情决定了小农户增加种植面积也将受到多重限制，这与工业发展有着截然不同的路径。在现代国家综合实力的竞争中，农业始终是基础保障性产业，而竞争的焦点始终在工业水平、技术创新能力等方面。

深度贫困区农民的家庭经济模式比较传统，仍然保留着农耕时期的诸多特征。现代农业生产技术及生产工具因为受到地形地貌、生产成本和农民观念等方面的影响而应用较少，使得农业产出效率很低，非常消耗劳动力。农民对于这种生计模式又保留着非常深的情感，不但不愿意放弃，还形成了代际传递，不断固化这种模式。

为了更生动地展现深度贫困区农村贫困问题的多层次性和复杂性，下文较为详细地展示宁夏回族自治区和云南省①三个地区的小农经济样本。这三个地区的农民虽然一年到头都在忙碌，但是农业收入极其微薄，又没有形成打工的传统，家庭经济处于深度贫困状态。更严重的问题是这种状态在一定程度上形成了代际传递，这对于贫困治理是非常不利的。

二、生态恶劣区：以农为本的农耕生活

"西海固"位于宁夏南部，是黄土丘陵区的西吉、海原、固原、隆德、泾源、彭阳 6 个国家级贫困县的统称，1972 年被联合国粮食开发署确定为最不适宜人类生存的地区之一。属于黄土高原的干旱地区，有无数的沟、壑、塬、峁、梁、壕、川，水土流失严重，生态脆弱，自然灾害频发。被国务院确定为重点扶贫的三西地区之一。"西海固"地区年均气温 3～8℃，极端最高气温 39.3℃，极端最低气温-30℃，年降雨量 200～700 毫米，集中在 6 至 9 月，多冰雹，年蒸发量 1000～2400 毫米，水源稀缺。由于流水切割及千百年来盲目垦殖，水土流失严重。

根据《宁夏"十二五"中南部地区生态移民规划》，"西海固"连同宁夏中南部的同心县、盐池县、红寺堡区被确定为 9 个扶贫开发重点区县，再算上沙坡头区、中宁县山区的话，面积达到了 4.3 万平方公里，占到了宁夏的 65%；人口 256 万人（回族 133 万），占到了全区总人口的 41%。区域内人口、资源、环境与社会经济发展极不协调。以 2009 年数据为例，该地区生产总值是 150 亿元，占全区的 11.3%；地方财政收入 6.37 亿元，占全区的 5.9%，财政自给率仅为 6.5%。因此，宁夏回族自治区政府把生态移民作为解决自然条件恶劣地区群众生存和发展的重要扶贫举措。

西吉县可以算是西海固地区最穷的县域，以崖乡窑村为例（2013 年底在政府生态移民安置项目下迁入宁夏平县沙河村），原有 6 个村民小组，310 多户，1300 多人。村庄位于东北—西南走向的山脉夹缝的谷地，最南端到最北端的村民小组相距 7 公里左右。重峦叠嶂，往来非常不便。崖乡

---

① 根据学术规范和伦理，文章中人名、涉及敏感信息的地名均已作处理，一些不涉及敏感信息的地方则是实名显示。文章中潇州、川县、商县、山县、红水市、蒙市、边县、阳县、雄州、武县、平县、东县、西县、华县、宁县、五星乡、芷兰镇、稻香镇、香蕉冲等出现频率较高的地方均为化名。

处于窑村的东南方向，从村庄最南部的小组翻山越岭去乡政府需要走5公里山路，无法开车，最多只能骑摩托车，山路陡峭崎岖，非常危险，要走一个小时左右。如果开车就需要从南端走到村庄最北边的小组，需要7公里，然后再走15公里才能绕到乡政府，全程要近两个小时。沿途都是土路，遇到下暴雨，就会把道路冲垮，车辆无法通行。在通信方面，信号塔在村庄北部靠近道路的地方，而村庄南部靠近大山的两个小组根本无法收到手机信号，并且处于中间的两个小组的信号也比较微弱。

农民生活吃水比较困难，全村六个村民小组，仅一个村民小组有水井，其他五个小组都靠泉水，缺水期泉水就容易干涸，需要到更远的地方拉水吃，远的要走三四公里。在政府的帮助下，农民家中一般都建有两口水窖：一口用来储存挑来的水，主要用于日常饮用；另一口水窖则用来储存雨水，[①]主要用于喂牲畜。

分田到户时全村不足千人，人均三四亩耕地。人口的快速增长给生存带来了巨大的压力，"增人不增地、减人不减地"的土地政策使得土地分配更加不均。从1991年到1995年，进入了全民开荒潮，政府刚开始还进行严控，但根本无法阻挡农民的开荒热情，地广人稀、山大沟深，管控难度极大，后来政策也就不了了之。造成的后果是土地分配更加不公：兄弟多、家族力量大，有能力、有牲畜，还讲狠的人从来没有把政府政策放在眼里，率先开荒，抢占土地；而老实、胆小的农民害怕政府惩罚，不敢开荒，等到政府放松管制也很难在近处找到适合开荒的土地。开荒早的农民就占了便宜，不仅能够生产更多的粮食，在后来政府推行的退耕还林政策中也获得了更多的补偿。人口过快增长驱动着农民大面积开荒，而开荒又给自然生态带来了更大的破坏。

开荒之后，多的达到人均十多亩土地，少的也有人均五六亩。尽管土地面积比较多，但是产值并不高，完全靠天吃饭，无法灌溉。农民户均土地面积虽然比较多，但是地块分散，耕作距离相对较远，农业生产效率也更低。以王兴家为例，全家四口人有四十多亩土地，分散在七八个地方，有的一块是一两亩，有的是三四亩，耕作距离较近的走一两里路就可以，远的需要走四五公里山路，山上、山下都有，大多数家庭都是这样。由于地形原因，无法使用机械，农业耕作基本上依靠人力和畜力。即使能够使用机械，机械成本也会远远高于作物收成。

在种植结构方面，农民主要种植小麦、土豆、胡麻、荞麦等作物。由

---

① 下雨前农民会先打扫干净院落，铺上塑料布，把雨水导流进水窖，过去干旱缺水时也用作饮用水。

于气候干旱少雨，作物产量很低，有时甚至绝收。小麦、荞麦等作物在年份好时产量也不过两百多斤，只能自给；胡麻产量一般是一百多斤，主要用于榨油，也是用于生活自给；土豆产量有两千多斤，除了自给，还可以卖出去一部分。农业产出并不高，但是非常消耗劳动力。农民一年的农业劳作安排如表 3-1 所示。

表 3-1　农民一年的农业劳作安排

一月 二月 三月	冬闲期，气候寒冷，在家过冬，元宵节后，农民把储存的粪肥打碎成粉状，撒到田地里，这个环节少则三五天，多则差十多天
四月	种植土豆、胡麻、豌豆等作物 按照一户 20 亩田、夫妻两个劳动力计算：播种 10 亩土豆需要劳作一个星期；播种 5 亩胡麻需要耕作两三天；播种五亩豌豆需要耕作两三天 每户至少有二三十多亩地，基本上整个四月份都是农忙
五月	农忙结束，男性一般外出到煤矿、建筑工地打零工，运气好的话，可以做一个月赚两三千元，女性留在家中锄草、放牛羊、照顾小孩
六月	收麦子，外出务工的男性要回乡收割 小麦播种时虽然稠密，但是缺乏水源，发芽率不高，成熟时非常稀疏，给农民收割带来很大困难 只能用镰刀一小把一小把割，非常耗费人力 夫妻两人一天只能割一亩，收十亩麦子、拉回禾场晒干脱粒需要半个月
七月	收胡麻，一般和小麦相差半个月 五亩胡麻需要夫妻两人收割一个星期，男性还要协助妇女放牛，寻找储存牧草
八月	总有一些农活，农民要想外出务工也很难走远，只能在附近打零工
九月	挖土豆，最繁忙的时节 十亩土豆，夫妻两个劳动力做得快的话，尚且需要半个月 挖好的土豆要么是直接联系贩子来收购，要么是拉回家储存在地窖 挖完土豆就要种植小麦，十亩土地用骡子耕田需要五六天，播种还再耗费两三天
十月	农忙基本结束，男性可以外出打工一个月
十一月 十二月	冬闲期，在家过冬

注：表格为笔者自制。

牛、羊、骡子等牲畜饲养贯穿全年，不仅用于农业耕作，也是农民收入的主要来源。牛被农民戏称为"银行"，他们常说养牛就是为了存钱。差不多每家都会养两三头牛，生下的小牛犊养了一年多之后就会拿到市场上卖掉，可以卖一万元左右。农民一年到头的生活基本上都是围绕这些农牧活动来安排，形成了固定的生活模式。

然而，农民一年到头的辛勤劳作不过是一种自给型经济，小麦、胡麻完全用于自给，即使多了下一年也一定会继续种植，由于十年九旱等因素造成农业生产风险很高，农民必须考虑万一来年作物绝收了怎么办。土豆、牛、羊可以换取一点经济收入，而这些收入的投入和产出时间又相对漫长，具有一定风险。唯一获取收入比较快的就是打工，但是一年打工时间也不过三个月，主要依靠男性劳动力，收入最多也就一万元。

按照家庭有夫妻两个劳动力、20 亩耕地来计算：土豆价格是 0.4 元/斤，每亩产量是 3000 斤（非常理想的产量），10 亩土豆的毛收入是 1.2 万；每一年半卖出一头牛，每头牛按 1.2 万计算，每年养牛的毛收入是 8000 元左右。整个家庭都按照高标准计算，一年收入是 3 万左右，扣除农资等成本投入，收入才 1 万多。这些都还是在理想状态下计算，考虑到其他问题的话，农民的收入会更低。很多家庭都是纯粹的糊口经济，扣除一年的开支，最后发现没有任何存款，等到第二年开春就到信用社借款，然后用于一年的开支，等到年终将赚到的钱还贷款……周而复始。

直到 2013 年移民搬迁之前，打工经济仍然没有成为村庄的主流。以上文所讲的窑村为例，300 多户农民中仅有五六十户全家外出打工（省内务工有 30 多户，其余是到新疆、内蒙古等地打工），其余 200 多户则是以农业生产为主、打零工为辅的方式来获取家庭经济收入。

三、生态良好区：自给自足的自然经济

武县是西南乌蒙山区集中连片特困区中的国定贫困县之一，面积 3322 平方公里，地表崎岖、群山连绵，全县平均海拔 1910 米，山区面积占 97%，坝子（山间盆地）和水面占 3%，是集"山区、民族、宗教、贫困"四位一体的国家扶贫开发工作重点县。[①]武县除了集镇周边及坝区经济条件较好之外，多数山区农村处于深度贫困的状态，农民以传统农业为主，即种养结合（农牧结合），"种粮保肚子，养猪为过年"，思想封闭保守，小农意识

---

① 全县 11 个乡镇共有 27 万余人，城镇 59474 人，乡村 216355 人。少数民族有 153416 人，包括彝族、傈僳族、苗族、傣族、回族、哈尼族、白族和壮族。

根深蒂固，生活方式比较原始。

稻香镇的古村是典型的集民族、贫困为一体的高寒山区村，也是直过民族村。[①]全村版图面积 40.36 平方公里，平均海拔 2300 米，年平均气温 12.30℃，年降水量 1200 毫米。全村耕地面积 1217 亩[②]，林地面积 57477 亩，森林覆盖率达 99%，全村现有村民 338 户 1198 人，以傈僳族为主，占总人口的 98%。农民收入以种养结合为主，外出务工为辅。2016 年全村人均纯收入为 7448 元，低于全镇平均水平，是全镇乃至全县最贫困的自然村之一。

古村的典型特征是：群众文化水平低，全村近 50% 的村民没有接受过义务教育；种植养殖经营管理粗放，规模小、收益少；群众安于现状，发展动力不足，存在"等靠要"的思想；山林面积广，人地矛盾突出，全村人均耕地约 1 亩，然而地块不平整，不便机械耕作，生产成本高。

个案 3-1[③]：古村的李聪家有四口人，分别是李聪夫妇、两个儿子，家里 12 亩耕地主要种植玉米、小麦、洋芋、大白豆及蔬菜。玉米种了五六亩，产量为 600～700 斤/亩；小麦种了一亩多，产量为 500 斤/亩；洋芋种了一亩多，产量为 2000 斤/亩；种了五六分大白豆，产量是三四百斤/亩。蔬菜种植好的话，一亩地可以赚六七千元，不好的时候是三千多元/亩的收益。

在养殖方面：家里养了八头黄牛（两头母牛不卖，其他为小牛）、五头猪（两头母猪不卖，其他为小猪）、二十多只鸡（主要是自己家吃，一个月吃两三只）。小牛一般是快两年才卖一次，一头小牛的价格也就三四千元。过年前卖上一两头猪作为家庭经济主要收入，然后再杀上一两头年猪，除了请村里人吃杀猪饭，剩下的就做成腊肉，能吃上大半年。2017 年过年杀了两头猪，有三四百斤猪肉，摆了四五桌杀猪饭消耗了一百多斤猪肉。李聪家具有普遍的代表性，在这样的生活模式下，每年农民的劳动时间、家庭劳动力配置模式彻底被种养结构支配。

农耕生活与农时安排如表 3-2 所示。

---

① 直过民族是指从原始社会或奴隶社会跨越几种社会形态，直接进入社会主义社会，几乎"一夜之间"跨越了其他民族上千年的历程。这些民族大多居住在边境地区、高山峡谷地区，生存条件艰苦，处于发展边缘，加上特殊的历史原因，自我发展能力较弱，呈现出民族性、整体性的深度贫困特点。参见 http://yn.news.163.com/16/0422/10/BL8HN9C003230LFM. html。

② 实际耕地面积至少有 1300 多亩。

③ 李聪-20170720-A，1979 年生，已经做了六年古村自然村的村主任。初中毕业后，他在矿场上打过工，一天工资只有 30 多元，做了一两年后就回到家乡务农，并在附近做一些小工。

表 3-2　农耕生活与农时安排

月份[①]	1	2	3	4	5	6	7	8	9	10	11	12
蔬菜	■	■	■	■	■							
洋芋		■	■	■	■							
白豆			■	■	■	■	■	■				
玉米				■	■	■	■	■				
小麦	■	■							■	■	■	■
养殖	■	■	■	■	■	■	■	■	■	■	■	■

注：表格为笔者自制。

蔬菜：主要是白菜。以两亩蔬菜来计算，一般需要两个劳动力，头一个月最忙，翻地、播种、浇水、拔草等，工序很多。夫妻两个劳动力，总共需要忙 20 天左右。

洋芋：按照一亩地夫妻两个劳动力来做的话，从种到收需要忙 15 天左右。尤其是最后挖洋芋的时候，两个人要忙上五六天。

白豆：最烦琐的环节就是搭杆子。需要在田地里很密集地插上杆子，方便豆子缠绕着生长，而杆子基本上每年都要去准备新的。李聪家五六分地，插杆子就需要夫妻忙三四天，从种到收两夫妻要用 10 天左右。

玉米：当地种植玉米需要覆盖地膜，而玉米种植的面积一般都比较大，种植过程中很少能使用机械，因此这一环节很消耗时间和劳动力。李聪家种植五亩多玉米，需要用一个月。收割时都靠人力，车子开不到田间地头，要花费半个月时间来做。

小麦：种植比较简单，收完玉米后，撒下麦种就可以，一般是农民自己留种。中间管理环节很少，等到第二年农历四月收割。一亩麦子两个劳动力总共用三天就可以。

养殖：养殖最消耗时间，当地农民养殖的牲畜种类丰富，猪、牛、鸡、羊、鹅等。基本上每天都需要放牛，时间在四五个小时以上，很难完全关在牛棚里。而养羊的话，每天也都需要去放，时间在五六个小时以上，放羊更加消耗体力（羊总是乱跑，主人需要一直跟着）。

种养结构进一步影响着农民家庭劳动力的配置：在农业劳作上，年轻夫妇是主力，在偶尔的农闲时间有可能会选择在附近打零工；养殖虽然比较消耗时间，但是并不很费力，所以就成为老人、妇女的日常性工作。家庭生计最关键的一环是养殖业的收入，老人能比较充分地体现自身劳动价值。一般是几个老人相约一起放羊，打发时间。李聪家过去养羊，就是由他父亲放，父亲生病后家里实在抽不出人手，就放弃养羊了。种养结构不仅影响着农民家庭劳动力的配置，也支配着农民一年的时间。一年到头少

---

① 农民一般以农历来计算农时安排，故此处月份为农历月。

有闲暇，过年期间会轻松一些，其他时间都是忙忙碌碌的。尽管这样忙碌，农民的收入却很少。

以玉米为例，每亩玉米需要一包种子，每包种子（两斤）的价格是 65 元；每亩地需要 20 元农药；每亩地需要一包化肥，大概是 80 元，另外再配上一些农家肥；每亩地需要 60 元地膜。每亩总计需要 225 元的农资投入。每亩玉米的产量是 600 到 700 斤，收购价格是 0.85 元/斤左右，按照 650 斤计算毛利润是 552 元。扣除成本则每亩玉米的利润是 327 元左右。如果扣除人工成本，不但不赚钱还亏钱。

农民一般不会拿玉米去卖钱，而是作为牲畜的饲料。而所养的牲畜是家庭经济变现的一个重要来源：每年会卖两三头猪，近两年猪肉价格还比较高，卖两三头猪大概能赚五六千元。当地养黄牛也是为了卖，不过一般是卖小牛，小牛生下来饲养一两年后再去卖，能卖三四千元。一般每两年卖一头，或者三年卖两头。

在既有的模式下，要增加家庭经济收入的一个重要方式就是扩大养殖规模。但农民的家庭养殖规模也很难进一步扩大，主要受两个方面的制约：养殖主要用的是粮食，而既有的耕地面积只能够维持原先的养殖规模，养得再多的话，就需要购买饲料了，更加不划算；在既有的家庭结构下，劳动力的利用达到了一定的限度，如果扩大规模，劳动力的投入可能就不足了。李聪也算过，现在的养殖规模已经达到了极限。在这样的家庭生计模式下，农民李聪已经做了最优选择，他们家 2016 年收支如表 3-3 所示。

表 3-3　农户家庭收支对比图

收入	支出
养殖方面	人情方面
卖了一头已养三四年的大牛，赚了七八千元；卖了三头猪，赚了 5000 多元	参加红白事、看望病人，一般是 100 元/户，去年支出 2000 多元
种植方面	农业方面
两亩多蔬菜，赚了 1.5 万元	购买农资：地膜 300 元，化肥 2000 多元，农机维修 1000 元
务工方面	生活方面
打了三个月的零工，给小老板建房砌砖，每天 100 元，赚了 0.9 万元	大米全年 800 斤，2.2 元/斤，约 1800 元；菜、肉等每月 200 元；电费 30 元/月；穿衣 500 元左右；两个手机的话费每月至少 100 元；两个孩子全年 2000 元零花钱，过年过节 3000 元左右

续表

收入	支出
其他副业	医疗方面
从五月到十月，可在山里采蘑菇，有人专门收购，能赚 1000 元左右	全家 2000 元左右，仅 2016 年给父亲看病就花了快 2000 元
总计：3.8 万	总计：1.9 万

注：表格为笔者自制。

从 2016 年收支情况来看，李聪一家大概能存下 1.9 万元。不过值得说明的是，家庭收入并不稳定：以养殖为例，三年才卖一头牛，计算时将卖牛收入算作当年收入，意味着这项收入第二年就没有了；在附近打零工的收益也不稳定，2017 年雨季较长，截止到 8 月份才打了 10 天工。打工主要是熟人介绍，因而工资难以及时结算，2016 年工钱没有结算；生活支出刚性比较强，这些支出是维持家庭基本生活的保障，很难再进一步压缩。

四、富饶的贫困：农村劳动力过密化

蒙市虽然是省级贫困县，但是当地一些乡镇的农村发展远远比中西部大多数国家级贫困县最贫困的村庄还要落后。如调研的芷兰镇总面积 301 平方公里，辖 11 个村委会（8 个贫困村），127 个自然村，157 个村民小组，7314 户 36491 人，共有汉、苗、彝、壮等 15 个民族，少数民族占总人口的 61%。虽然乡镇距离市区仅 18 公里，但是多数村庄处于深度贫困，很多村庄仍然保留着人畜混居的居住模式，多数农民居住在有二三十年历史的土房。水牛是农民耕田的主要畜力，也是家庭最宝贵的财产，夜晚都会将其牵到家中安置以防被盗。

2016 年全镇建档立卡贫困户 2611 户，建档立卡贫困人口 9167 人，占全市贫困人口的 22.43%，居住在危房的就有 3325 户。在基础设施方面：47 个村小组主干道未硬化，201 公里通村道路未硬化，山区公路施工条件差，原有路基等级低下，基础设施建设困难。

芷兰镇有 11 个行政村，每个行政村都由若干个自然聚居的寨子组成，寨子之间相隔距离较远，农民对行政村的认同较弱，但是对寨子的认同感很强。一般同一个寨子的居住都相对紧凑，农民的文化模式、生活习惯基本相同。以寨子为单位进行统计，能够更好地反映出这些村寨的贫困概况。

政府对这些地区的农村人口管理一直比较薄弱，山高谷深、区域辽阔、居住分散，多数农民文化程度较低，如果要掌握精准的人口数据，需要耗费极高的行政成本，对于地方政府来讲，在财政实力有限的情况下根本无法实现。因此，这些地区人口数据始终处于比较模糊的状态，即出生、死亡、外嫁、嫁入等人口信息政府难以及时掌握。由于农民的婚姻形态比较多样、不稳定，一定程度上也造成户籍信息的滞后：正常的嫁娶一般都不会变动户口；上门女婿一般也不变动户籍；有的娶越南媳妇，没法上户籍；有的夫妻户口虽然都在当地，但是女方有可能生子后逃跑；还有的初婚男性找二婚媳妇，并且女方还带来小孩……由于农民没有意识去主动办理户籍变更，政府又很难掌握到实际的人口信息，就造成了户籍登记与实际人口差异较大的问题。公安部门所掌握的人口信息是政府精准扶贫工作的重要参考，由于公安部门的人口数据与村庄的实际情况存在一些误差，产生了比较多的问题。芷兰镇部分村寨务工及住房情况如表 3-4 所示。

表 3-4　芷兰镇部分村寨务工及住房情况统计表

各村	到镇政府距离	人口情况	务工情况①	住房情况②
香蕉冲石村	18 公里，开车 60 分钟	21 户，100 人	劳动力 58 人，外出打工 8 人	2 户砖木结构，19 户土房
奔牛寨石村	21 公里，开车 80 分钟	66 户，260 人	劳动力 176 人，外出打工 25 人（四川打工 8 人）	4 户砖混结构，62 户土房
红土寨团结村	50 公里，开车 100 分钟	39 户，182 人	劳动力 137 人，外出打工 51 人（广东打工 35 人）	5 户砖混房屋，2 户砖木结构，32 户土房
清水村水村	14 公里，开车 50 分钟	27 户，121 人	劳动力 81 人，外出打工 40 人（广东打工 17 人）	4 户砖混结构，3 户砖木结构，20 户土房
枇杷寨白村	7 公里，开车 20 分钟	35 户，151 人	劳动力 113 人，外出打工 57 人（江苏打工 24 人）	13 户砖混结构，13 户砖木结构，10 户土房
汇总	—	188 户，814 人	劳动力 565 人，外出打工 181 人	143 户土房，20 户砖木结构，26 户砖混结构

注：表格为笔者自制。

① 劳动力按照 16 至 64 岁范围进行统计，外出打工的统计将在当地城市打工两个月以上的都算在内，对一些打工地点比较集中的地方进行了专门的说明。

② 关于住房情况的统计：土房是当地传统民居，由泥砖和木头作为建筑材料，农民一般建造两层：一层主要是住人、安置牛羊；二层用于堆放粮食，也可以住人。当地多数土房已有二三十年以上的历史，土房的牢固性一般，时间久了，墙体容易开裂，久不住人更容易倒塌，所以当地的土房按照现在的标准鉴定的话都是危房。农民的住宅更新比较缓慢，比土房质量好一些的是空心砖房、红砖房。空心砖是由岩石打碎塑成的砖，造价比红砖便宜，不如红砖结实，红砖房造价大概是 800～900 元/平方米。这两类房屋都属于砖木结构，已经比过去的泥砖房要稳固很多。当前最好的也最流行的是砖混结构，即由钢筋和混凝土作为主要材料，砖混结构的房屋最为稳固，抗震性能很好，但是造价也高，目前的价格是 1200 元/平方米。

　　为了能够更加清晰地展现一些村寨的贫困状况，笔者以扶贫部门、公安部门的人口数据为基础，通过实地走访调研来尽量完整、全面地掌握村寨的信息。在选取村寨的时候，考虑到典型性和代表性，选择了距离乡镇政府由近到远的一些村寨，并且特意选择了在当地因为贫困而有名的寨子，如石村的香蕉冲、奔牛寨和团结村的红土寨等。为了做对比，也选择了距离乡镇较近的一个寨子，白村的枇杷寨。由于在山区，很多村寨虽然从直线距离上看并不远，但是处于山上，山路陡峭崎岖，用传统的计量单位——公里很难精准地丈量出实际距离，因此笔者专门加上了开车时间等数据。这些数据都是在调研过程中经过反复测算计量得出，比较准确。正如上文所说，国家掌握这些地方的准确情况需要付出极高的行政成本，现实的地方财力和行政能力限制了很多数据的精准性，造成数据不可靠。笔者只能采用这种定点抽样的方式，来了解一些具有代表性的村寨概况。

　　从数据上看五个寨子的总体发展水平都不高，主要表现在住房仍然以土房为主，大量劳动力滞留在村庄务农。五个村寨由于自然地貌、区位的差异，在发展程度上也有一些不同，表现为距离集镇较近的寨子发展水平相对好一些，如枇杷寨农民居住土房的不到1/3，外出打工的人也多一些，占到了劳动力的1/2；距离集镇越远，农民居住土房的比例就越高，外出打工的就越少。

　　从农民外出打工流向地来看，呈现出的特征就是同一个村寨，一般会形成比较固定的打工流向地，原因在于农民外出务工的同乡带动作用非常明显，以上所列村寨中农民到广东、江苏、四川等地打工，基本上都是村寨内有一个人先开辟出一条路，然后逐渐把同乡带出去。总体看来，距离集镇越远的村寨，打工经济兴起的时间也越晚，清水村、红土寨、奔牛寨都是近五六年农民才开始出去务工的；枇杷寨要早几年；最晚的就是香蕉冲，直到近两年才开始有农民去外省打工，这也是因为有一个农民在外出闯荡时在各种机缘巧合下到了浙江，所以就有一两个人跟着他到浙江打工。

　　多数农民都是在家务农，基本上每户的责任田和开荒田算在一起都有一二十亩，一般种植烤烟、玉米等作物，一些海拔相对较低且水源方便的地方则种植枇杷、桃子等作物。如枇杷寨经济要好一些，靠近集镇、水库，农民种植枇杷比较多，枇杷收益好的话，每亩每年能有万元左右的收益。芷兰镇种植枇杷最好的区域处于集镇周边，因此周边几个村庄经济比较发达。农民不仅能够靠种植经济作物赚钱，而且见识较广、外出打工的也相对多一些，住房以楼房为主。远离集镇的村庄无法种植枇杷，只能种植烤烟、玉米等作物。

农民种植玉米主要是为了喂猪、牛，由于多数在山地耕作，难以使用机械，非常消耗劳动力，作物的产量也不稳定，经济效益很低。芷兰镇是烤烟大镇，有多年的种植历史，20 世纪 90 年代烤烟每亩收益就近千元，2000 年以后收益达到一千多元，相对于一般农作物，利润空间比较大。与此同时，中部平原地区每年两季的粮食作物——玉米、小麦，一年的收益仅是几百元。烤烟不仅给地方政府带来了丰厚的利税，也给农民提供了比较稳定的收益保障。但是，这也在一定程度上限制了农民的发展，尤其是那些距离集镇较远、思想相对封闭的农民，固守于种植玉米、烤烟，喂养猪、牛的农业耕作模式，在发展中效益越来越低。虽然目前烤烟每年每亩的收益在两千多元，但是扣除劳动力成本后，非常不划算。

烤烟种植非常消耗劳动力，每年阳历四月份种植，八月份就成熟，可以烘烤，这个过程一般持续到十月十日结束。访谈中，一位烤烟种植技术非常好的农户讲，他种了 7.4 亩烤烟，种子、农药、化肥、地膜等算在一起，总成本是 3000 多元，2016 年这些烤烟共卖了 3 万元左右。看起来利润比较大，实际上非常辛苦。最消耗劳动力、考验技术的环节就是烘烤烟叶。九月和十月他每天都要忙：家里架起两座烤烟炉，一炉烟要烤七天，七天内人都要守在炉边，晚上睡觉也要在烤烟炉旁，他和女婿换着休息、烧火。最重要的是这七天火炉温度要把握好，稍有不慎就会前功尽弃，亏损很大。

近年来烤烟边际收益递减，由于缺乏成本收益核算意识，农民认为种植烤烟仍然是不错的赚钱方式。例如奔牛寨是当地最有名的穷村，外出务工的人很少，村民喜欢喝酒，每顿饭都离不开酒。奔牛寨之所以没有那么多人打工，在当地人看来有两方面原因："他们地比较好，种烤烟的多，今年种了三百多亩烤烟，是芷兰镇最多的（寨子），还有就是他们不喜欢到外面受气，打工就要受气。"

五、自循环型小农经济

这些深度贫困区有一个共同特征，在特殊的地理环境中保持着最为传统的种养（抑或农牧）形式的农业结构。这种自给自足的自然经济模式对于家庭劳动力的依赖程度非常高，进一步限制了家庭劳动力的自由配置。结果，在地理位置的封闭原本就已经限制了劳动力向外流动的情况下，农业模式使得家庭劳动力的时间碎片化严重，更加难以与市场经济下的劳动力市场进行匹配。

农民家庭虽然在农业生产上耗费了巨大的时间和精力，但是并没有产生经济收益。农业种植多数是为了糊口或饲养牲畜，而饲养牲畜又是为了农业耕作和换取一些现金以应对生活开支。家庭的自给自足程度非常高，能够参与市场流通和变现的又极少。农民一年到头的忙碌最后成为一种为了糊口的循环，这是传统农耕时期典型的小农经济模式，笔者将其归纳为自循环型小农经济。

导致这种结构的因素有很多，其中一个比较关键的因素是农民的发展动力和目标。如果仅仅将家庭目标定位为活着，那么既有的条件已经完全能够满足这些农民的需求。文化和教育的落后使得深度贫困区相当一部分农民缺乏对未来的规划和设想。前文所述的奔牛寨自然条件相当优越，20世纪八九十年代要远远好于同时期中西部很多农业地区，但是农民缺乏家庭发展的目标，优越的自然条件反而使得当地农民自满自足，男性将温饱之余的闲暇生活寄托于玩乐和喝酒。在奔牛寨调研最大的感触就是相当多农民总是带着满身的酒气，早晚都一样，接触的很多人眼中无神，比较呆滞，对于外界知之甚少，即使年轻人也是如此。

自循环型小农经济是传统小农经济在现代社会的延伸，本身并没有汲取时代特色、与时俱进。因此，在市场经济成为主流的现代社会中，这种小农经济因为难以产生更多的货币收入而使得农民家庭始终处于温饱有余、小康不足的状态。农村社会中大量的劳动力又处于过密化的状态，本身价值难以发挥出来。小农经济代表了传统小国寡民社会的家庭样本。这类经济形态现今已很少存在，集中连片特困区比较典型。自循环型小农经济既是对这些贫困区经济形态的概括，也是其落后的原因。与之相比，多数农村地区则处于笔者所描述的一般农业区的范畴。

第三节　一般农业区农民的生计特征：发展型小农经济

一般农业地区虽然在区位和产业发展方面没有很大的特色，但以家庭代际分工为基础的半工半耕模式却成为中国现代化进程中一道普遍而又独特的风景。这类地区和深度贫困区最大的不同在于，农业之于农民家庭并非全部^①，农民家庭正在积极地融入现代化进程。农民家庭生计模式面向市场，基于家庭发展的理性，农民会根据家庭劳动力的数量、能力以及既有的资源进行优化配置，从而使家庭经济达到一个较为合理的水平。城市既是农民获得打工机会的主要场所，也是家庭发展的重要目标。

一、一般农业区的小农经济

一般农业区的经济形态比较多样，即便是单纯依靠农业，也与深度贫困区存在本质不同：农民家庭经济是面向市场。因此无论何种选择，都能够在市场获得较为可观的收入，从而维持家庭生计和发展。在这种情况下，影响农民家庭收入的主要因素就是劳动力数量、质量及配置策略。

农民家庭会根据劳动力的多少、能力以及外在的市场形势、家庭生命周期特征等综合性的考量进行分工。在家庭收入方面，农民不一定会追求经济利益最大化，家庭的阶段性特征往往会影响分工策略。如果子女较小，一些家庭会选择让年轻母亲留在家中照顾小孩成长，有的家庭则是将照顾年幼子女的责任托付给父代，年轻夫妻一起外出务工。农民基于不同动机，作出的策略就有所不同，有的是为了子女接受更好的教育，有的是考虑到夫妻情感，还有的是为了让家庭利益最大化。

如果单纯从打工来看，当农民个体之间的文化程度相差不多，在市场上从事相同的劳动报酬大体上也相差不多，比如建筑小工基本上都是 100 元/天，建筑大工是 200 元/天。因此，劳动力较多、有一定技能的家庭收入就会多一些，由于能够参与市场工作的劳动力数量会随着家庭的生命周期而波动，所以家庭收入也有起有落。同一个地区的农民在务工方面会进行不断比较和传递信息，形成外出务工中相互照应的同乡群体，能力差不多的人工作选择也相差不大，总体上收入分化也不大。如果农民家庭的劳动力能力比较强，比如做生意比较有天赋，或者文化水平较高，能够获得比较高的收入，这就和纯粹打工的收入差别很大了。比如，农民家庭培养出一个大学生，在银行做个职员，收入比单纯去做建筑小工的收入要高很多，收入差距就很容易拉开。

总体上看，中西部一般农业区村庄的特征是分化不大，大多数农民家庭条件其实相差不多，当然特别有钱的也有一小部分，家庭情况比较差的

---

① 当然，这也不完全是排斥农业，一些地区由于发展经济作物有一定历史，并且打开了市场，不需要大多数人外出务工也能够获得比较不错的收入，甚至比单纯出去打工的收入要高很多，比如一些城郊地区的农村发展蔬菜种植行业，或者一些小有名气的水果等的种植基地；也有一些地区由于大多数农民外出务工，留在村里的一些青壮年劳动力能够以较低的友情价获得那些外出农民的土地来耕种，从而发展起来一两百亩的家庭农场，即便是种植粮食作物，也能够获得非常好的收入。

也有一小部分，呈现出中间大、两头小的村庄分层格局。

二、一般农业区的小农经济样板——以西县为例

西县是国家级贫困县，三峡大坝就位于西县境内。虽然地处山区，但是多数村庄的发展并不差，当地依靠地理优势发展起了脐橙产业，并且形成了品牌优势，经济效益比较好，而那些无法发展脐橙产业的村庄，则形成了较为典型的打工经济模式。早些年，长达十余年的三峡大坝修建给当地提供了很多的就业机会，农民也开辟出了很多外出务工地点。

以笔者调研的平镇溪口村为例，笔者做了几个小组农民家庭经济模式的统计，以五组为例（见附录 2），全组共有 78 户。按照家庭劳动力配置等因素，做了二三十年的小组长认为小组内村民家庭经济分为五类：

第一类家庭经济状况最好，家庭劳动力数量比较多，工作较好，收入高，没有伤病等因素困扰，家庭生活比较富足，年收入普遍在十万以上，多数都在城里买了房，或者在村庄的房子建得非常好。这样的家庭在小组内有 10 户。

第二类家庭经济状况较好，家庭劳动力比较多、年轻，能够打工获得较高收入，小孩、老人都不需要专门照顾，能够自理，夫妻能够常年在外打工，年收入在七八万左右，住房不错，一般还有小车。这样的家庭在小组内有 16 户。

第三类家庭经济状况一般，劳动力都能够自食其力，家庭年收入能够维持正常开支并且有结余，家庭年收入在三万到六万之间，家庭住房也不错，算是村庄内的中间层级。这样的家庭在小组内有 25 户。

第四类家庭经济状况略差，疾病（一般是小病）或者家庭关系破裂导致能够赚钱的劳动力比较少，开支又相对较大，家庭经济状况属于维持型，比一般家庭差一些，但是又比贫困家庭好一些。这样的家庭在小组内有 10 户。

第五类家庭经济状况比较差，由于疾病、智力问题、家庭关系破裂等原因造成能够参与市场的劳动力比较少，家庭情况比第四类更差。有的是单身汉家庭，没有发展动力，有的吃就玩，没的吃就出去打两天工；有的是与子女分开吃住的老人户，经济能力越来越差，也被算做了贫困户。这类家庭基本上都还住在老旧的土房中，没有能力更新住房。这样的家庭在小组内有 17 户。

虽然，这仅仅是一个小组的统计，从样本数量上来讲还比较小，但是也具有一定的统计价值。溪口村是典型的山区村，缺乏农业产业支撑，绝

大多数家庭从 20 世纪八九十年代就通过外出务工、经商等方式逐步参与到了市场经济中。经济能力比较强的家庭已经实现了城市化，像溪口村五组，78 户农户中就有 10 户家庭年收入在十万元以上，在城市买房，即使没有买房的两户也具备了买房的能力。对于第二类、第三类家庭来讲，经济状况也完全达到了小康标准，基本上都是住高大的楼房，楼房外墙一般贴有瓷砖，每层楼房的面积一般在 80 平方米到 120 平方米之间，因为家庭收入还不错，农民喜欢将积累的财富转化成村庄的一栋漂亮楼房，或者再用闲钱买小车，这些纯粹消费型的支出虽然没有产生更多的经济价值，但是对于农民个体来讲，会有一种很强的成就感。甚至有的家庭在实现这些愿望之前能够任劳任怨地工作，一旦实现了愿望则很快地放松下来，继续赚钱的动力也不强了，觉得没有必要再吃那么多苦，应该享受生活。从家庭周期来看，前三类家庭一般都处于家庭劳动力较多、能够赚钱且负担较小的时期，也是一个家庭关键的积累和上升期。而第四类家庭在就业方面，和村庄的大多数农民选择差不多，只是家庭的负担相对较重，正处于家庭经历困难或者衰落的时期，虽然在发展中会出现不少困难，但如果能够顺利渡过家庭发展难关，就会实现向第三类或者第二类家庭转变，如果因为其他因素短时难以摆脱困难，就有可能向第五类家庭靠齐。

在第五类的 17 户家庭中，单身汉占到了四户五个人，这些人都到了四五十岁的年纪，结婚的希望也越来越小，已经习惯了单身的状态。因为没有完整的家庭，他们也缺乏明确的发展目标，其他村民可以通过辛勤的劳动来建房或者买车，在家庭中实现个体价值，而这些人缺乏实现个人价值的渠道，也就进入了"混一日算一日"的状态。不过这些单身汉还是能够在村庄中找到一些个体价值，他们并没有被村庄排挤，也参与村庄的人情交往，即便是个体单身，也能通过给自己办生日酒等形式实现人情钱的回收。因为家庭贫困，妻子离婚造成男方单过的有三户，这三户留在家的男性身体都健康，能够正常劳动，如果劳动意愿很强，家庭经济也会不错，但是问题在于这几个人都有点懒惰。有五六户是老人户，没有和子女住在一起，单独立户生活，老人年纪越来越大，由于各种原因，子女的关怀和帮助始终很有限，所以老人生活比较差。真正条件差的仅有两三户，这两三户都是户主正处于壮年，但是因为疾病无法劳动，家庭其他劳动力既要照顾病人，还要劳动，这就限制了劳动收入的获得，而家庭支出大、收入少，因此压力就更大一些。这类家庭获得贫困户及低保等救助政策的支持，在村庄的社会评价机制中也被更加认可。

这些看起来生活较差的第五类家庭都有一个共同特征——家庭的不完

整性。家庭是农民生活的支持系统和意义系统，而家庭的不完整使得农民在实际生活中要么缺乏动力，要么缺乏必要的内部支撑，生活更为困难一些。虽然第五类家庭从总量上看数量稍多，但是其中的机制却存在很大差异：有的是因为客观原因不得已而贫困，比如因为身体残疾难以找到对象的单身汉，或者那些主要劳动力生大病或遭遇事故而贫困的家庭；当然，老人户问题在一定程度上是孝道问题，很难将其完全归结为贫困，毕竟所有家庭都要面对养老问题，只是有些家庭将养老责任推给了社会和国家；至少一半的家庭是主观选择的结果，尤其是那些身体健康、气走老婆或者不愿结婚的单身汉，缺乏发展意愿，但是其生活也不算差，因为选择了无压力和玩耍，所以温饱之余的都不在乎了。

三、村庄收入分层

对于中西部多数将打工作为主要收入来源的村庄来讲，农民总体上收入分化并不大。原因在于劳动力通过参与市场来获取收入，而全国统一劳动力市场形成了较为稳定的劳动力价格。虽然不同行业的劳动力价格不同，但是对于多数农民能够参与的劳动密集型产业来讲，技术门槛并不高，农民经过培训，能比较容易掌握生产技巧，只是工资也往往不高。农民外出务工赚的是辛苦钱，依靠长时间的体力劳动来获得工资。在外出打工的过程中，同乡之间互相帮带，形成了较为集中的打工流向地，使得在同一村庄内农民的收入存在一个拉平机制。造成农民收入分化的主要原因就是家庭劳动力的多少以及劳动力的素质（文化水平、职业技能）等。无法外出务工的农民则成为农业生产的主力。农业上的自给自足降低了生活成本。半工半耕的家计模式是多数农民家庭摆脱贫困的主要路径。

广西的川县虽然是国家级贫困县，但其实并不贫困，很多县乡干部说，前来调研的各级领导都说川县看起来一点不像是贫困县。五星乡是川县的一个纯瑶族乡镇，99%人口都是瑶族，有 11 个行政村 21000 人。乡镇土地确权面积 4.5 万亩，当地是典型的喀斯特地貌，有"八山一水一分田"之说。虽然农民人均耕地数量多，但是田块分散。五星乡位于广西东部，靠近湖南、广东，从 20 世纪 90 年代开始村民就大规模外出务工。目前，乡镇 1/3 人口在外务工，务工地点集中在广东省的中山市、东莞市。

乡镇街上仅有一个银行——农村商业银行，村民存款总数有 2 亿元，意味着人均存款将近一万元，还不包括村民存在其他银行及放在家中的钱。从住房结构来看，多数村民建起了两三层的砖混结构楼房，外墙都贴上了瓷砖，条件一般的农户顶多是没有贴瓷砖、没精装修而已。即便如此，将

近 1/4 的农民都戴着贫困户的帽子——2017 年全乡贫困户有 1181 户
5210 人。

实事求是地讲，川县没有那么多贫困户，上级却分配了那么多贫困指
标。广西为了更加客观公正地识别贫困户设计了一个量表（见附录 3），通
过给农民的住房、劳动力等多个指标进行赋值，由省市县乡各级干部组成
工作组到农村中给每家每户打分。然后各县根据分配的贫困指标划定贫困
户拟录取分数线，分数线以下的农户张榜公布，群众没有异议就是贫困户。
川县贫困分数线是 70 分，山县贫困分数线是 64 分，商县是 59 分。

刚开始，群众不是很关注这项工作，在熟人社会内，考虑到社会交往
等因素也不愿意举报那些不符合条件的贫困户。这就造成了很多不符合条
件的被识别为贫困户。由于国家在贫困户认定过程中难以获取农户银行存
款数据，结果造成了很大的识别困境。在调研过程中出现了一个比较有意
思的事件，看似荒诞，却很有启发意义。

个案 3-2[①]：川县的"贫困户"林强 40 岁，有两个孩子：一个读小学，
一个读高中，前两年和妻子离婚了，现在带着孩子和父母一起生活。住房
是五六十平方米的平房，已有二十多年历史。周围邻居多是近几年建的三
四层楼房。因为住房问题，林强家被评上了贫困户。初次见到林强，他拿
一包烟递给笔者，一看是"中华"。在聊天中，林强很直白地告诉笔者，被
评上贫困户就是因为住房比村里其他人家差，这是有原因的：他也想建大
房子，但是找不到合适的宅基地；存有一些钱，觉得还是投资做生意、赚
更多的钱比较好。家里种植蔬菜有近二十年历史，积攒了很多经验。2015
年种了 20 多亩蔬菜，有 30 多万收入；2016 年种了 70 多亩，亏了 20 多
万；在他看来蔬菜生意本来就是起起落落，盈亏很正常。对于存款，他的
态度是："有个几十万（存款），又不是没有地方住，先投资。我拿二十万，
万一碰上行情好，就有四五十万了……那些打工的人，不需要钱流转，就
建大房子。"

很显然，林强绝对不可能是村庄中的贫困户，他的思维和一般农户有
很大的不同。一般农民的想法是打工赚到钱后建房子、解决儿女的教育或
者婚姻问题。多数农民内心依然有一种小富即安的想法，在外打工吃苦是
为了家庭再生产，一旦任务能够完成，那么人生的重要意义也就达成了，
这本质上还是一种小农思维。林强所代表的是典型现代社会中生意人的想
法，发展的目的是得到利润，手段在于不断将利润用于扩大再生产，从而

---

① 林强-20170318-P，40 岁，广西川县菜农。

获得更多的利润。这是市场经济中主流的意识形态，能够这样做的人一般都比较有头脑，也有一定实力。虽然无法跟城市中的企业家比，但是林强显然比一般农户更有实力。按照政策标准，他却被定义为贫困户，实在让人有点哭笑不得。

大量的调研案例表明：在总体分化不大的村庄，总有一小部分人晋升为村庄中的富人群体，而晋升为富人家庭的，要么善于生产经营、做生意，要么文化水平很高、就业比较好。这些家庭更容易从村庄中脱颖而出，成为富裕户。大多数农民家庭收入中用于生存和任务型消费是相似的，差距并不是很大，但是决定农民经济状况层次的是积累中用于投资性质的发展型消费，对于处于同一个阶层的农民来讲，这部分支出相当关键，它决定了农民究竟是向上流动还是在原阶层中原地不动，投资性质的消费都具有一定的风险，小农为了保持稳定，很少冒险。因此，中间阶层的多数家庭都分化不大，共同构成了村庄中庞大的中间群体，当然在这个中间群体中也有一些家庭经济要好一些，一些要略差一些，随着家庭生命周期的波动，每个家庭参与市场的劳动力数量和质量也处于变化之中。在这个结构中，除了存在庞大的中间群体之外，富裕层、贫困层总体上都很少，很容易被辨识出来。

因为农民家庭的主要收入依靠务工等非农收入，所以一旦家庭中主要劳动力无法务工，只能依靠农业收入保底，家庭就很难有所积累，就会处于维持性状态，就会和普通家庭拉开收入差距。造成主要劳动力无法参与正常社会劳动的因素是多个方面的，诸如疾病、事故等，不但会减少家庭收入，还会增加家庭开支，在这种双重作用下，农民家庭就更容易处于贫困状态。如果家庭劳动力较多、积累相对丰厚，那么就有一定的风险抵御能力，对于那些家庭劳动力较少，且主要劳动力遭遇不幸的家庭来讲无疑是噩耗。

从总体上看，基于村庄中富裕层、贫困层较少，中间层较多，且以打工经济为主的非农收入构成农民家庭收入的主要来源的背景，村庄内收入分层如图 3-1 所示。

一旦农民无法正常地参与社会劳动且家庭开支大，其他成员就会受到拖累，家庭经济状况也会面临着急转直下的困境。从调研中接触到的多数中西部农业型村庄来看，基本上都存在着这样一个分层结构。

从农民家庭生命周期的视角来看，家庭出现阶段性贫困是正常的社会现象，是家庭再生产在一定时间内因为消费剧增而积累不足出现的一个阶段性问题，解决这一问题的核心在于家庭劳动力能够持续地完成必要的劳动从而获得一定的经济回报。与此同时，应该注意到小农家庭经济结构在抵御社会风险面前的脆弱性，市场经济的运作加剧了收入的不平等，而住房、医疗和消费价格等上涨也给低收入家庭带来了沉重的生存压力。尤其是因为无法抵御风险而堕入贫困的情况应该成为政策关注的重点。对于那些有先天或者后天的智力、疾病、肢体残疾者（无法参与劳动）的家庭来讲，政策更应该注重兜底职能，保障其基本的生存和发展需要。

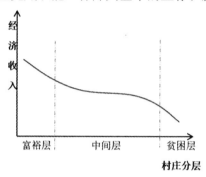

图 3-1　经济收入与村庄社会分层

注：图形为笔者自制。

四、什么样的家庭会成为贫困户

一般农业区的贫困户大体可以分为三类：

第一类家庭的主要劳动力因病、残、精神问题，或者遭遇事故而难以参与正常的社会劳动，造成这些问题的原因可能是天生的，也有可能是后天突遭变故，对农民家庭来讲，这不仅意味着开支增加，其他劳动力也无法自由地选择在市场务工，必须照顾病者。这是在中西部一般农业型地区最重要的致贫原因。

第二类家庭为老人户。老人户的贫困问题有两种情况：一种是失独群体，或者失去所有儿女的老人，因为缺乏必要的生活照料，老人经济能力也越来越差，之前可能因为子女的问题已经花费了巨额资源，造成家庭债务；另一种是老人有儿女，但是儿女不愿意承担赡养义务，或者儿女在赡养老人问题上比较敷衍，造成老人生活独居，缺乏照料。

第三类家庭就是村庄中的单身汉。造成这些人单身的原因是多种多样的：有的是因为残疾或痴傻难以找到对象，有的是因为家庭贫困，还有的是因为自己性格内向等。而这些单身汉在独自生活的过程中因为缺乏家庭的支持、缺乏发展目标，自暴自弃的倾向比较明显，明明身体健康，但是不愿意劳动，只想混日子。

　　这些贫困户与一般农户之间的收入存在着明显的差距，很容易辨识。熟人社会中村庄社会内的复杂关系网络对于信息沟通和传递起到了很大的作用。在村落社会中，因为面对共同的资源环境、社会历史，农民在互动和交往中，在现代化的进程中也逐渐形成了相对一致的评价规则。乡土社会评价贫困时并不是完全参照收入等标准，而是包含了地方性规则、价值的综合性考量。例如，对于那些中老年丧子的家庭，农民会觉得是最可怜的；在那些传宗接代思想盛行的地区，农民对于那些"纯女户"家庭一般也都持有比较怜悯的心态，觉得这些家庭断了香火，老年生活孤独无依；而那些有手有脚、身体健康的人，由于好吃懒做、日子过得特别差，农民一般会觉得这是"罪有应得"。

　　事实上，农民眼中的贫困户主要是上文讲述的三类群体，而这三类群体在实际生活中并不多，但也不是完全没有。这也是社会中的一个正常现象，任何社会都很难完全杜绝那些疾病、灾害以及其他意外事件等带给家庭的伤害。从减贫的意义上来看，市场经济的发展使得农民可以依靠自己的劳动、技能、资源等，在市场上寻找到合适的就业机会和发展空间，能够自食其力，而中国这四十余年的改革、发展和稳定，也给市场经济的繁荣奠定了基础，在发展中减贫最大的动力来源于农民劳动和市场发展的结合。市场经济不可避免地带来的另外一个问题就是那些被排除在市场之外的群体天然地需要社会和国家进行救助。市场是开放的，但也是具有排斥力的，其排斥力体现在那些无法依靠自身劳动或技能来获取收入的弱势者很难在市场上寻找到合适的生存空间。

　　在传统的农耕社会，固定单位的农业产出具有很大的稳定性，尤其是当达到必要的劳动力投入之后，更多劳动力投入的边际效益是递减的，甚至是无效的。农耕社会中，每一个劳动力的价值并不必然被精确计算过，所以对那些无劳动能力的人具有包容性。决定家庭发展差距的关键在于生产资料的多寡。而在市场经济下，非农收入构成了农民家庭收入的主要来源，市场经济要讲究个体劳动力在市场上的价值，因此个体的价值很容易被计算，也很容易产生累积，即当一个家庭劳动力多时，其产生的价值就更多。在这种情况下，那些无劳动能力或者劳动力只能有限度地参与市场的家庭则面临着发展危机，与其他家庭之间的收入差距更容易扩大。所以，村庄中的贫困户在收入方面就与普通家庭存在着明显的差距，这个差距是识别贫困户的关键标准。贺雪峰将一般农业区普通家庭与贫困户家庭的收入差距概括为收入的断裂带。处于断裂带以下的农户才是真正的贫困户，是需要被救助的对象。

从概率上讲，当前处于断裂带以下的农户数量其实很少。笔者所在团队在全国大多数地区调研问农民："村庄中哪些家庭比较差？"农民的回答都大体相似："家家户户都差不多，真正差的就那几户。"究竟是哪几户家庭比较差，在同一个村庄，得到的回答也都差不多。

由于贫困县申请需要达到一定比例的贫困户、贫困村，有些地方就虚报数据。贫困村按照 25% 以上的农户为贫困户进行上报。精准扶贫工作要求亮明这些贫困户的身份，因为牵扯到资源分配，在村庄中掀起了轩然大波。地方政府不得不把大量的贫困指标分配下去，但是实际上又没有那么多贫困户，只能按照收入来倒排。问题在于除了那些真正贫困的家庭能够得到大家广泛认同之外，其他无论是谁被评上贫困户，村民都不满意，都认为如果这都能评上贫困户，那么自己家也能评上。县乡干部、村干部、农民心里其实都很清楚，真正的贫困户很少，笔者在很多场合都听不同的人讲："其实我们这都差不多，穷的也有，就那几户！"东县的一个乡镇在"回头看"过程中作了大胆的尝试，抛弃了贫困户指标的限制，敞开来评贫困户，结果整个乡镇 5562 户 21029 人，仅评出来了 151 户 528 人，而之前的贫困户竟然有 804 户 2958 人。新评选出来的贫困户，谁都没有意见。

这是中西部多数农村的共性问题，可见，农民收入的断裂带对于贫困户的识别具有重要的意义。而政府既有的贫困户识别模式在认定贫困户时，既要考虑到公平因素，还要考虑到政策是否便于执行，因此需要设定相对统一的标准。标准的设定往往以收入及外在显性的标志为标准，识别过程非常复杂，但又不能精准地识别出贫困户。问题就在于政策制定不接地气，脱离了实际标准。

五、发展型小农经济

一般农业区农民家庭生计模式不只是为了满足温饱等物质需求，还有更高层次的发展目标。市场经济等观念已经深入人心，农民通过家庭内劳动力的合理配置来实现最优的经济模式。农业在多数以粮食种植为基础的地区仅仅是家庭经济的一小部分，但是也发挥着至关重要的作用。

家庭发展有了更多的目标，因此也就需要更多的资源来支撑目标的实现，一旦家庭的主要劳动力无法在市场上获得收入，就会陷入发展危机。基本的生计或许不成问题，但是在一个普遍发展的环境中，这些挣扎在生存边缘的家庭相比之下就会退步很多，家庭成员在某一个环节出现问题就有可能引起一系列发展目标的迟滞，从而使家庭陷入一种恐慌状态。

　　发展型小农经济虽然有很多积极的方面，但是其中的消极成分也不容忽视。向更好的方向发展的确是一个美好的目标，但是在分化不大的村庄社会中意味着不发展就要落后。农民家庭为了发展而暗自较劲，由此带来的紧张和焦虑感会通过一系列外化行为表现出来，如住房竞争、汽车竞争、消费攀比等。家庭在激烈竞争的氛围中，为了实现发展目标，只能不断压缩实现目标以外的开支，比如老人的养老资源就有可能让位于年轻一代的发展目标，小病小痛则是能忍就忍。

第四节　生计转型

　　深度贫困区和一般农业型地区的生计形态有着明显的差异：一种以自然经济为主，另一种以市场经济为主，优劣一目了然。不同的生计形态背后，家庭目标也有很大的差异。如果仅仅从解决温饱问题上来看，显然这两种经济形态本身并无可厚非。但是当全世界已经进入了现代化的发展潮流之中时，按照现在的眼光来看，深度贫困区的自然经济模式难免被形塑成一种落后的经济形态。主要表现为：这种经济形态难以为家庭发展提供有效的资源支撑；难以让每个劳动力的价值都得到充分的发挥；家庭在面对危机时比较脆弱，抗风险能力很差。当然，在一些后现代主义者看来，日出而作、日落而息、邻里相助、鸡犬相闻的田园生活是远离现代社会喧嚣的一处桃花源，是他们苦苦追求而不得的田园牧歌。因此，他们很反感将现代元素传播到这些地区，希望保持住最后的美好。这种诗意的想象显然并不能作为阻止这些地区走向现代化的借口。

　　过去因为地理环境等诸多要素，深度贫困区的发展处于一种迟滞的状态，但是毫无疑问的是，这些地区的农民尽管还没有掌握在现代社会中生存和发展的诸多技巧，但是生活实践已经被不可避免地卷入现代社会的浪潮。市场经济正在包围着这些最后的角落，他们生活中需要货币支出的地方也越来越多，现代社会中的风险也逐步地向这些地区转嫁，现代化的潮流正如历史车轮一样，不可阻挡，唯有积极应对，才能更好地适应。

　　从这个角度来看，深度贫困区农民的生计模式迫切需要转型，从自循环型的小农经济走向发展型的小农经济，本身就是一种符合历史潮流的进步。让个体的价值在现代社会中得到充分的彰显，让家庭向着更美好的方向发展，让社会积极拥抱现代文明。当然，这也不必然要求这些深度贫困区的农民和过去彻底决裂，只是希望他们能够用新的眼光来看待既有的社会和生存环境。最起码在生计模式上面，家庭劳动力的配置应该更加灵活、自由，应该积极寻找家庭发展的目标，而不是封闭在自给自足的生活中。

一般农业地区以发展为导向的小农经济已经为深度贫困区的转型提供了多个样本，当农业收入和务工、经商等收入算在一起时，家庭劳动力的价值得到了较为充分的发挥，能够积蓄更多的资源以应对发展目标，家庭在应对风险时也能够拥有一定韧性，而不是一击即垮。对于一般农业区来讲，即便住房、资源积累、生活水平等方面远远好于深度贫困区，农民却处于发展的焦虑之中。正是因为他们为家庭发展设置了很多目标，这些目标代表了理想中的生活状态，而这些目标在既有的发展轨迹中是可以达成的，因此才能燃起家庭发展的动力。在很多一般农业区农民看来，在城市生活中拥有一份体面的工作和收入，能够获得更多人的尊重，能够实现自身的社会价值，能够实现家庭阶层位置的上升，就是一种进步。这种进步或许很难在一代人身上实现，但是可以指引农民家庭通过代际分工等形式，形成家庭发展的合力。

在农民家庭不懈奋斗的背后，隐藏着一个社会最为敏感且复杂的话题——阶层流动与固化。在 1949 年后的 30 年中，中国经历了一系列的社会革命和运动，这些变革打破了旧社会固化的阶层。虽然作为共产主义实验的人民公社最后解体了，最终迎来了以优胜劣汰为特征的市场经济，但是在改革开放后 40 年的快速发展中，绝大多数人的起点是相对平等的，最初的社会分化并不大。改革开放对于中国社会的意义不仅在于市场经济的迅猛发展，更在于它真正拉开中国社会分化的大幕。中国的城市化、工业化、现代化等，从 20 世纪 80 年代开始进入新的发展篇章。这个过程既充满了发展机遇，又布满挑战、优胜劣汰，大量农村人口涌向城市，唤起了城市发展的活力，也实现了家庭的跨越式发展。社会阶层的分化逐渐扩大，阶层固化的趋势越来越明显，而底层向上流动的空间也越来越狭窄。一般农业地区的农民都能感受到来自发展的压力，所以才会不断地进行家庭劳动力分工的优化配置，在竞争和攀比中竭力实现家庭阶层位置的上升。

转型期剧烈的社会变革，阶层流动空间逐渐缩小，深度贫困区的农民如果不尽快实现家庭经济模式的转型，发展会越来越困难。在 2000 年以前，没有多少文化知识的农民在进城务工时能够找到较多劳动密集型的岗位，中国在快速城镇化的过程中对于劳动力的需求也是巨大的，包括建筑等基建行业。但是现在这些行业对于劳动力的知识技能要求日益升高，而一般农业区的农民在市场上打拼的时间很长，已经习惯了这种模式，能够较快地掌握一些技能，但是对于深度贫困区的农民来讲，最初走向打工生活会发现有些无所适从，甚至连语言交流都存在障碍。文化知识的匮乏、社会经验的缺失等都使得他们在劳动力市场只能找到一些低水平工资的工作。所以，深度贫困区农民生计模式的转型迫在眉睫。

第四章　文化贫困与农民观念的现代化转型

1840 年天朝上国的神话被打破之后，百余年来中国始终在进行着文化反思，最早的觉醒者敏锐地察觉到了中西文化的差异，将中国的落后归结于文化的落后，就像梁漱溟所言，"中国的失败自然是文化的失败，西洋的胜利自然亦是文化的胜利"[①]。文化决定论在开眼看世界的中国知识分子中有着广泛的影响，无论是早期的中西体用之争，还是后来的新文化运动，无不带有浓郁的文化底色。

中西激烈的文化冲突对于打破国民根深蒂固的传统思维起到了非常关键的作用，究竟在"西化"和"中国化"之间如何抉择却并无定论，20世纪 30 年代"现代化"概念的提出进一步深化了以往二元对立式的讨论，如张熙若指出中国现代化的方向在于发展自然科学、促进工业发展、提倡现代学术、思想科学化等。现代化理论是二战后从美国兴起后才传入中国的，事实上"中国现代化运动从自己的实践中提出现代化的概念和观点，早于西方的现代化理论约 20 年"[②]。作为文化反思者，罗荣渠认为"由于我国长期以来都把注意力吸引到文化运动的方向上，自然就冲淡了对中国工业化、现代化这些问题的研究和探索，特别是对于经济发展对现代化的决定性作用认识不足"[③]。

时至今日，现代化已经成为一种主流发展观念而深入人心，对于现代化的探讨也早已超越了文化决定论的层次。虽然文化决定论已经去魅，但是这并不意味着作为一种分析视角要被排除在社会科学之外。文化作为一种固化的行为规范和价值观念，对于行动具有非常强烈的潜移默化支配作用。正是因此，站在世界文明发展潮流的视角来看，传统时期的中国才会

---

① 梁漱溟. 中国民族自救运动之最后觉悟. 上海：上海书店出版社. 1992.

② 罗荣渠对于中国现代化思想的由来以及文化反思作出了非常详细的梳理。张熙若在《全盘西化与中国文化》一文颇有见地地论述了现代化，此文曾刊于天津《国闻周报》，第 12 卷第 23 期（1935 年 4 月）。参见罗荣渠. 从"西化"到现代化. 北京：北京大学出版社，1990：440.

③ 罗荣渠. 从"西化"到现代化. 北京：北京大学出版社，1990：440.

在集体无意识中走向没落。如果将人比作计算机的硬件设备的话，那么文化就像软件支配着硬件设备运转，文化代表着一种相对稳定的模式、一种潜移默化的支配力量。

究竟何为现代化？事实上并没有一种终极样板，而以发展为核心的现代化成了一种支配当前社会运转的主流意识形态。在快速的社会变迁之中，统治人类几千年的农业文明作为落后的样板正在被加速淘汰。人类对于以发展为核心的现代化理念的接受并不同步且不完全一致，这套主流意识形态在传播过程中不断地与既有的文化模式发生碰撞、交融，也正是因此塑造出了文明的多样性。

如果接收并融合了现代化的文化是当前主流文化的话，那么还有很多地域滋生了与主流文化不同，甚至相排斥的亚文化。这些亚文化对于行动者潜移默化的影响和支配是客观存在的，从而使得文化之间冲突不断，具体而言，行动者的行为逻辑就产生了很多耐人寻味的事件。贫困治理就是典型的现代社会基于发展主义理念的概念，现代国家将贫困治理作为改善人类生活质量的重要政策工具。在传统农耕社会，国家遵循的是底线治理逻辑，即出现了大灾大乱之后，会通过赈灾等形式实现对苍生的救济，但很少会像今天这样试图进一步解决底线之上的扶贫问题。从表面上看是兜底型和发展型理念的差异，本质上是农业文明的生产力水平使得政权只能做到维持型统治。现代工业社会更高的生产力水平使得国家能够在更深层次着眼于人民生活水平的提升，与此同时，贫困治理对于政权稳定也能够起到深层的稳定作用。当贫困治理作为一种外部刺激的现代化力量深入地方社会时，就难免要和地方社会的保守文化发生碰撞。

第一节　发展主义与现代社会的目标系统

虽然贫困问题最直观地表现在家庭经济层面，但是文化方面的原因仍不容忽视。第三章对于一般农业区和深度贫困区的农民家庭经济样态已经作出了分析，可以发现在相当程度上农民虽并不具备必然贫困的条件，却产生了客观贫困的结果，甚至出现了所谓"富饶的贫困"这一怪现象。这一问题的产生自然容易追溯到行动者的选择，而支配行动者作出这种选择的原因是什么，恐怕离不开对行动者的思想认识水平方面的考察，抽象地讲就是社会文化。

美国的社会学者刘易斯曾提出过贫困文化的概念，认为穷人在长期的贫困生活中固化出一套行为规范和价值观念的"贫困亚文化"，而这种亚文化又成了贫困持续滋生和繁衍的温床。[①]贫困文化理论虽然产生了很大的影响，但是为了避免走入文化决定论的误区，则需要对不同的文化情境作出区分。刘易斯所讲的贫困文化根源是美国社会中由于种族、利益集团等多方面原因出现的阶层固化问题，身处底层的无产者难以看到翻身的希望，因而在失望的社会情绪中滋生出了一套与主流价值观念截然不同的贫困文化。那么，对于中国来讲是否也出现了底层由于阶层固化而产生了悲观绝望的情绪呢？答案是否定的！中国正处于快速的现代化进程中，社会变迁和流动仍然为底层上升保留了一定空间，由于中国农民是有产者，所以温饱问题并没有成为社会的主要矛盾。区域之间发展不平衡、不充分的矛盾是贫困治理中的核心任务，中国农村的很多贫困问题虽然表现在家庭经济上面，根本却是思想文化上的问题，或是形成了一种转型期与主流发展文化不同的贫困文化，正是这些贫困文化导致了区域性的贫困问题产生。因此，中国农村的贫困文化从总体上讲和刘易斯所提的贫困文化有着本质区别。

1923 年，美国社会学家 W.F.奥格本在其《社会变迁》一书中首次使用了"文化堕距"（culture lag）这一概念。"文化堕距"是指在社会发生变迁时相互依赖的各部分所组成的文化变迁速度不一致，有的部分变化快，有的部分变化慢，导致各部分之间的错位和不平衡，由此造成社会问题。中国的贫困问题在一定程度上也出现了文化堕距。由于我国幅员辽阔，并不是所有地区都能够受到发展主义主流价值观的浸染，观念的接受往往是在外部刺激和内部回应之间逐步达成的，而不同区域的文化在面对主流价值观念的席卷之时，也会作出不同的应对策略。因此，在文化互动过程中难免会出现很多错位和不平衡的现象。

那么，又该如何认识现代社会呢？虽然现代社会并没有一个终极样板，但是在发展过程中也逐渐凝聚出了一些共识：从总体上来看，人类社会已经从农耕文明过渡到了工业文明时代；对科学技术的追求成了认识世界、推动进步的主要动力；生产力的巨大发展需要有更高层次的社会组织形态来适应。基于此，社会分工向着更加精细化层次发展；对于个体而言，更加需要具备理性、科学的思维。

现代社会的主流价值是发展，而发展意味着从一个状态到另外一个状

---

① Lewis O. The culture of poverty. Scientific American, 1966, 215(4): 19-25.

态的演变，其初衷在于追求更好的状态。基于此，无论是国家还是个体都设置了一系列目标，这些目标成了指引发展的动力，构成了行动者的意义系统：

1. 行动者都接受了现代社会的价值理念、规则，主动抑或在结构影响下为自身设置目标系统。

2. 目标的提出与达成之间都需要进行周密、科学的规划，从而使得每个阶段的时间都能够得到充分利用。

3. 为了目标的达成，行动者需要进行系统的训练，从而逐步具备并掌握达成目标的能力。

4. 现代社会是个风险社会，行动者在达成目标的过程中可能会遇到很多难以预期的风险，所以行动者还需要做好各种积累和准备。

……

每个接受现代观念的行动者都在被目标系统所支配着。正因为如此，数字对于人类生活而言就有了更加丰富的意义，无论是要精确到分秒的时间单位，还是一系列诸如大小、多少之类的计量单位，都成了构成个体认知目标系统的经纬线。这些就是人类在发展中精细构建起来的现代文明的诸多支点，成为指导行动者生活意义的源泉。

现代社会因为强大的社会生产力而具备了为个体提供高品质生活的基本能力，但是与此同时，个体也被迫付出代价。现代社会是一个复杂的规范社会，个体行动必须接受各种规范和准则的约束；为了达成目标，行动者必须接受种种规训和社会化，这些在赋予个体更多能力的同时也在进一步地压抑自由天性；在快速的社会发展进程中，个体需要不断地进行体力、脑力劳动，忍受压力……

很难想象这些对于农耕时代的人们意味着什么？或许，对于那个时代的人们并没有多大意义，农民日出而作、日落而息，交粮纳赋、娶妻生子，终其一生，生活半径或许不过百十公里。农耕社会的超稳定结构使得时间都变得缓慢，生命的价值在于静静流淌，并不会像现代社会这样显得急促。

中国的现代化进程就是要从这种稳态的农耕时代结构转向现代社会结构。从过程来看，中国的现代化进程从一开始就存在着强大的外部刺激因素，无论是经受工业文明先驱者国家的侵略，还是后来资本主义商品文化的入侵，都给有着根深蒂固传统农业思维的国民以巨大震荡，强大的外部刺激促使内部不得不进行回应，从而在抵御外敌、师夷长技、救亡图存等一系列运动中转向了现代文明。在和平发展年代，国家作为现代文明的积极倡导和推动者，依靠意识形态宣传和政策工具，试图不断地将现代化进程向社会更深处推进，自然要面对着强大的、保守的社会文化的反抗，或与当下农民的生活情境发生冲突，抑或遭遇着地方社会亚文化的阻挠，抑或是农民在社会变迁和文化冲突中缺乏了可参考的行为准则。这些都在当前的扶贫政策执行中淋漓尽致地展现出来，毕竟现代化是一个持久的、进行中的过程，不可能一蹴而就。

倘若对照着现代社会中行动者的目标系统，会发现村庄社会中存在着诸多偏离目标系统的行为，这些行为按照发展主义的逻辑来看，就是不理性的，是必然导致贫困的。而造成农民目标系统偏离的要素很多，大体而言，笔者将其归纳为两个层面：

一是地方文化中或许本身就有诸多不符合现代发展主义的成分，因而形成的亚文化对于行动者的选择产生了诸多影响，而行动者身处于结构之中难以摆脱，同时因为缺乏基于文化比较的反思而在集体无意识中遵循传统的生活轨迹，并将其作为指导生活意义系统的重要准则。当然，这些倒不是站在现代文化的优势视角居高临下地蔑视地方文化的保守因素，而是基于当前以现代发展为核心的扶贫话语体系的分析。换个视角来讲，发展主义作为主流的意识形态已经彻底地改变了人类的生活系统之后，局部地区保留的一些保守要素在历史车轮面前试图螳臂当车是不现实的，也是不理性的，最终结局也是不利于这些地区发展的。

二是即便存在着现代化的外部刺激因素，而行动者本身在选择过程中存在着思维和认识上的惰性，这种惰性倒也不全然是因为懒惰，而是充满着对现代发展主义的副产品压力感、束缚感等要素的恐惧，从而采取了一种最简单的应对策略——回避。行动者并不全然是对现代社会产生抗拒，而是展现出一种趋利避害的本能，对现代社会中消费主义的魔力展现出较大的兴趣。行动者所表现出的对外部刺激选择性的回应更容易滋生出贫困。

当然，对于深度贫困区和一般农业区来讲，其贫困发生的机理在这两个层次也存在着一些差异。由于对现代社会发展理念的认识和接受程度不同，两类地区对于贫困也产生了不同的社会情绪。在深度贫困区，多数农民对于自身的贫困状态或许有认知，却没有表现出非常强烈的焦虑感，或者说即便有焦虑感，却没有在行动上以经济理性的形式表现出来。而在一般农业区，农民多数认可了现代社会的发展理念，并且设置了比较明确的发展目标，家庭发展停滞就意味着落后，更何况还可能因为主要劳动力伤病而处于入不敷出的经济状态，那么对于农民来讲，内心的焦灼感则会更加强烈。

第二节　深度贫困区：现代性伦理的缺失

深度贫困区一直是国家贫困治理的主战场，从 20 世纪 80 年代展开专项扶贫工作至今，已经投入了大量的人力、物力和财力用于地方发展、农民脱贫，这些政策当然也起到了一定的效果。虽然说这些地区的温饱问题得到了有效解决，但是在发展上面没有取得理想效果。与此同时，更加让政府和扶贫人员感到困惑的是相当一部分地区的农民并没有表现出迫切的、要尽快改变落后状态的紧迫感，即便是表现出这样的社会情绪，也没有相应的行动。扶贫工作者将农民的这种状态概括为发展动力不足，也称之为精神贫困，抑或文化贫困。在相对贫困治理方面，多数人都认为解决精神贫困、文化贫困更为重要、迫切，再多的资源投入也难以替代农民激发内生动力之后的发展绩效。

一、现代发展理念如何进入偏远乡村

"扶贫先扶智""扶贫要扶志"是扶贫行动中的共识，前者的"智"侧重于能力，后者的"志"侧重于意愿，无论是"智"还是"志"，最根本的在于农民能够认同扶贫行动所蕴含的根本价值——现代社会的发展理念。因此，扶贫行动不仅是要解决外在的"两不愁三保障"问题，更是要取得被治理者的理念认同，否则总会面临着农民发展动力不足的难题。从客观结果上看，作为贫困治理者的政府取得被治理者理念认同的道路并不那么顺畅。

文化接触理论认为互相接触是变革的原因，包含三部分内容：一是现代社会的好处远超传统社会；二是个人摆脱了严格限制其自主决策的制度束缚；三是选择了新生活方式的人是理性的乐观主义者，拒绝现代生活的人在于其"错误的"非理性价值观念。①因此，作为更加高级、更加先进的现代文明，进入乡村是理所当然的过程。米格代尔则对此进行了深刻的反思，他发现还有很多地方存在大量的文化接触，但是并没有让农民放弃旧的生活模式，因此提出了内向型力量（保守力量）和外向型力量（现代化力量）冲突互动的模型。

---

① 米格代尔. 农民、政治与革命——第三世界政治与社会变革的压力. 李玉琪，袁宁，译. 北京：中央编译出版社，1996.

尽管中国多数农村地区已经接受了现代化力量，但是对于这些深度贫困区而言，对现代理念的接受仍然比较缓慢。这些地区固守的生活模式、价值观念成了一种强大的保守力量。即便国家在现代化建设过程中，不断地向这些地区植入现代发展力量，诸如建立学校，大力发展文化教育；开发扶贫，增强可持续发展能力……但这些现代发展力量在与地方文化以及农民接受意愿的互动过程中，并没有产生预期的效果。

当然，这倒不是说现代发展力量进入乡村总要面临着波折和挫败，完全将内向型力量作为一种保守型力量也是失之偏颇的，即便是在深度贫困区，农民也是存在一定程度分化的，事实上在深度贫困区也有很多农民能够突破地方保守文化的束缚，很快转向并认同了现代发展理念，从而成为变革的先驱。而其他农民在变革者的示范带动作用下，亦能迅速地走上整体变革道路。这充分表明，现代发展力量的确应该成为地方发展的方向。农民之间的这种分化客观上造就了笔者在调研过程中遇到的奇怪现象：同在深度贫困区，有的是整个寨子都非常贫困，而相邻不远的村寨可能就是一片现代化景象。造成这种景象的关键问题在于农民是否在现代化发展理念的接受过程中构建起文化比较的视野，这个看似抽象的问题实则道理非常简单，以笔者在调研中遇到的文化比较故事为例。

个案 4-1[①]：画眉寨是蒙市位于海拔 1600 米的苗族村，有 43 户 181 人，其中农业人口 181 人，劳动力 124 人，经济形态属于笔者划分的典型自循环型小农经济。村庄内基本上都是土房，由于建设年限长，90%以上均为危房。有意思的是，和画眉寨同处公路沿线，上下相距不到一公里的村庄，砖混结构的房屋占很大比例。这引起了笔者的调研兴趣，偶然接触到了一个谈吐比较有条理的年轻人陶城（31 岁），文化程度是小学三年级，他说："我们村里基本上都是小学，统一小学，初中的太少了。"他十五六岁就出去打工，18 岁结婚后在家休息了三四年，后来又出去打了五六年工。他去过广东、广西、湖南、江苏、上海等地，在上海时间最久，有三四年。交谈中发现，他的思想比较新颖，和本地人明显不同。

笔者：寨子里去外面打工的情况怎么样？

陶城：基本上都是这一两年才出去，这一两年为了建房，之前为什么没出去，我们这里种三七、烟草，基本上不是很好，但是还可以，再说嘛，这边多数是少数民族，思想也不是很开阔，思想比较落后，基本上都没怎么出去。这几年发展也不怎么好，才慢慢陆续地出去，看着这一两年每家

---

① 陶城-20170428-P，31 岁，云南蒙市普通农户。

每户（隔壁村）都建房，有的买了车，再这样待下去的确也不是一个办法，就慢慢出去了。

笔者：村里能出去多少人？

陶城：也没出去多少，基本上是年轻人出去。

笔者：是不是年轻人都出去了？

陶城：也没有全部出去，出去的最多也就二十多户（年轻人）。

笔者：为什么隔壁村子的砖木结构房子都很多，你们的土房比例那么高？

陶城：我们都是贫困，这个就是说思想落后一点，没文化，我们这里和隔壁村都有很大差距，我也不知道是不是地理问题，同样干一样的活，人家赚到钱，我们赚不到钱。

我个人认为要以钱为主，还是要挣点钱，因为在家里面也没有什么经济发展，如果家里要有经济发展，条件还可以，最起码你要算到两个人出去一年能赚六万块钱，但是你在家里面最起码要能挣到四万，你才能待在家里，你在家里看看老人、看看孩子，哪怕是少用两万块钱，节约一点。但是如果你出去能挣六万，在家里只能挣一万，那个差别就太大了，就不能待在家里面了。

笔者：你这个想法很好，寨子里有这个想法的年轻人估计能有多大比例？

陶城：我只能说年轻人，跟我同年以下的能占大半吧，以上的基本跟我思想都不一致了，前些年基本上没怎么念书，没文化，家庭贫困，思想落后，结婚结得又早，结婚之后就生小孩，养个鸡猪，就这样过一辈子，他就没有想到我要挣多少钱，要去哪里旅游，他就没有这种思想。的确像我们也没什么文化，但是至少像我们还能想一下，最起码看着别人开个车，要想办法能不能挣个钱，以后也买个车开开。

笔者：是不是年轻人都有这个想法？

陶城：像我这种想法不怎么多，和我们玩好的几个在一起，说说话，这些嘛，还可以帮他们开导一点，有些他不理解你，跟他说也说不通，他不喜欢，反正你跟他讲，他也不会听。没结婚的那些人（村里30岁到40岁之间未结婚的有十多人），没有人管制，也没什么压力，久而久之好像就有点习惯了，反正我也不理解他们，有些人你跟他说要么我们一起出去挣点钱去买房或者买车，他说："哎，那些有什么用，有什么意思，在家就平平淡淡地过完就好了。"你跟他就谈不到一块了。不出去也没办法，在家里面经济总是发展不起来，又没有什么开发的，自己没有本事做生意。

在当地普遍比较保守的情况下,这个年轻人的讲话非常经典。尽管文化程度不高,但是他在打工过程中已经接受了现代化发展观念,有了经济算计的意识,有了更高的发展目标,更重要的是有了文化比较的视野,开始反思家乡为何落后。尽管没有讲出很多道理,但是他的思想已经和家乡其他人有了明显差距。当然,通过这个案例,还能够感受到明显的社会变迁。

现代社会的发展理念更容易在农民的主动接触中展现优势和魅力,与此同时,农民也更容易在文化接触中建构起文化比较的意识。在深度贫困区,这些主动与现代社会接触的先驱者则成为乡村社会保守力量的撕裂者,从而加速现代力量的进入。这个过程看似简单,却充满很多偶然性和不确定性,毕竟在一些地区保守力量足够强大。下文通过两节内容具体展示了深度贫困区的地方亚文化以及农民日常生活中与现代社会规则的种种不匹配概况。

二、地方亚文化

深度贫困区由于环境相对封闭,受到社会变迁影响较小,更容易形成一种规范性较强的地方性文化,或者是一种与主流文化不同的亚文化。这种文化规范对于身处其中的个体的影响是潜移默化的,是全方位的。如果个体没有与外界社会更多地接触和比较,那么即便这种文化对于个体发展不利也难以自知。转型期的中国正发生着剧烈变迁,现代社会的观念也会多多少少传导到这些地方,从而与既有的地方文化混合成一种更奇特的亚文化,在此影响下会发生很多难以解释的个体行为。

1. 超前消费

消费现代化是现代化过程中最容易实现的,也是推动现代化的主要动力因素之一,上层社会能够在整个社会中起到引领风气的重要作用,从而能够让全社会在集体无意识中沾染消费主义习气。[①]现代社会中,消费主义的魔力不仅征服了接受现代社会主流观念的人群,也征服了很多偏远地区的农民。偏远地区正在缓慢发生着的社会变迁,使得人们的行动出现了很多矛盾、不协调的现象。一方面,村庄中的大多数人拒绝接受现代社会中充满压力、快节奏的生活,逃避现代性,拒绝打工、漠视教育,即便意识到了自身的贫困,也不愿意投入能够快速获取货币收入的城市打工生活,而是选择守着几亩耕地,喂养几头猪牛,闲散悠闲地生活,是一种典型的非理性经济模式;另一方面,他们又难以抗拒诸如手机、网络、汽车等消

---

① 成伯清. 消费主义离我们有多远. 江苏行政学院学报, 2001 (2): 71-78.

费品带来的种种奇特体验，更愿意以这种方式来亲近现代性。从消费观念上来看，家庭消费支出增加是一个趋势，参与现代社会的程度逐步加深。但是也出现了消费观念远远超出其消费能力的现象，即超前消费问题。

个案 4-2：雄州的松园寨是苗族自然村，分为上下两个寨。下寨海拔相对较低，平均 2300 米，共有 30 户人家，29 户是贫困户，唯一的非贫困户是王大华家[①]，因为他做教师。全村一户砖混结构的房屋都没有，农户的家庭条件都相差不多，但是村里有三户贫困户却买了汽车，分别是：

A.王大良，35 岁，夫妻在家务农，儿子七岁，女儿四岁。去年家里卖了两头牛，赚了八九千元，买了一辆七八千元的轿车，不知道转了多少手。他对外说"骑摩托车上下山太冷了"，所以就开轿车。村主任王应昌表示了深深的忧虑：这么便宜的车，开这么陡峭的山路，安全真是个问题！

B.王大荣，42 岁，夫妻在家务农，他有点技术，跟着工程队修路，有时候一忙就是半年多，2016 年买了一辆一万多元的车，其实用处也不大。

C.王大明，40 多岁，夫妻 2017 年才到镇上的石料厂打工，主要做苦力。大儿子 20 多岁，结婚后夫妻在外打工；二儿子在中学读书。2017 年用全家打工攒的钱买了辆两万多的小车，也没有多大用处。

这三户家庭条件都是一般，相比之下，打工获取的现金收入比纯粹务农要多一些，家庭的住房都是有着几十年历史的土房。虽说寨子的交通不是很便利，从寨子到集镇，开车盘山公路要绕行一个小时左右，但是家家户户都有摩托车。按照现代社会的逻辑，肯定是先发展生产、扩大收入，然后再考虑建房、教育等问题，如果家庭经济达不到一定程度，肯定不会买车的，因为养车也是一笔较高的开支。但是这三户贫困户更加愿意追求现代消费观念，觉得这是时尚和潮流，很少去考虑安全以及经济能力等问题。因为缺乏家庭目标和积累的观念，所以有钱就花。这给地方的扶贫工作带来很大的困扰，明明都是贫困户，家庭经济能力一般，更应该努力赚钱、积累、发展生产、改善住房才行，但是农户有钱都即时消费，甚至超前消费，丝毫不愿意去改变落后面貌，反而越来越将其看作国家责任，扶贫行动陷入被动。按照当前贫困户评定规则：拥有汽车会被一票否决，而这三户超前消费的贫困户让地方政府扶贫人员哭笑不得。

2. 人情异化

货币是市场经济的基本要素，这些原本自给自足程度很高的村庄现在

---

① 王大华-20170720-P，37 岁，云南雄州松园寨人，师范毕业后在乡镇教了十多年书。其弟弟王中良在家务农。

也越来越卷进市场之中，由于缺乏家庭理性，货币化就在很多不可思议的生活细节中展现出来。深度贫困区往往因为地形地貌原因形成了大散居、小聚居的样态，即整体上农民居住分散，散落在广袤的土地上，但是又形成了一个个小的叫法不一的聚居单元，有的叫寨子，有的叫村落，有的叫冲。这些小聚居的单元内部是关系非常紧密的熟人社会结构。大家的互助意识很强，过去因为要同自然及战乱、其他族群进行斗争，所以内部就形成了非常强的地缘认同。

长期的互助使得生活中有了很多表示礼节的机会，有的是借助节庆仪式，有的是在人生的重要节点——出生、结婚、死亡，大家聚在一起喝酒吃饭，还会送上礼物，这些都被通俗地称为人情，是村落中社会关系的润滑剂。而作为情感表达的礼金却正在发生变化。

大西北的"西海固"人情正经历着猛烈的变化，异化程度越来越高。以笔者调研的移民村为例，在搬迁之前，村庄一般的庄亲都是给 50 元人情钱，稍微沾亲带故的要给 100 元以上，亲戚则是根据亲疏远近给 300、500、1000，其中男方的舅舅给的最多，一般给 1000 元。根据当地说法，结婚主要是靠舅舅撑面子。搬迁后人情钱翻了好几倍，舅舅至少要给 2000 元，给 5000、10000 的大有人在。人情钱上涨给农民生活带来了巨大压力。漫长的冬季主要是农民休闲、办酒席的时期，由于农民在生育上不加限制，以至于每家都有庞大的亲戚网络。人情支出中亲戚份额占大头，导致家家户户的人情支出都很大。

个案 4-3①：胡杰（29 岁）结婚后和父母分家，他和父母在村庄要走两份人情，每年开支至少两三千元。2016 年小舅子结婚，虎杰作为二姐夫送了 5000 元人情钱，大姐夫、三姐夫都给两万，小舅子结完婚立刻买了一辆车。

繁重的人情压力让村干部更为苦恼。他们的交际圈比较广泛，村庄内每年办事的有几百户，差不多每户都会邀请村干部去，一般关系的人情礼金都要 100 元，仅应付村庄内的人情每年差不多要一万多元。这些还不算亲戚的，2015 年村会计马帅的外甥女结婚，他给了 2000 元；妻子姐姐的儿子结婚，给了 3000 元。

通过以上案例可以看出，无论是西南还是西北的偏远农村，货币成了人情表达的主要媒介，而在攀比的影响下，货币给的金额也越来越高，像在西海固移民村已经达到了普通农民难以承受的地步。一方面是收入很少，

---

① 胡杰-20161101-A，29 岁，宁夏平县普通农户。

增长很慢；另一方面则是支出事项越来越多，快速增长，家庭经济能力难以承受。

这些仅仅是参与人情仪式的支出，实际上办红白事等人情仪式也非常花钱。西海固地区回族葬礼非常讲究：送葬前需要诵经，诵经人以坊为单位，每座清真寺是一坊，每坊基本上有二三十人会读《古兰经》，坊与坊之间有固定的联络机制，老人去世一般要请20坊的诵经人。阿訇会根据主家条件，征求意见后决定请多少坊诵经人。逝者下葬前，主家要给前来送葬的亲戚朋友、诵经人散钱，一般人都给一二十元，诵经人要给三十到五十元，这是葬礼中最花钱的环节。以请20坊诵经人为例，按照每坊30人，每人30元计算，大概要花费1.8万，如果算上亲戚、朋友，葬礼至少要花费三四万元。

地方社会的礼俗、宗教以及象征着人情的货币支出使得农民的人情交往呈现出了更多异化的特征，程序越来越烦琐、消费越来越大、家庭承受的经济压力越来越重，这些都成为横亘在深度贫困区农民心头的转型之刺。这些滋生在深度贫困区的地方文化在现代文化的冲击下，使得农民的消费行为呈现出了更多非理性的特征，原本平淡、温情脉脉的乡土社会，其实已经暗流涌动，贫穷的背后有着更多文化要素正在发生变化，农民不得不承受转型之痛。

3. 无所事事的闲暇

在传统农业社会中，农民家庭是维持型的，即农民劳作的主要目的在于满足日常生活所需，很少有多余的财力用于家庭发展，并且发展的道路也很狭窄，主要是读书科举，一般农户很少能积攒这样的资本。因而在闲暇时期滋生出了很多消遣文化，比如一些固定的民俗活动，用于丰富农民的精神世界。这些闲暇时期的活动是散漫而悠闲的，并不一定全然是积极健康的，也有很多糟粕，但是在农耕社会倒也无可厚非。而现代社会生活的典型特征是要有规划性，接受了现代社会发展理念的农民更应该知道如何根据目标安排劳作和休闲的时间，既然选择了发展目标，那就意味着劳作时间肯定要多于仅满足温饱所需的时间，闲暇时间受到压缩，生活节奏自然变快。这是两种社会生活的根本差异。在深度贫困区调研发现农民闲暇生活仍然保留着大量悠闲的文化活动，而这些活动与现代社会的发展理念存在着明显的不协调。

在西南深度贫困区调研发现，农民对于斗牛、斗鸟等活动有着特殊的热爱。牛是农业耕作依靠的主要畜力，也是"银行"。在农耕之余，农民会刻意训练家中强壮的公牛参加定期组织的斗牛比赛。比赛奖金少则几百元，多则上万元，在斗牛场中打出名气的公牛身价会越来越高。调研中发现，苗族、彝族、傈僳族、瑶族等多个民族均有此爱好。如果这些单纯作为流传已久的民俗活动也无可厚非，有人却沉溺其中，甚至非要在场上争个输赢。苗族农民对于鸟儿有着特殊的热爱，即便是家中穷得叮当响也一定要攒钱买鸟，便宜的几百元，贵的上千元，战斗力强的更贵，有些农户看起来家徒四壁，但鸟的价值不能忽视。闲暇时间赏鸟、斗鸟、赌输赢是很多男性的乐趣。乡镇一般都会有花鸟市场，每逢集市都能看到男女老少提着鸟笼，异常热闹。

温饱无忧、散漫悠闲，在这种环境下，农民生活顺应着固定的轨迹静静流淌。人都有惰性，一旦生活环境变得安逸舒适，那么还有什么变革的需要呢？又何必去辛苦奋斗呢？强大的生活惯性逐步地消磨着农民奋斗的意志，使得多数人在这样的环境下呈现出一种害怕吃苦、不愿承受压力的地域性格。

西北地区冬天寒冷而漫长，文化生活的贫乏使得不少农民选择以打牌来消磨闲暇时间。村庄中一些男性青年趁机以赌为乐，形成了非常不理性的消费行为。不少村庄都有一些沉迷赌博的人。过去在"西海固"居住分散，这样的人并没有形成气候，而到了移民村之后，那些爱赌之人聚在一起，在村庄中形成了非常不好的风气。在移民村调研时，这些赌徒形成了一个颇具规模的帮会，并在村庄中建立了若干隐蔽的赌博基地，这在村庄都是公开的秘密。有的村民看不惯悄悄报警，但是当警车呼啸而来时赌场早已四散而空。据一位在赌场了输了七八万的农民讲，赌场的人开赌时雇用闲散人员分布在村庄各路口，一旦有陌生势力进入，赌场会提前得到通知，迅速转移阵地。附近村庄的赌场形成了联合势力，经常互通信息、放贷。2015 年农民在赌博中输钱在万元以上的不在少数，笔者在访谈中随机掌握了一些案例。

个案 4-4①：2015 年冬天，李建业的小儿子结婚，女婿一家从海原县赶来参加婚礼。刚到就被熟人带到隔壁村赌场玩，一晚上输了十多万，最后把车抵押了出去。李建业本来要给儿子筹办喜事，但此事让他非常闹心。向乡镇派出所报案后没有结果。无奈李建业找到本村负责赌场的李军，给隔壁村赌场打了招呼，双方商量以 2.5 万的价格私了，李建业的女婿才把车赎了回来。

---

① 李建业-20161023-A，55 岁，宁夏平县普通农户。

个案4-5①：李玉中（1980年生），女儿在读初中，儿子在读小学，妻子在村庄内的农业企业打工，每年工作六个月才能赚一万多元，李玉中有打井技术，生意好时年赚四五万，差时赚一两万。原本幸福的家庭因为李玉中2015年赌博而差点家破人亡。李玉中赌博输了八万多元，赌场的人常来家里讨债。妻子非常生气，想和丈夫一起到外面去躲债，但是又不知道躲到哪里。丈夫个性很耿直，认为输了就是输了，但是这样一笔巨款需要夫妻辛苦工作多年才能积攒起来。妻子工资是80元/天，每年最多工作五六个月，公司管理严格，连喝水的时间都很少。因为赌博欠下的高额债务让妻子感到非常绝望。她曾经想要报警，但是考虑到报警之后万一认真追究起来，丈夫也难逃责任，在犹豫中就放弃了这个念头。她觉得"钱再重要，也没有人的话把子（话柄）重要"。但是如果不报警，她又觉得很委屈，想起这些事情就忍不住哭泣，甚至还跑到了黄河边寻短见，被熟人带了回来。李玉中的赌债在两个兄弟的帮助下还上了一些，还贷了几万元的款。夫妻两人只能打工还赌债。

个案4-6②：李建刚（30多岁），有一儿一女，村民评价他在老家就是"耍赌的烂包"。2015年输了八万多，没有了资本，人也老实了，带着老婆给别人看羊场，工作非常辛苦，工资还算可以，一年能够赚五万左右。

个案4-7③：李志智（47岁），老婆比他小11岁，家里有两个儿子、一个女儿，还在读小学，同时还有70岁的母亲一起生活。过去在老家他就有赌博的毛病，当时输了好几万，夫妻好不容易才把欠下的赌债还完。到了新村之后，男人赌博恶习不改，一下子又输了十几万。现在他到附近工业园区上班，每月四千多，老婆在农业公司打工，夫妻辛苦赚钱还赌债。

个案4-8④：马清（39岁），有一子两女，老婆比他小四岁，在村子里做点小生意，脑子比较好使。他打工没有技术，辛苦赚来的小钱看不上，就喜欢赌博。2015年先是赌博赢了三四十万，很快全输光，又输了十多万。在赌场上和人打架，被判了几个月。

个案4-9⑤：马明（40岁），有两儿三女，家庭条件一般。马明在外打工没有技术，每年工作时间不到一个月，妻子打零工。2015年赌博输了好几万元。

---

① 李玉中-20161023-P，36岁，宁夏平县普通农户。
② 李建刚-20161025-P，30多岁，宁夏平县普通农户。
③ 李志智-20161025-P，47岁，宁夏平县普通农户。
④ 马清-20161025-P，39岁，宁夏平县普通农户。
⑤ 马明-20161027-A，40岁，宁夏平县普通农户。

个案 4-10[①]: 王杰(34 岁),有五个女儿一个儿子,打工有点技术,一天能赚 200 多元,每年能做四五个月,妻子在家带孩子,2015 年赌博输了一万多元。

个案 4-11[②]: 王俊(42 岁),有三个儿子两个女儿,大儿子(21 岁)是残疾,最小的女儿才 14 岁。过去还出去打工,现在村里开麻将馆,2015 年输了上万元。

赌博不仅给农民家庭带来了沉重的负担,也给社会治理带来更多的难题。移民搬迁后沙河村的稳定非常重要,为了斩断穷根,地方政府花费了巨大代价将这些移民从"西海固"搬迁出来。对于移民来讲,当前最需要的是变革自己曾经的生活观念,尽快融入新的社会环境中,转变过去以农为主、温饱有余、小康不足的经济观念,尽快适应打工经济,提高家庭的经济收入。但是赌博使得相当一部分农民还没有站稳脚跟,就已经面临着倾家荡产的困境,赌博场所的灰黑势力使得他们敢怒而不敢言,从而更加倾向于在政府面前诉苦,诉说生活是如何不幸,甚至编造出新环境是如何影响自己收入的谎言,从而获取政府更多的支持。这些反过来又给地方政府的扶贫工作带来新的难题。对于农民增收来讲,不仅要注重开源,还要注重节流,否则仍难以摆脱生活困难的窘境。

个案 4-12[③]: 李军(43 岁)在老家就喜欢赌博,搬迁新村后和各个村赌徒聚在一起,以赌为业、肆无忌惮。他经常挑唆村民闹事,村两委不得已让他做了村民小组长,试图通过将其纳入体制的方式来实现管理。刚开始还有效果,没过多久就不管了。他经营赌场生意后,组长的工作也不做了,造成了很多信息传达的迟滞。他还不满足现状,一心想要竞选村主任。

农民在赌博场所养成的很多恶习也威胁着地方社会稳定。经营赌博场所、妄图不劳而获的灰黑势力试图染指村庄政治,企图在政府巨额的扶贫资源中分一杯羹。这些人善于利用村民对扶贫政策的不满,挑唆村民对抗村两委。由此可见,解决贫困问题不仅要注重资源的输入模式,更要关注基层政权建设,地方政府要加强对村两委干部的监管,避免微腐败,要警惕赌博等势力对村庄政治的染指,同时更要加强对健康社会文化的营造,对于赌博场所进行坚决打击,避免农民的财富流失。

---

① 王杰-20161027-A,34 岁,宁夏平县普通农户。
② 王俊-20161027-P,42 岁,宁夏平县普通农户。
③ 李军-20161101-A,43 岁,宁夏平县普通农户。

三、非经济理性的生活模式

前文已讲现代社会行动者的意义系统由一系列周密的环节所构成。深度贫困区的农民生活呈现出很多与现代社会脱节的地方，比如缺乏对未来生活的规划和预期，目标不明晰；经济意识薄弱，缺乏储蓄、投资等观念；对科学文化的接受度较低，交往能力差。而一般研究往往将深度贫困区的这些特征归因于外在的环境，以及在此影响下的个人能力问题。

从客观环境来讲，当前深度贫困区基本上都处在交通相对闭塞的地方，地广人稀，因而现代思想的传播就要弱很多。这些地方由于客观环境的限制，更加容易滋生并且保存地方文化，进一步影响农民行动。尽管国家不断通过政策工具强化现代力量的进入，但是这些地方因为基层能力不足而使得政策执行困难。基层能力也不全然是指地方政府的人力资本优势，如果要达到像东部地区或多数中西部地区同样的政策效果，这些地方往往要付出更大的政策执行成本。事实上，这些地方的经济能力不仅不足以支撑更大的政策执行成本，甚至还不足以支撑一般政策执行的成本。

从个体能力来讲，深度贫困区农民的确呈现出很多能力不足的问题。因此，阿玛蒂亚·森提出的能力贫困也是一种重要视角。能力贫困理论包含着一种预设，即个体应该具备在现代社会中生产、生活与发展的能力，其中现代社会是前提条件。对于深度贫困区的农民来讲，其能力不足主要表现在利用现代化的技能进行生产、发展、生活的能力不足，因而难以应对现代社会风险。现代社会是建立在高度社会分工基础上的复杂社会，与传统乡土社会相比，对个体能力提出了较高的要求。"文字是现代化的工具"[①]，文字不仅承载着文明延续的功能，也成为个人社会交往、习得技能、学习文化、完成社会化、在现代社会生产和生活的基本工具。

相较于当前大多数地区，深度贫困区由于发展迟滞、现代化观念对社会群体的影响还比较有限，以至于多数贫困家庭的生活模式存在着较多的非理性因素，当然这种非理性是站在现代社会的评判标准之上的，即个人或家庭的发展需要适应经济社会发展的主流，否则容易步入较为被动的局面。而在深度贫困区，发展的滞后性使得大多数贫困者不知道该如何重视文化教育与个人能力的提升，以至于相当一部分家庭容易陷入了贫困陷阱之中：不重视文化教育，导致个人能力不足；个人能力不足，导致对文化教育缺乏认识……结果家庭发展能力不足，难以适应现代社会的诸多要求。

---

① 费孝通. 乡土中国. 上海：上海人民出版社，2007：17.

1. 对文化教育的重视程度有待提高

文化教育是提升人力资本的重要手段，而对文化教育缺乏重视的话，则有可能导致贫困的代际传递。而在深度贫困区调研发现，地区总体文化水平不高则成了制约贫困治理效能的重要变量。如笔者调研的有着七千多人的沙河村，村庄内 30 岁以上的妇女 80%以上都是文盲和半文盲，男性识字水平仅比女性稍高；在西南很多偏僻山村调研，18 岁以上的村民70%～80%户口上登记的都是小学文化，但实际上绝大多数小学都没有毕业。

深度贫困区的客观环境对教育产生着较大的影响：山大沟深、居住分散，教育分散投入虽然有利于学生上学，但是不仅投入大，而且质量难以保障。集中投入虽然能够在一定程度上保障教学质量，但是又造成学生读书路途遥远。地方政府财力较弱，难以吸引优秀师资，造成教育水平整体偏低。偏远地区的村寨学生要么长途跋涉去接受教育，要么面临着无书可读的困境，学生在这样的环境中很容易产生厌学情绪，即便是辍学，地方政府也很难及时发现并做到有效引导。

虽然客观环境如此，但也不能将原因全部归结于外部条件。毕竟从国家层面来讲，已经尽到了每个阶段最高程度的努力来改善教育环境，但是农民由于地方规范、民族文化、选择意愿等，并没有做到去积极适应客观环境以改变文化教育落后的状态。文化教育是一个长时期的累积性问题，如果父代文化水平不高，对教育不重视，就逐渐形成了文化贫困的代际传递。如果父代尽力接受教育，重视教育的话，那么即使父代无法通过教育改变命运，也能够为子代营造更好的环境。

个案 4-13①：在云南红水市调研过的边县、阳县、蒙市的农村教育状况都比较糟糕。蒙市奔牛寨的特困户尹祥（61 岁）家案例非常典型。上午十点多钟到他家里时，他正和邻居吃早饭，喝了酒，满身酒气。我看到和他一起的小姑娘觉得有点诧异。按照道理，这个小姑娘怎么也有八九岁了，当时是星期四，应该在学校才对。因此，就问尹祥："这是您孙女，怎么没去读书？"结果很让人震惊，眼前的小姑娘是他的亲女儿而不是孙女。

尹祥快四十岁才结婚，妻子比他小十多岁，二婚嫁过来时带了一个男孩。这样家里就有四个孩子：大儿子（22 岁）在广东打工，二儿子（16 岁）和三儿子（14 岁）在家务农，做一些小工，女儿 10 岁。尹祥的几个儿女从来都没有读过书，他都是借口供不起。经过互动才发现小姑娘普通话讲

---

① 尹祥-20170427-A，61 岁，云南蒙市奔牛寨特困户。

得非常好，都是她看着电视自学的。她说自己很想读书，同龄人都去读书了，哥哥也不在家，都是自己玩、看电视，自己洗衣服、做饭。他们家房屋有两层，外墙已经开裂，有的地方用黑布遮着，室内光线很暗，比较潮湿，东西杂乱地堆放着……

尹祥家有十亩地，五个健康劳动力，但是思想意识保守封闭，行动上又懒惰；对于教育从不上心，总是借口家里穷、供不起，事实上读书不仅不要钱还有补贴；儿子读书已经被耽误了，女儿眼看也要被耽误过去了。乡镇干部说像尹祥女儿这样的，如果没有去读书，不出三五年就嫁人了，当地普遍早婚。

文化教育的滞后使得农民在家庭经济生活中缺乏成本—收益的核算意识、储蓄—投资的理财意识。正如上文所讲，现代社会实际上建立在一系列的数字基础上。从个体在学校接受教育的那一刻起，现代化的观念就已经潜移默化地进入了个体的潜意识之中。传统中国不注重数学逻辑等方面的教育和应用，作为个体通往庙堂的科举制度，以一系列圣贤哲思、治国理念为纲目，这是传统中国走向没落的一个重要原因。现代中国的教育早已与世界接轨，学科门类齐全，注重培养学生的逻辑与科学意识。数学教育其实培养了个体的数字意识，从而方便数字在生活中方方面面的应用：在计量单位方面，大小、多少、轻重、长短等；在时间单位方面，分秒、生日、忌日、节日等；在国家治理方面，身份证号码、工商号码、驾照号码等，现代生活的一切都能找到数字应用。数字就像一条条经纬线构筑起现代人的意义世界，个体不断地在经纬线中寻找定位。数字意识充斥着个体行动的每一个细节，与此同时也塑造了个体的经济意识，会理性计算其行为的价值、影响及其后果。

在高度分工的现代社会，个体需要通过劳动来创造价值，劳动的意义不仅在于贡献社会，也是其得以生存和生活的根本，所以必然要计算劳动价值及收益。这些在传统的农耕社会则很少体现，农民会很在意自己眼前一些利益得失，但是并没有很强的经济意识。经济意识主要表现在成本—收益的核算意识、储蓄—投资的理财意识。在市场经济高度发达的今天，每个劳动力都能够在市场上找到相对应的价值。而深度贫困区的大多数农民将劳动力投入效率很低的农业生产中，从而使得家庭很难从经济层面摆脱贫困。

个案4-14：云南武县傈僳族农村的庭院经济一般比较发达，说是发达，主要是指养殖的种类比较多，基本上每家每户都会养上四五头猪、两三头牛、一些鸡鸭。这些动物吃的基本上都是玉米等粮食作物，因为这些动物活动量很大，吃的东西以粮食作物为主，所以也长不胖。对接市场的时候，虽然味道非常好，但是价格并不比集中饲养的高多少，反而因为重量较轻比较吃亏。苏倩是住在集镇上的汉族人，五十多岁，过去在集镇上开饲料加工店，经常和少数民族居民接触，给他们提过一些建议——部分粮食再配上其他的东西作饲料，只要掌握科学配比，完全可以把猪牛喂好，不仅节约成本，还能让动物长得胖一些，集镇周边的汉族人都是这样做的。这些少数民族同胞觉得太麻烦，不愿意去尝试。苏老板很无奈地感慨："他们喂一头三百斤的猪能卖个二千多元，但是粮食、搭进去的工夫都不止两千元，他们只过好今年，没有明天的概念，不会科学种田、养殖，没有经济意识。"

按照市场经济的成本—收益观念来核算，这种经营方式效益很低，甚至是亏本的。一个已经适应了现代市场观念的人，很难接受这样一种生产模式。在扶贫中，这些被看作致贫的重要原因。即便是在深度贫困区，集镇周边的汉族人都已经深刻地明白了这个道理，所以及时转变了观念和生产模式，而少数民族则继续停留在过去的观念中，转换比较缓慢。

除了成本—收益的核算意识，现代社会对于个体理性的要求是也要有储蓄—投资的理财意识，储蓄就是为了目标、规划，抑或是不可期的风险而做的准备，这样才可以更加从容地应对未来生活，而投资就是扩大生产、进一步提高收益，投资能够增加储蓄，但也需要一定的储蓄来支撑。对于深度贫困区的很多农民来讲，这种意识极度缺乏。究竟是因为收入较少，所以无法储蓄—投资，还是因为没有储蓄—投资观念，所以导致发展动力不足，收入较少？这很难解释清楚，单单在这个循环问题里找答案也没有意义的，重要的是如何跳出来，思索投资—收益意识对农民的意义。

要思索深度贫困区的贫困问题，就需要站在农民的视角，看看他们是如何认识储蓄和投资观念的，而非站在现代社会的绝对制高点，对他们的生活指指点点，抑或是在扶贫行动中按照现代社会的逻辑去打造他们的未来生活。农民接受传统农耕社会的思想并不是盲目的，也不一定是完全非理性的行为，事实上，在他们的认知世界中，既有的生产和生活模式也有很多理性的意味在其中。

深度贫困区的调研材料表明，虽然很多农民没有货币上的储蓄，但是有其他方式的储蓄行为。最典型的莫过于在西北和西南地区都有相似意义的那句话——"牛是银行"。家庭养殖是收入的主要来源，也是农民应对风险和不确定性的主要依靠。他们没有很强的把这些变现的观念，而是根据家庭能力、资源承载力来调节饲养的数量和时间点。现代社会是典型的货币社会，货币不仅是流通工具，也是家庭储蓄—投资的主要载体，因此人们会精细地考虑通货膨胀、货币是否贬值、投资哪种渠道才能保值增值等问题。深度贫困区农民还缺乏这种观念，这些对他们的生活世界而言还很遥远，他们也不愿意去担忧货币是否贬值等问题，他们考虑更多的是猪牛等牲畜饲养得怎么样、价格几何。因为缺乏货币意识、缺乏储蓄—投资的意识，很多家庭没有很强烈的要扩大生产的观念。调研中会经常遇到很多耐人寻味的案例。

个案 4-15：松园寨是位于海拔 2300 米到 2500 米的苗族寨子，几乎全是建档立卡贫困户。村民公认的条件最差的一户情况如下：龙光伏，40 多岁，耳聋，有两个儿子；长子 20 多岁，初中未读完，在家种田、玩，没有外出打工，刚找到媳妇；次子 8 岁，在读小学。房子是 20 多平方米的土房，家中养了四五头牛、七八头猪。大儿子要娶媳妇了，养的牲畜才会多一些。结婚办酒一般要杀猪宰牛，消耗很大。平时没有养那么多，因为比较辛苦。

农户根据自己家的人生任务来调节种植养殖结构在当地是比较普遍的情况。一旦任务完成，家庭没有太多事情，养殖规模就会压缩。即便是最贫困的农户，也不会为了多赚一些钱而将家庭养殖始终维持在一个比较大的规模，多数觉得这样很辛苦，没有必要。

2. 对现代社会规则的习得有待进一步加深

现代社会天然不是自由社会，而是由各种各样的规则互相交织组成的规则社会。因此，在现代社会生活的基本前提是接受各种各样的规则，或者具备同各种各样规则打交道的能力。而深度贫困区农民的生活模式本质上还是传统农耕社会，农耕社会的特征是相对稳定、时间感不强。农民除了要遵循农时、过传统节日之外，并不需要将每日的生活非常有条理地进行安排，也不需要提前对未来生活进行很多规划。总之，农忙之外的时间农民都可以自由支配。因此，时间对于农民来讲，远远没有现代社会所赋予的那么多含义。

在西南深度贫困区调研发现，多数农民并不记得自己的生日，也不能准确地说出子女、配偶等亲属的生日，更不会过结婚纪念日……虽然农民使用手机已经比较普遍，但是多数并不记得自己的电话号码，也不知道如何将其他人的电话号码存在手机通讯录。笔者在召开村民会议填写扶贫表格时，有一栏需要填写电话号码，村民要么是看看自己手机背面贴在上面的号码，要么是询问邻居自己的号码是多少，邻居查找号码也不是在通讯录中直接查找，而是在通话记录的一长串电话号码中推敲出别人的号码。

现代社会对个体的规训还包括能够在不同场合明白并迅速适应这些场合的规则。例如在开会的场合，我们都知道要保持安静，听主持人安排，即便是会议冗长无聊，也大多会静坐那里，当然也会跑神、玩手机等来打发时间。但是，要在深度贫困区的农村开会，要让所有村民都坐在那里听主持人煞有介事、滔滔不绝地讲述，几乎是不可能的。无论农民是否知道那套规则，他们都很难做到，这对他们来讲是一种折磨。现代社会对个体的规训从幼时就开始了，最突出表现在学校教育上面。个体在学校教育中学到的不仅是文化知识，还在潜移默化中学会了种种规则意识，即如何适应现代社会的规则。刚开始，小学低年级学生很难一直静坐在位置上听老师讲课，但是随着年级的上升，就逐渐适应了规则。这套规则的习得并不仅是表面上让个体做一个懂事的学生，而是学会克制自己的天性，让行为符合社会标准，这也是每个人走向社会所要学会的第一步。

当然，也可以站在后现代的立场上反思认为，这是现代社会对个性的压制，但是现代社会的运行原本就是一个复杂的分工体系，必然要求每个岗位上的个体都能够克制自己随心所欲的行动，让个体行动在社会规则的轨道中运行。现代社会规则对于个体的支配到了一个非常精细的地步，每个人每个时间段要做哪些事情都需要有一个相对精细的规划，本质上每个人都成了时间和规则的奴隶。最能体现出现代社会规则对个性压制的就是工业体系中的流水线作业。现代工业体系将复杂工程分解成一道道工序，每一道工序有专人负责，每个个体只要迅速地做好自己分内工作就能够保障流水线的高效运行。这是工业社会的巨大进步，但是个体天性毫无疑问就被流水线的工序要求压抑了。技术进步能够不断地将个体从这种单调乏味的流水线工作中解脱出来，从而让个体天性得到释放。但是技术进步是一个渐进的过程，总要有人做流水线工作。深度贫困区的农民刚开始外出打工的时候，最难以接受的就是流水线工作了，这和他们的自在天性有着天然的矛盾，并且由于没有经过规则意识的训练，很容易产生反感心理。

从村民的打工选择上就可以明显地表现出来，很多村民都不愿意出去打工，觉得出去打工就要受到别人约束、不自在，即便是出去打工，也会选择那些对个体约束不是很严的工种，如建筑工或园林工等，很少有人愿意去工厂流水线工作。

边县的县委副书记讲，云南人都有"家乡宝"的说法，就是不愿意离开故乡。这种现象在村庄里也非常普遍：一是农民的文化程度不高，他们不敢出去；二是从意愿上来讲，也不愿意出去吃苦受气，因此大都在家里待着。对于脱贫攻坚来讲，难度的确很大。红水市为了增加本地就业，通过招商引资，专门从深圳引来一家电子科技公司。按照公司整体布局，未来需要3万职工，前期招聘了2000人，但是不出三个月，只剩了不到200人，跑了1800多人。公司的待遇是试用期每月2000元，转正后根据工作量能达到3000至5000元，食宿都在公司，需要交纳少量的费用，八小时工作制。相比务农，务工可以显著增加农民收入，但是农民在观念上不愿意接受这种打工生活，即便是离家很近。这让协调招工的县委副书记感到非常无奈。这也是地区发展受阻的重要因素。[1]

由于缺乏对现代社会生活的深刻认识，深度贫困区相当一部分农民对外出务工存在着担忧甚至拒斥的心理情绪。主要表现为：自身文化水平太低，外出后找不到合适的工作；即便是找到了工作，由于缺乏社会经验，肯定会被骗；家乡务工机会虽少，但是至少温饱并不愁，而且比较自由，有熟悉的社会和交往圈子，外面的社会则充满种种风险和不确定性，甚至有的人出去忙碌了一年，最后因为被骗，还是一无所有地回到家乡，所以打工和不打工的区别并不大。在芷兰镇调研时，镇政府一个负责劳务输出的干部总结了农民这种心态："打工是什么滋味，没有尝试，打工的感觉没有找到，整天就在山沟沟里面，一个村有几个人都知道，到了大城市什么都不知道，他出去肯定有担忧。"一些外出务工过程中上当受骗的负面案例则成了部分农民进一步封闭自我的原因。

3. 家庭发展缺乏持续性的动力机制

摆脱贫困的关键在于农民家庭具有持续性的发展动力。在深度贫困区调研，会发现农民比较容易满足，他们不愿意为了赚钱而把整个家庭搞得很疲惫。在生活中有一些余钱就尽快消费，用在买酒、斗牛、斗鸟、过节等方面。这种追求天性、自在生活的状态与现代社会要求个人要勤勉、克制的内在精神不相符合。所以在国家扶贫行动中，按照现代的标准衡量，深度贫困区多数农民始终存在发展动力不足的问题。这是一个比较普遍的问题，农户对于家庭经济利益最大化并没有很强的欲念，而是为了维持舒适的生活，将家庭劳动调节至一个比较舒适的度，按照现代社会的标准看就是有点懒惰。

个案4-16[2]：在红水市调研，当地乡村中大量年轻人都在家。杨忠福（30岁）刚满一岁母亲就去世了，没有上过学。五六年前结婚，结婚之前在外打工两年，认识了现在的媳妇，结婚之后就再也没有出去打工。结婚时

① 苗伟-20170420-A，边县县委副书记。
② 杨忠福-20170427-A，30岁，云南蒙市芷兰镇普通农户。

杨忠福给女方家送了两万多的彩礼，这些钱都是他打工积攒下来的。我一直很好奇杨忠福年纪轻轻，究竟在家做些什么，就问了他一些问题，而他的回答也都很耐人寻味。

笔者：你在家都做些什么？怎么不去打工？

杨：种玉米，有了媳妇、小孩，就不想吃苦了。

笔者：家里有多少地？

杨：我都记不得了。

笔者：那你们平时都做什么？

杨：我在家栽点玉米，砍点柴烧。她就是喂两头猪，放牛。

笔者：喂猪是卖的吗？

杨：喂猪是自己吃的，一年吃一头，嘿嘿。

笔者：那你觉得家里困难吗？

杨：困难。

笔者：怎么困难？

杨：没有钱就困难。

笔者：出去打工不就有钱了？

杨：有了媳妇，就不想吃苦了。

杨忠福不想吃苦的表达的确是他内心的真实想法，然而年纪轻轻就选择在家守着老婆孩子几亩地拒绝吃苦也的确让人难以接受。村庄中有大量的年轻人，有的还没有结婚，但是无论结婚与否，不愿意吃苦的确是这些人身上共有的特征。调研期间正值春耕，很多农民都在田地里劳动，那些年轻人也参与其中，不同的是，相当一部分年轻人都喜欢蹲在田间地头抱着手机。甚至上午十点多去农户家里，一些年轻人还躺在被窝里玩手机。在村庄中调研，总能发现一些现代性与这个传统村落相互交织、矛盾的地方。

现代社会是一个风险社会，而很多风险是整个社会系统的风险，即便是深度贫困区的这些农民不走出去，固守于家乡，也难免被这些风险所波及。最典型的莫过于男女性别比失衡的问题了，总体上的男多女少造成了娶妻难的困境，市场的强大作用在于可以对整个社会的资源进行配置，东部地区是人口净流入地，找媳妇一般比较简单，对于当地人而言，无非就是找本地姑娘还是外地姑娘的区别，因此光棍极少；而中西部地区由于人口流出，当然是区位好、家庭情况比较好的男性找媳妇更容易一些，那些偏远地区则成了女性的净流出地。所以，对很多偏远地区的已婚年轻男性来讲，他们外出打工面临的更大困境在于：带着妻子外出务工，妻子接触的世面多了，就会产生比较，容易跑掉；不带妻子外出务工的话，那些没有外出打工的男性就有可能在家骚扰自己的妻子，或者妻子也有可能因为网恋跑掉；最为稳妥的方式就是留在家中和妻子一起生活，当然这也存在风险。

第三节　一般农业区：现代性风险与转型之困

深度贫困区正处于向现代社会转型的前夜，一方面，传统保守的文化观念依然非常强大；另一方面，现代社会的价值理念正在农民心中荡起波澜。对于中西部多数农村地区来讲，基本上已经实现了现代化的转型。现代社会的发展理念已经深入人心，不管农民是真正认识到了现代社会的本质，还是集体无意识地盲从，家庭的生产与发展有着比深度贫困区更为明确的目标。然而，一旦接受了现代化的发展理念，也就意味着必然要承受发展所带来的巨大压力，压力不仅来自清晰的目标体系，同时也来自转型期的种种不确定性。中国迅速的社会转型并不是均质的，即便农民接受了现代社会的观念，有了目标体系，但是达成目标的手段、路径、过程存在很大差异。与此同时，受地方文化规范的影响，农民在现代化进程中的积累和消费观念、文化教育意识等都能对家庭目标的达成产生影响。

一、地方文化：阶层竞争、消费攀比

中西部地区的多数农民采取了以代际分工为基础的半工半耕的家计模式，因而只要家庭劳动力身体健康，不仅温饱问题无忧，还可以为家庭发展积累财富。在物质财富迅速丰富的同时，现代社会中的消费文化也在村庄中快速生长，主要表现为农民不断地在各种事物上进行攀比，似乎炫耀性消费越多就越有面子，在住房、汽车等方面表现得尤其明显。这些由富人主导的消费主义文化悄然改变了多数村庄社会的评价体系，传统时期财富、知识、道德、贡献、声望等多元评价标准变得越来越单一，经济能力在当前的社会评价体系中占据着重要位置。当前的村庄还是熟人或半熟人社会，评价机制对农民而言依然可以产生价值，尤其是自我实现的价值。然而，市场经济的迅猛发展使得以经济能力为核心的评价标准越来越成为指导农民生产和生活的主要规则。毫无疑问，这对于激发农民的劳动生产活力具有举足轻重的意义，但是以经济标准为参照的攀比、竞争也成了撕

裂村庄团结的现代性之手。对于先发展起来的富人而言，在他们享受着评价标准所带来的快感时，绝大多数的中间阶层正在努力地跟上步伐，底层人群却显得举步维艰，逐步地自我边缘化。

传统时期人情社会关系作为润滑剂的功能在向现代社会转型的过程中似乎变得越来越弱，以至于异化成了社会关系的阻隔剂。在农村中调研，农民对人情的抱怨最多，"人把人皮披上，不赶人情是不行的""人情不是债，头顶锅来卖"。在东部地区的一些农村，如浙江等地，村庄内的底层人群因为实在无力跟随村庄的人情标准，已经放弃了这方面的社会交往。中西部多数农村地区人情正在经历着最为癫狂的阶段。

人情异化主要表现为三个方面：一是人情名目越来越多，除了婚丧嫁娶、生子乔迁、考学参军、生日祝寿等常规项目外，一些地区还兴起了新项目，如刑满释放、母猪下崽等，原有的项目也被演绎得越来越精细，生日宴还分满月、周岁、十八、三十六、五十、六十等；二是人情礼金越收越高，中西部多数农村地区一般关系的人情起步价至少是100元，上涨幅度越来越快，有的地区近年已经涨到200元，甚至600元，稍微沾亲带故的则上不封顶了，收钱之后再加码还人情成了趋势，否则就没有面子；三是人情作为社会交往润滑剂的功能越来越弱，负担感越来越强，尤其是中西部农村，过年前后一两个月，多数家庭天天赶场子、送人情，疲于应对，人情开支越来越大，家庭收入都沦为吃喝花销与人情债。

个案 4-17[①]：在湖北西县农村调研发现，一般农民办酒席都要五六十桌，收一二十万元礼金很正常，有钱人家办酒席基本都是一百桌以上，而家庭条件差一些的人家办酒席，礼金也能收到几万元，光棍给自己办生日宴也能收上万元礼金。过年前后的一两个月，农民密集送人情、吃酒席，有时一天要送三四家人情。普通人家每年人情开支在一到两万元之间，占到家庭收入的1/3，而家庭经济状况稍好的人家，人情开支都在两万以上，甚至贫困户的人情开支都达到了五六千元/年。

林桥镇更为极端，按照当地的人情来往规矩，送出去的人情还礼时要加钱，稍微沾亲带故的人这次送出去五百，下次对方还回一千，再下次就要送一千五或两千，亲戚送一两万算比较正常，主家办酒席收几十万到上百万的人情钱也不足为奇。多数家庭为了平衡收支，会尽量找人情名目办

---

① 湖北西县调研，20170103-0110。

酒席，衍生出很多令人啼笑皆非的故事。在访谈中遇到一户家庭，快七十岁的父亲为了支持儿子买车，就提前三四年给自己办了七十大寿。在人情异化最严重的那个乡镇，有一户感觉人情压力实在太大，就没有参加一个给自己送过一万元人情钱的朋友的酒席，也没有还礼，对方就上门把一万元要了回去。

在多地调研中，都发现了和西县类似的情况，就连这几年的新闻媒体也多次聚焦当前村庄社会的人情债问题。农民的家庭收入在近些年的确有很大提高，贫困地区也不例外。虽然收入提高了，农民的存款和家庭中用于发展方面的支出并没有明显增多，家庭财富大多转化成了人情及房子等固定资产，并没有进入有利于财富再生产的环节，如人力资本投资，家庭经济状况也就随着家庭生命周期，从差到好再到差……周而复始。

二、部分地区蔓延着"读书无用论"——劳动力变现欲望很强

与深度贫困区相比，一般农业区农民虽然普遍能认识到文化教育的重要性，但是在具体做法方面呈现出很大的差异。由于打工经济兴起的时间相对较早，过去村庄中外出打工者普遍文化程度不高，但也有相当一批人在闯市场的过程中成功地晋升到村庄中的富裕阶层，这使得农民认为读书考学并非实现家庭发展的唯一道路。伴随着大学扩招带来的学历相对贬值、大学生找工作难，以及大学生在没有文化的老板手下打工的客观事实，进一步印证了一些农民对于能力比学历更加重要的判断。"读书无用论"思想在乡村社会具有一定的认可度。

虽然接受高等教育不等于必然能够找到一份满意的工作，但确实是找到一份好工作的基本前提。高校之间的差距非常大，越好的学校，对于个人的综合能力要求越高，训练也越严格，成才的可能性也越大。有的家庭能够认识到教育重要性，甚至通过压缩家庭其他方面的开支千方百计支持子代教育。一些地区的农民对此没有深刻的认识，对待子女的教育就采取顺其自然的态度。有的家庭认为读不读书是子女的事情，家长只要责任尽到了就行。在父母外出打工背景下，子女的教育就几乎成为完全自由放任的状态。缺乏有效的引导，农村的很多孩子更容易在现代社会的诱惑中迷失自我。

乡村文化教育的困境是多重因素相互作用的结果，有体制机制问题，

也有农民自身的原因。[①]一些地区农民由于对教育缺乏认识，在发展压力下急于将劳动力变现，而子代也不愿意读书过程中受约束，对打工赚钱、到社会上过自由自在的生活充满无限的憧憬和向往，往往作出自愿辍学的选择。[②]有的是子女不愿意读书，父母尽量让他们在学校混日子、拿文凭，学不学习都不重要，只是年纪太小外出打工不合适，等到过了十五六岁就会随着同乡人一起到外地打工。[③]

个案4-18[④]：在广西山县樟林镇调研，笔者住在胡年（1975年生）家里。胡支书有两个儿子：老大初中没毕业就到外面打工了，老二照理该读初三，但是厌恶学习，经常在家，等着毕业后像哥哥一样外出打工。他说："反正在学校也是睡觉，老师也不管，还不如到家里玩……每天就盼着天黑，天黑就可以去抓野味了。"学校为了保障愿意读书的学生有好的学习环境，

---

① 从教育体制上看，在各项制度的保障下不存在贫困家庭子女上不起学的问题，城乡教育不断扩大化是个真问题。农村中教育质量较低、义务教育发展的局限性使得农民子女在学校很难获得有效管理，尤其是现在不能留级、不能体罚学生、不能开除等举措使得教师根本无法管教学生，而学生很难在学校获得知识以及规则和纪律意识。现在的教育观念在不断淡化学生之间的竞争意识，尤其是过去以分数为基本的攀比意识。在九年义务教育下，学生从小学到初中不需要经过升学考试，考试仅仅是一个形式，无论学生在小升初考试中成绩有多差，都可以上初中。客观上使得学生放松了学习，不在乎成绩，学到的东西也就越来越少。更重要的是，虽城乡之间执行的是共同标准，但是对于城市学生来讲，家庭教育发挥着比较大的作用，城市父母也更愿意给子女投入更多的资源去丰富其课外的学习生活。农村学生面临的环境是师资原本就已经落后很多，但教育部门又严格限定不允许补课、不允许搞学习排名，而农村学生往往都是留守儿童多一些，家庭教育严重不足，课堂外的培训机构教育更是无从谈起，城乡教育差距的扩大化问题更为严重。笔者在全国多地调研中均发现义务教育阶段的农村学生成绩全面落后于城市学生。以西南川县为例，全县有18所小学3164名六年级学生，其中县城小学有3所737人，农村小学有15所2427人。按照平均及格率来对比的话，县城小学语文及格率是88.6%，数学是71.6%；而农村小学语文及格率是54.3%，数学是27.4%。川县仅仅是西南地区的一个国家级贫困县，城乡之间的差距已然如此之大，那么川县的农村教育和东中部地区相比，其差距难以想象。在西南商县城郊乡镇最好的中学调研，2016年对刚升入初中一年级的学生进行的学业水平测试。初一学生共有303人，语文和数学加起来超过120分的仅有39人，这意味着语文和数学都及格的还达不到39人。

② 在川县教育局调研时，一位领导展示了一组数据：据不完全统计，2014年到2017年全县辍学初中生639人，其中男生466人，女生173人，实际数量还要更多。

③ 这些在教育数据上也有所反映，广西潇州市的莲花镇2016年三所中学中考成绩如下：

学校	参加中考人数	考上高中人数			上职中人数
		一高	二高	其他	
一中	310人	30人	26人	—	不到100人
二中	270人	10人	10余人		10余人
三中	125人	9人	10余人	10余人	20人左右

莲花镇是城郊镇，是乡镇中学中成绩最好的，其他乡镇中考成绩可想而知。从乡镇中学的学生流向而来看，即便有职业中专接收这些没有考上高中的学生，绝大多数家庭还是会让学生直接走向社会。

④ 胡年-20170411-A，42岁，广西山县樟林镇村党总支书记。

不得已分了好坏班，差生班都是学校里成绩差、调皮捣蛋的学生。由于都住校，每个宿舍住差不多20人，几乎人人有手机，都玩游戏。学校虽然禁止学生带手机，宿舍内也没有充电插口。学校门口小商店则专门给学生提供充电服务，充电一次两元钱，学生还都备有充电宝。差班学生到了初三后可以选择到技术院校学习，但是去的人并不多。

学生还没有读完初中就普遍对未来打工生活充满向往，一旦走入打工生活之后，又面临着个人文化水平较低、只能从事低层次工作的窘境。现实社会的教训使他们要么努力挣扎在流水线上，要么不断奔波在找工作路上。最终的结局就是这些人要么在不规范的工厂中受伤而返乡，要么打工多年，仍旧无法赚钱，相当大一部分群体对于自己的未来生活没有规划，过一日算一日，在接受了现实的社会教训之后，寄情于网络和虚幻世界，从中寻找自我。很多农民都抱怨子女打工十年也没有存下钱，反而还经常向家里要钱。

个案4-19①：川县农户王斌家的案例非常典型。家中有五口人，分别是夫妻、母亲、女儿（24岁）、儿子（22岁）。家里建了一栋三层楼房，内部还没有装修。2016年被评为贫困户。女儿从小学习就很好，亲戚在县城一所教学质量很高的私立中学做老师，女儿初中就转学到县城。父母没有重男轻女的观念，觉得只要女儿愿意读书就要支持，"如果不支持，以后（可能）骂我们"。女儿高考发挥失常，不过也考上了广西民族大学。

儿子像当地的很多男孩一样不喜欢学习，在本地乡镇初中读了一年就不愿意再上学了，父母怎么劝说都没用。他很想出去打工，看看外面的世界。2011年，16岁的他第一次外出打工是和村里人一起到市里做建筑小工，工资仅有二三十元/天；2012年，他和村里人到广东进厂打工，负责在冲床加工零件，工资是1080元/月。经过简单培训就开始工作了，结果不到两个月就出了事故，手指被机器切碎。厂家把他医治好又赔了四五万元，但是手残废了，打工梦也破碎了，只能回到家乡。从此他一直在家里玩，没有出去打工，也很难再找到合适的工作。2017年村里扶贫项目建起了木耳基地，给他安排了在木耳基地浇水的工作，每天100元。不过木耳基地只有半年生产，需要浇水的时间不是很多。

王斌最发愁的就是儿子的婚事，出了事故之后，儿子变得比较消沉，一直待在家中，谈恋爱的机会很少。他和妻子看在眼里，急在心里。王斌从来没有去过广东，他在附近做建筑工，工资是120～150元/天，每年能

① 王斌-20170317-A，44岁，广西川县普通农户。

工作五六个月。夫妻俩在家种了五亩多旱地、三亩多水田，主要种植水稻、玉米、花生等作物。

教育带来的不仅是知识的积累，更重要的是人力资本的提升。所谓的人力资本提升是现代社会的概念，核心在于学生能够在学校教育中逐渐学会适应现代经济社会的规则，能够顺利进行社会交往，用一种较为科学的眼光来规划自我的发展道路，遵守规则并且接受必要的社会规训。而不是像当前这样随波逐流，在无规则中肆意成长。一旦学生失去了在学校接受教育的机会，将被迫接受现实的惨痛教训，这种教训往往更为残酷。

三、现代化的成本与危机转嫁

伴随着 40 多年来的改革开放，中国开启了前所未有的城市化进程，从农业大国向工业强国的转型过程中，"进城"成了多数农民家庭发展的题中之义。"进城"对于农民而言，不仅仅是要在城市中有属于自己的房子，有体面的工作和收入，更关键的在于实现多年的农民身份转换的家族梦想。在现代化进程中，为了实现目标系统，农民家庭的货币支出压力与日俱增。

调研结果表明，多数地区农民为了实现家庭再生产的目标，为了实现城市化的目标，都是以家庭为单位进行高积累、低消费的行动选择。高积累表现为家庭为了共同的目标而实现父代和子代的资源整合，即便是父代到了花甲之年，也往往不愿意休息，试图通过自力更生的方式来为子代发展添砖加瓦、减轻负担。低消费表现为家庭尽量压缩不必要的开支、衣食节俭，尤其是父代表现得更为明显。当然这种低消费与村庄中出现的建造高楼大院的攀比现象并不矛盾，因为处于整体性的结构之中，如果达不到平均条件，不仅会被看不起，更为严重的是子代还会面临着娶妻难的困境。

高积累、低消费的模式虽然有利于农民家庭实现发展目标，但本质上往往是以父代自我剥削、自我牺牲为代价。农村中很多四五十岁的当家人都是拼命干活，缺乏对心脑血管等慢性病的警惕，习惯于"小病忍，大病拖"，生怕给家里带来负担。一些慢性疾病，如高血压、脑溢血、心脏病乃至癌症，成为村民健康与生死的主要因素，如陈靖在调查中发现一些年富力强的人留守在村无法外出工作，大多数患有心脑血管疾病，不得已成为乡村"闲人"[①]。正处于年富力强阶段的中年父母是帮助子女完成进程目标的核心力量，更是分担家庭代际压力的中流砥柱。他们既无暇顾及身体

---

① 陈靖. 疾病的恐慌. 三农中国，2015-03-19. http://www.snzg.cn/article/2015/0319/article_40718.html.

健康，也无暇考虑自己和父代的养老生活。①

因病致贫虽然表面上是疾病与贫困的关系问题，但实际上在相当大程度上是城市化进程中农民家庭的发展模式问题，也是代际关系问题。处于快速转型和发展中的村庄社会对农民家庭提出了更高的经济能力要求，意味着多数家庭不得不走一条低消费、高积累的发展道路。家庭主要劳动力因为疾病等困难带来的经济开支加大、收入来源缩小的问题成了阻碍家庭发展的重要因素，陷入疾病泥潭的农民家庭是痛苦的，痛苦感不仅来自经济压力，更重要是难以跟上发展步伐的焦灼感，对于那些尚未完成任务的农民家庭尤甚。农民更加担心的是家庭在社会风险面前的脆弱性，担心因为风险带来的经济压力过大，导致无法完成人生任务，影响家庭再生产。

当前，农民家庭实现快速现代化的成本相当大一部分都是被老人所分摊。即便是村庄中条件一般的农户，在家庭代际压力的传导下，老人的生活都越来越紧张。在村庄中处于中下阶层的农民，在焦虑和恐慌中面对生活和精神的双重压力。因此，农村老人多数选择自养，丧失劳动能力后才由子女提供最基本的养老保障。丧失劳动能力的老人不仅无法继续为家庭发展作出贡献，反而还要消耗家庭中有限的资源，在心理上更容易产生对家庭的愧疚感。

父代基于自身的人生任务、对子代的价值期待和情感寄托，通过自我剥削的方式将资源无条件地输送给子代，以此来完成家庭再生产，帮助子代家庭进城、实现向上的社会流动的现象，被称为贫困的代际逆传递。由此在多数中西部农村地区同一家庭内形塑出了两种截然不同的生活：一边是欣欣向荣的小康之家，另一边是资源枯竭、暮气沉沉的养老之地。家庭内就形成了两个传导链：一个是自上而下的资源输送链，父代通过自我剥削为子代传导资源；另一个是自下而上的压力传递链，现代社会中子代发展竞争的压力源源不断传导给父代。②

第四节 文化贫困

除了温饱意义上的绝对贫困问题，相对贫困无法单纯地用经济指标来

---

① 刘成良. 贫困的代际逆传递——基于华北、中部农村贫困问题的研究. 社会保障研究（北京），2016（2）：180-190.

② 刘成良. 贫困的代际逆传递——基于华北、中部农村贫困问题的研究. 社会保障研究（北京），2016（2）：180-190.

衡量。毫无疑问，当下中国正在发生着千年未有之大变化，在向现代社会转型过程中，社会剧烈变革所带来的文化之变、观念之变难以均质化地向全社会传播，因此就产生了转型期所特有的贫困问题。在长时期的社会生活中，地方社会所形塑出来的稳定的、对行动者能够产生支配性力量的文化，不仅能够反映出地方对现代社会的认识和参与程度，反过来也影响着农民的思想观念和家庭生计形态。

从表面上看，深度贫困区出现了大面积的贫困问题：农民个体能力不足，家庭经济收入微薄，村庄住房、道路等基础设施落后。实际上，进一步分析的话会发现在深度贫困区旧有的文化和生活模式并没有随着社会变革而产生相应的变化，受传统思想的影响，一系列家庭行为和策略与现代社会的主流形态存在较大差异，家庭经济能力较差，难以适应市场经济下的生产和生活方式，从而产生了家庭经济结构脆弱、应对风险能力较差等问题。

一般农业区虽然没有大面积的贫困问题，外在条件要远远好于深度贫困区，但是村庄中的底层，尤其是真正的贫困户普遍表现出更为严重的焦虑感。一般农业区出现的很多贫困现象恰恰是农民家庭卷入现代化的路径后因为社会风险及不确定性等因素出现导致的问题。这两类地区的贫困发生机理存在较大的差别，这种差别的本质表现在对现代社会发展理念的接受和理解程度上。因此，对于贫困的理解不仅要聚焦于外在客观环境作用下的农民家庭生计模式，更要关注农民作出生计模式选择背后的观念和动机。

本章侧重于从文化及思想观念方面来理解贫困在不同区域发生的机制。转型期中国农村出现的很多问题需要区别看待，然而当前国家贫困治理中缺乏对农村贫困性质的判断，忽视了区域的差异，用统一的公共政策来指导实践，产生了很多政策在基层不适应的问题。人皆有怜悯之心，对于贫弱者的同情和关怀是社会的良知和底线，对于贫弱者的帮助本无可厚非。然而无论是社会公众（尤其是有影响力的人物），还是公共政策，对待贫困问题都存在着一定程度上的泛道德化倾向，即为了显示仁慈怜悯之心而一味强调对贫弱者的帮扶，仿佛帮扶贫弱者就是完全的政治正确，却缺乏对贫困问题产生机制的辨析，结果在实践中形成了"好吃懒做者在帮扶下轻轻松松，生活水准超越了多数勤劳者"的悖论。毫无疑问，这种悖论在一定程度上击垮了劳动者原本所坚信的劳动伦理。因此，需要从收入与积累、能力与付出、手段与目标三个层面对贫困问题的发生机制进行辨析：

一、收入与积累

贫困问题常常外化为经济问题，表现为收入不足，因而难以满足住房改善、日常生活水平提高等问题。通过第三章、第四章的论述和分析可以看出，虽然深度贫困区和一般农业区在对现代化认识和接受的程度、经济模式上存在差别，但是满足温饱和日常生活所需并没有太大的问题，当然这主要限于农民的家庭劳动力身体健康的情况下，至于病灾等问题，目前农村的社会保障制度也完全有能力实现兜底功能。在收入有限的情况下，深度贫困区表现出来的缺乏积累观念、非理性消费的特征在一定程度上加深了农民家庭在现代化进程中的脆弱性。

前文所讲到的农民买车等超前消费行为、赌博行为、人情异化现象等都发生在深度贫困区，而且绝大多数都还是贫困户。事实上，中国农村在一定程度上也出现了西方社会的福利陷阱问题，贫困户愿意把钱投入消费行为中，却不愿意在家庭发展方面进行积累和投入，还理所当然地把家庭住房改善、村庄基础设施建设、生活水平提升等视为国家责任。

笔者调研的深度贫困区有一个典型现象：农民倾向从信用社贷款来进行消费而非生产，多数农民并非生活迫不得已而贷款，而是因为国家有政策，信用社需要给贫困地区农民放贷（有的贷款还有若干年的政府贴息），多数农民却并没有主动还款意识，最终可能造成贷款利息比本金还高。农民没有还款压力，在他们意识中这是应该享受的权利，至于还款问题，国家最后会兜底解决，事实上过去也都是一笔勾销。例如在西南的芷兰镇，2017年按照扶贫政策要求，信用社需要给农民发放三到五万元的三年贴息贷款，但是一半以上的贫困户都上了信用社的黑名单①。这让政府和信用社感到非常为难，自上而下的政策强制让信用社给贫困户放贷，但是这些贫困户过去的贷款都没还，不符合银行系统放贷要求。同样，在西海固生态移民村、贵州黔东南农村均出现了这样的问题。

倘若农民将这些贷款用于发展生产倒也无可厚非，实际上却用于消费，甚至用来还赌债、送神明。西南、西北的深度贫困村多数都有宗教信仰传统，前些年教堂、清真寺修建扩张很快，其中相当一部分资金来源于这些地区农户的供奉，而农户中绝大多数又都是贫困户。因此，贫困研究不能仅仅着眼于农民的收入问题、债务问题，还要关注农民的积累观念和消费观念。

---

① 过去贷款逾期未还款者会被计入银行系统黑名单，再贷款时会受到限制。

二、能力与付出

能力不足常被用来解释农民为何贫困，对于中国农村的致贫归因而言，这个说法仅仅是个表象概括，很难作为贫困的真正归因。能力判断是主观意义上的相对概念，很难解释清楚在同样的社会环境下为何有的农户能够过上好日子而有的却是贫困户，也无法解释在深度贫困区为何相隔不远的村庄会呈现出巨大的贫富差距问题，更加无法解释村庄中懒人的行为逻辑[①]。

以劳动密集型产业起步的中国工业发展道路对于劳动力的需求是巨大的。众所周知，中国发展的奇迹在于人口红利优势，但是深度贫困区的人口红利优势并没有在发展中得到同步释放。劳动密集型产业对劳动力本身的要求并不高，也没有设置很高的就业门槛，只要身体健康、智力正常，经过培训基本上都能够胜任工作要求。当然，随着中国制造业的转型升级，一些产业对于劳动力素质的要求越来越高，低门槛的劳动力市场逐渐受到压缩。

当前深度贫困区农民的生计模式亟须转型，但是相当一部分农民将没有文化、没有技术作为不能外出务工的借口。这些话听起来有道理，但是也不完全在理。技能都是从无到有的，在中国四十年来打工经济的发展浪潮中，真正经过专业系统训练走向工作岗位的农民微乎其微。农民技能的习得都是在走出村庄后，在工作岗位中逐步掌握。一方面依靠工作单位的培训，以及农民个人的探索；另一方面传统的师徒制也发挥了重要作用，从学徒工、小工开始逐步适应工作需求。因此，与其说没技术、缺乏能力是农民致贫的原因，倒不如说其难以克服心中的障碍以至于无法迈出务工的第一步。

现代化生活的确有很多舒适的面向，代价是个体需要不断努力奋斗，承担必要的压力。对于一些农民而言，不愿意吃苦，不愿意过有压力的生活，但是又抵挡不住现代社会中消费主义的魔力，从而滋生出了很多不符合现代社会规范的行为。

---

① 在农村调研中发现几乎每个农村能找到几个有名的懒人，当然，这种现象在深度贫困区更为集中。以前文所讲最为贫困的香蕉冲为例，村主任吴英丈夫的弟弟一家就很典型。弟弟叫杨兵（32 岁），娶的媳妇是二婚的，给女方娘家 8600 元彩礼。他结婚之前和父母、哥哥一家住在一起，彩礼钱主要是哥哥家负担。结婚后夫妻俩没有踏踏实实过日子，而是一个比一个懒惰。村主任、邻居都说他："田地也不种，分家时一样的田地，他们两口子总是不够吃，去年粮食才卖了 900 多元，猪也没养，就养几只鸡。上面来调查，说他们家困难，不是困难，是懒。女的天天睡到十点多，男的能睡到下午四五点。栽了二十亩桃子（政府发的扶贫果苗），一棵树也看不见，不管理，只有草，看不到果苗。"

三、手段与目标

精准扶贫成了一项重要的政治任务，贫困治理手段不可谓不多元，实现农民的可持续生计和脱贫手段并不稀缺。无论是宏观经济形势、土地制度、扶贫政策，还是细致入微的扶贫策略，只要贫困户愿意付出、愿意积极配合，都可以顺利实现脱贫。更重要的是，中国绝大多数农村农民并不是在扶贫行动中实现发展的，而是积极融入国家发展战略，通过自己勤劳付出实现了生活品质的提高，实现了中国发展的奇迹。那么，对于绝大多数农民都可行的外部环境，为何对于小部分群体就不能呢？

文化教育、外出务工是现代化力量传输的重要渠道，也是农民实现家庭现代化转型的重要途径。中国绝大多数的农村农民已经验证了这条道路的正确性，即便是对深度贫困区也不例外，不乏通过教育彻底翻身、斩断穷根的案例。

个案 4-20[①]：古村是直过民族村，前文已从多个方面进行过介绍。农民家庭逐渐从农耕模式转向半工半耕模式本身是一种进步，但是打工毕竟还是有很大的不稳定性。相比而言，工作体面、收入不错的基本算拿财政工资的政府公务员、事业单位人员。在村庄中这类群体绝对是已经斩断了穷根的富裕户。笔者对古村在这方面的基本概况也进行了统计，如表 4-1 所示。

表 4-1　古村人口、住房及务工概况统计

村庄	人口	住房概况	工作概况
菁村	31户，130人	建砖混结构房子有六户，其中三户是贫困户，其余住土墙房	在外打工的有二十多人 拿财政工资有六人：一人在企业做工人，中专毕业；一人在县发改局工作，是县城投公司经理；一人在县地税局工作，中专毕业；一人在法院工作，转业军人；两人做教师，均是师范毕业
福村	62户，247人	建砖混结构房子有六户，其中五户是贫困户，其余住土墙房	在外打工的有三四十人 拿财政工资有五人：一人在县化工厂工作，20世纪90年代村里第一批走出去的大学生，现在快五十岁；一人在攀枝花市委组织部工作，云南大学毕业，全村学历最高的；一人在怒江市政府办工作，是大学生；一人在雄州政府办工作，也是大学生；一人在做教师，读的师专 村里还有五人在读大学

---

① 云南雄州武县调研，20170706—0723。

续表

村庄	人口	住房概况	工作概况
胡村	96户，400人	建砖混结构房子有四户，其中三户是贫困户，其余住土墙房	在外打工的有五六十人 拿财政工资有五人：一人在州农业银行工作，云南民族大学的本科；一人在州卫生局工作，云南师范大学本科；两个人做教师，师专毕业；一人在钢铁厂工作，中专毕业
桃村	143户，463人	建砖混结构房子有五户，其中四户是贫困户，其余住土墙房	在外打工的有六七十人 拿财政工资有三人：一人在县政府工作，20世纪80年代的初中生，通过招工进去，五十多岁；一人做教师，师范毕业，四十多岁；一人做乡镇卫生院院长，中专毕业，四五十岁

注：表格为笔者自制。

　　古村整体上比较贫困。全村 332 户，有 21 户居住在砖混结构的房屋，其中依靠自己家庭能力建砖混结构房屋的仅有 6 户，多数家庭都住土房。1996 年发生过大地震，土房由于抗震效果差基本上全部倒塌，农民现在居住的是地震后邻里互助建起来的、用泥土烧制的土砖房。村庄中表现最亮眼的就是拿财政工资的人，他们的文化层次相对较高，基本都是通过教育手段（少数是通过招工、参军转业）实现个体命运的改变，从而在城市中有体面的、有保障的工作。这充分表明教育是解决深度贫困区农民可持续生计的根本路径。

　　中国农村的贫困问题解决并不缺少手段，关键在于贫困户是否有愿意脱贫的决心、是否有发展的目标、是否愿意付出。再完美无缺的贫困治理手段终究还是外因，内因是解决问题的根本。本章主要从现代化与农民思想观念等方面阐释了贫困治理的症结，影响农民发展动力的还有更为关键的层次，那就是人生价值。

第五章　价值贫困与农民发展的深层动力转型

　　贫困治理不能仅仅停留在关注农民家庭经济生活层面，尤其是当前绝对贫困意义上的温饱问题已经不再是社会发展的主要矛盾，在向现代社会转型过程中，农民遭遇更为迫切的恰恰是精神文化之困、人生价值之困，否则，就很难理解农村社会出现的因婚致贫、光棍危机，以及为何一些农民会出现发展动力不足等问题。因此，本章着重对贫困与农民价值关系的探讨。价值是关于农民人生意义的终极探讨，人活着，总要有目的和意义，总要不断地追问为什么活着，人生的价值是什么，所以价值是农民对于自我人生意义不断肯定和归纳的一个过程。

第一节　农民的人生价值与危机

　　生活中总会遇到各种各样的困难，会有种种不如意，在感到绝望、痛苦时总要寻找信仰、寻找自我救赎的渠道，总要不断追问自我生活的价值和意义是什么。从世界范围来看，宗教是解决人生意义、实现自我心灵救赎的重要手段，但中国农民的信仰充满着实用主义的色彩，从信仰体系来看是比较混乱的。乌丙安认为："民间信仰的实用、实惠特点，显然与信奉一神教那种崇高的伦理道德和精神完美的追求不同，也不会对各种善恶鬼神表现出对上帝那样的'爱'，而是用香火与供品换取可以感得到的福和可以摸得到的利。"①从这个意义上来讲，梁漱溟认为"中国缺乏宗教，以家庭伦理生活来填补它"。②桂华认为农民的世俗家庭生活是具有宗教性的，"农民在家庭责任中来践行自己的生命伦理，他从家庭生活中获得的感受就是对自身生命价值的体验"。③

---

① 乌丙安. 中国民间信仰. 上海：上海人民出版社，1996：9.
② 梁漱溟. 中国文化要义. 上海：上海人民出版社，2005：79.
③ 桂华. 礼与生命价值. 北京：商务印书馆，2014：11.

一、中国农民的人生任务

对于中国农民来讲，其生命轨迹以及日常生活在相当大程度上都是围绕着子代展开。陈辉在关中农村调查发现，农民常说"人活着就是为了把日子过好，过日子就是过孩子"。①在华北、西北以及华南农村，传宗接代的观念依然很强，农民不仅要实现自身传宗接代的任务，还把子代传宗接代的任务视为自己分内的重要事情。可以看出，中国的家庭伦理将个体的生命意义放入了一个长久的家族谱系中，正是在其中农民的生命意义和价值才得到了实现和延续。

农民在实现了家庭再生产、完成了他们看来必须完成的任务后，就会有一种完满感和解脱感，对于死亡也就没有了恐惧。在关中农村调研，一位七十多岁的老人孙子都已经长大，他说"我现在可以放心去死了"。在湖北西县调研，当地一位五十岁的农民儿子刚结婚生子，他和妻子就已经准备好了棺材，觉得任务已经完成，剩下时间可以好好过自己的日子，即便死也无憾了。

尽管不同区域农民生育观念差别较大，在长时期生活中建构起了有差异的生育文化，但是实现家庭再生产仍然是绝大多数农民的终极人生目标，也是支撑其生活的关键动力。②由于不同地区对现代化发展理念的接受程度存在差异，不同类型农民家庭再生产模式在一定程度上可划分为两种类型：

一是维持型家庭再生产，即代表传统意义上农民家庭通过婚姻、抚育等一系列行为实现家庭的传承，这构成了农耕社会绝大多数农民家庭的发展轨迹。由于农民缺乏现代意义上的发展目标，相对而言，这种家庭生产模式的维持型特征就更为明显。当前，深度贫困区农村在这个层面上表现得比较显著。

二是发展型家庭再生产，即代表现代意义上农民家庭不仅要实现生物意义上的传承，还更加注重发展质量。因此，绝大多数地区的农民都有较为强烈的规划意识，生命历程被分为一个个节点，每一个节点都有一个关

---

① 陈辉. 过日子：农民的生活伦理——关中黄炎村的日常生活叙事. 北京：社会科学文献出版社，2015：2.

② 本书主要从贫困区域的类别划分，但是农民的生育观念并不与贫困区域重合。虽然中国绝大多数农村传统上就有传宗接代、重男轻女的观念，但是在一些地区并没有很强的生男偏好，尤其是西南的一些少数民族地区，存在着男女平等的观念，甚至有的地方女性地位还更高。因此，农民也没有建构起关于性别偏好的诸多文化。无论是生男还是生女，实现家庭再生产、结婚、抚育子代等构成了农民的人生价值。

键性的目标，目标达成就可以向下一个节点努力，直至完成所有的目标，人生即达到圆满。就此而言，家庭构成了农民积蓄、奋斗和发展的动力。多数地区都属发展型家庭再生产模式。

不管是哪种类型，基于浓厚的家庭责任伦理，父代都将抚育子代、帮助子代结婚等当做自己的人生任务，并为之不断奋斗。家庭再生产构成了农民的人生任务链条，其生命价值在于一个又一个人生任务的完成，如图5-1所示。

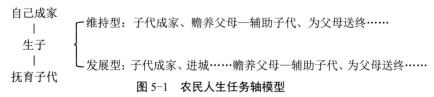

图 5-1　农民人生任务轴模型

注：图形为笔者自制。

农民人生任务轴并不是一成不变的，有着较大的伸缩性，如图5-2所示。人生任务取决于农民如何看待并规划家庭的发展目标。农民人生任务的制定与完成还和其经济能力息息相关。经济能力强，完成人生任务的能力就强，不过也存在着其任务轴更长、目标更高的可能。因此，还可以根据农民的人生任务轴与经济能力建构分析模型。

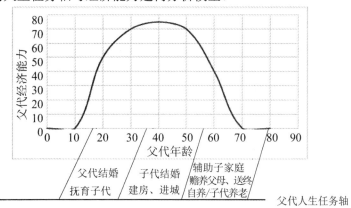

图 5-2　父代经济能力与人生任务轴

注：图形为笔者自制。

在农村中父代的经济能力大体呈现出正态分布曲线，其收入会随着年龄增长而增长，到达某一个时间点后开始下降，具体的时间点因人而异，而在其人生轨迹中，他要在各个阶段完成人生任务，而人生任务完成的难易程度又与其经济能力存在着相关性。

二、农民人生任务危机与结构性贫困的产生

农民早已内化于心的伦理价值与人生任务体系正在遭遇前所未有的危机，这种危机不仅来自现代化发展的冲击，更重要的是他们不得不面对一个困境——子代的婚姻成本越来越高，难度越来越大。这种危机在一定程度上又是农民在传宗接代的人生任务影响下，为了应对计划生育而人为干预生育性别所带来的人口性别比失衡的后果。

由国务院发布的《国家人口发展规划（2016—2030 年）》指出，未来15 年特别是 2021—2030 年，我国人口发展进入关键转折期，面临诸多问题和潜在风险挑战。根据国家统计局发布的《2021 年国民经济和社会发展统计公报》，截至 2021 年年末，全国人口 141260 万人，其中男性人口 72311万人，女性人口 68949 万人，男性比女性多出 3362 万人。按照联合国所定的正常的人口分布阈值，男性和女性的出生人口性别比应该在 103 至 107之间，总人口性别比应在 100 以下，当超出这一阈值范围时就会产生性别结构失衡。

从城乡差异来看，农村地区的性别比失衡问题更为严重。根据 2020 年第七次人口普查数据（表 5-1），乡村地区 20 至 24 岁、25 至 29 岁、30 至34 岁年龄组的性别比为 123.09、120.87、116.82，不仅远远高于城镇地区，也远超国际认同的可以容忍的最高警戒线 107。不仅如此，35 至 39 岁、40至 44 岁年龄组农村性别比也严重失衡。在农村，农民普遍认为如果男性30 岁未婚，光棍一生多成定局。考虑到当前的晚婚因素，可以将 20 至 34岁看作适龄婚配的关键时期。由于城乡总体性别比失衡，在城镇化进程中，伴随着女性进一步向城市转移，人口性别结构失衡所造成的男性婚姻挤压问题在农村地区更加显著，经济欠发达的农村地区更是成为婚姻市场的洼地。

表 5-1　20 至 44 岁年龄组的男女性别比数据

年龄组	城市	镇	乡村
20 至 24 岁	107.01	112.46	123.09
25 至 29 岁	106.79	104.42	120.87
30 至 34 岁	103.26	99.38	116.82
35 至 39 岁	103.15	100.64	115.77
40 至 44 岁	103.12	101.09	111.58

注：表格为笔者自制。数据来源于《中国统计年鉴 2021》，http://www.stats.gov.cn/tjsj/ndsj/。

　　造成农村地区性别比严重失衡的原因主要有三个方面：一是相较于城市，受宗族等文化因素的影响，农村地区生育观念转型相对较慢，传宗接代等思想根深蒂固，一些地区至今仍有着较为强烈的生男偏好；二是在计划生育政策执行较为严格的时期，一些地方为了生男孩通过胎儿性别鉴定等方式进行选择性生育，加剧了农村性别比失衡的程度；三是伴随着工业化、城镇化进程，女性通过求学、务工等多种方式从农村流出，导致劳动力流出地的适龄婚姻女性人口减少，劳动力流出地的适龄婚姻男性人口因此更难找到相应数量的女性成婚。

　　农民的婚姻难题正在遭遇两种结构困境的冲击：一是受传宗接代意愿强弱的影响，那些生男偏好强烈的地区，在计生政策影响下，由于选择性生育等历史因素造成人口出生性别比极度失调，而那些出生在计生政策严格时期的男性现在已经进入了婚配阶段，适龄女性稀缺；二是随着打工经济的不断发展，人口流动打破了农村传统的通婚圈，使得那些处于偏远落后农村地区的女性有着更强的向外嫁的意愿，总体上呈现出梯度流动的趋势——从山区到平原，从农村到城市，从偏远到中心。偏远农村地区的男性不得不面临本地女性大量外流的困境，适龄婚配女性稀缺。那些同时遭受这两种结构性困境夹击的地方，男性娶妻的压力则会更大，而这些地区往往又是贫困治理的核心地区。更为残酷的是，那些身处贫困线以下的农民家庭还面临着子代终身成为光棍的困境，一旦失去了婚配机会，家庭就失去了发展的动力，即便政府能够给予极为完善的扶贫措施，也难以唤起农民发展的动力。

第二节　深度贫困区：婚姻与生育

　　生育政策干预下的人口性别结构急剧转型给当前的光棍危机埋下了伏笔，传统的通婚圈被打破后，区域性的婚姻市场失去了平衡，从而被以经济变量为核心的全国婚姻市场组织起来，女性资源的梯度转移使得偏远落后地区面临更大的婚姻危机。

一、婚姻危机

　　深度贫困区由于经济落后，成为婚姻市场上的洼地，即女性源源不断地流出，而男性面临着越来越严重的娶妻难困境。"男大当婚、女大当嫁"

是中国人根植于内心的家庭伦理，也是人类种族得以延续的根本保障。男大却未能婚，对于个体而言是一种煎熬，而对于那些将传宗接代视为重要人生任务的农民来讲，当下婚配危机正在威胁着农民的本体性价值的获取，而这一价值的迷失无疑是对家庭发展动力的一种毁灭性打击。在深度贫困区调研期间，无论是西南农村还是西北农村都可以明显感受到农民在婚姻危机前的紧张和焦虑。

1. 女性出走事件

云南省香蕉冲的案例非常具有代表性。自然村仅有 21 户 100 人左右，但是村庄中的婚姻危机却达到了匪夷所思的地步，基本情况如表 5-2 所示。

表 5-2 香蕉冲婚姻基本情况①

户主	儿子	家庭成员婚姻概况
王国明 62 岁	王保光，41 岁	老婆跑了，大儿子王小丛（24 岁，未婚），二儿子王进发（17 岁，未婚），两个儿子在家务农，偶尔打零工
	王保全，38 岁	未婚，在家种田
	王文，36 岁	老婆跑了，儿子（9 岁）和女儿（13 岁）在读书，他一会儿在家，一会儿出去打工，小孩由奶奶带
	王保明，33 岁	已婚，有两个小孩，女儿 6 岁，儿子 3 岁
王开文 65 岁	王正全，47 岁	做上门女婿
	王小华，45 岁	已婚，有一子（19 岁未婚）一女（16 岁，已出嫁）
	王新，33 岁	老婆跑了，留下两女（13 岁，11 岁）一子（7 岁）
	王小春，30 岁	未婚，喜欢玩鸟，天天挂着几个鸟笼到处逛
王朝兴 62 岁	王忠，48 岁	老婆跑了，留下一子（11 岁）一女（13 岁）
	王德，41 岁	老婆跑了，留下两个儿子（12 岁，9 岁）
	王国祥，41 岁	三年前找了一个二婚媳妇（带两个孩子嫁过来）
王有明 57 岁	王前明，31 岁	老婆跑了，留下两个女儿（13 岁，7 岁）
	王小云，26 岁	未婚，在家务农，偶尔到县城打工
	王小固，23 岁	未婚，刚去浙江打工
张美英 63 岁	王小桥，35 岁	已婚，育有两个小孩（12 岁，10 岁）
	王成兵，32 岁	已婚，育有两个小孩（5 岁，3 岁）
王小顺 59 岁	王红兴，23 岁	未婚，在家务农
	王亮，19 岁	刚结婚，媳妇 14 岁，才读完六年级

① 此表内容为作者在香蕉冲调研的结果。《中华人民共和国民法典》第一千零四十七条规定，结婚年龄，男不得早于二十二周岁，女不得早于二十周岁。《中华人民共和国刑法》第二百三十六条规定，与不满 14 周岁的幼女发生性关系，无论女方是否自愿，均构成强奸罪，且应从重处罚。《中华人民共和国劳动法》第十五条规定，禁止用人单位招用未满十六周岁的未成年人。

户主	儿子	家庭成员婚姻概况
刘美芬 73 岁	王忠兴, 31 岁	未婚, 刚去浙江打工
	王忠亮, 25 岁	未婚, 在家务农
候光有 63 岁	王忠福, 30 岁	已婚, 育有两子 (2 岁, 1 岁)
王自武 55 岁	王兴福, 24 岁	未婚, 昆明职高刚毕业, 全村学历最高
	王小老, 12 岁	读书
王朝福 66 岁	王元, 41 岁	老婆跑了, 留下一子一女: 儿子王福 21 岁, 2015 年娶了 13 岁的姑娘, 育有一子; 女儿王树花, 13 岁出嫁
唐存昌 49 岁	唐金龙, 17 岁	刚结婚, 妻子才 14 岁
王振强 30 多岁	两个女儿 (12 岁, 10 岁) 在读书	
王小祥 41 岁	王成先, 21 岁	未婚, 在家玩, 打过半年工再也不愿意出去
	两个女儿: 王美琼 (15 岁, 饭店打工)、王小囡 (12 岁, 在读书)	

　　注: 表格为笔者自制。表格中将父子、兄弟等归并为一户。

　　这份关于香蕉冲男性婚姻状况的表格能够反映出非常多的问题: 全村 50 岁以下的男性, 竟然有 7 户的妻子跑掉了; 30 岁以上未婚的有 4 人, 20 到 30 岁之间未婚的有 7 人; 做上门女婿的有一人。

　　香蕉冲 2008 年才通电, 是当地最贫困的自然村。虽然外部环境在不断改善, 但村主任意味深长地感叹:"现在电通了, 道路也通了, 老婆跑了……" 仅 21 户的自然村, 近年来竟发生了 7 起"逃妻事件"。其中 5 起事件大致情况如下。

　　个案 5-1[①]: 王文和妻子在建水县打工——种三七 (一种名贵的中药材), 全年都住在三七棚, 夫妻每年能有三万多元的纯收入。虽然比较辛苦, 但也坚持了好几年, 在香蕉冲算是不错的家庭, 家里建好了空心砖房, 几乎算得上是村里最好的房子。两口子经常吵架, 吵吵再和好。村主任说:"记得是去年, 那段时间正好收谷子, 他早上睡醒, 媳妇就不见了。"王文很着急, 拿着家里的钱找了半年, 差不多把积蓄都花光了, 终于在边县找到了媳妇。那时她已经嫁给了另外一个男人, 王文气愤不过就和媳妇打了起来, 闹到了派出所, 媳妇没和他办离婚手续。村主任说他之所以打媳妇是因为实在太心痛了, 打了一架后, 王文就去外面打工了, 村里人都不知道他现

---

① 王文-20170506-A, 36 岁, 云南蒙市芷兰镇香蕉冲普通农户。

在到底去了哪。他有两个小孩，一个 13 岁，一个 10 岁，都在读小学。两个小孩平时住校，周末由爷爷奶奶照顾。我们专门去看了看王文家的房子，虽然建得不错，但是门前长满了杂草。

个案 5-2[①]：王新，30 多岁，原本带着媳妇在广东打工，在山里给老板砍树，做了好几年。2014 年，一天王新睡到天亮发现老婆不见了。老婆是边县人，跑了之后也没回娘家。他回到村里告诉村民说："老婆被野猪吃了。"王新有三个孩子：大女儿 13 岁，二女儿 11 岁，小儿子 7 岁，都在读小学，周末跟着爷爷奶奶，王新到处打零工。村里人评价他"哪里有零工就往哪里去，一天 60 元也做""不过，他打工有一天没一天的，不专心""以前带着老婆，也是老婆干得多"。

个案 5-3[②]：王忠，48 岁，和弟弟的经历类似。王忠 2004 年结婚，当时他已经 34 岁，而妻子才 17 岁，婚后育有一子（11 岁）一女（13 岁）。2014 年，老婆也突然跑掉了。

个案 5-4[③]：王德，41 岁，没有出去打过工，老婆是屏边人，在村里最漂亮。2014 年，王德早起发现老婆不见了，留下两个孩子：长子 12 岁，次子 9 岁，还在读小学。2016 年，王德的老婆回来和他办了离婚证。

个案 5-5[④]：王元，41 岁，差不多十年前双脚因为意外残废了，走路成了问题。七八年前，老婆觉得独自承担家里的责任实在太辛苦，丈夫也帮不了她，就跑了，带走了最小的女儿。老婆出走后，王元和母亲艰难地把留在家的儿子和女儿抚养长大。王元的儿子王福说，母亲走的时候他还在读小学四年级，"我（放学）回来了，妈妈走了"。我问他恨不恨自己的母亲，他说不恨。王福的母亲原本是边县的人，距离香蕉冲很近，她出走后嫁到了边县一个村庄，再也没有回过香蕉冲的家，也没有回来办理离婚手续。

由表 5-2 和以上个案可以发现，香蕉冲出走的 7 位女性均有子女，都是突然出走，事发前无明显征兆，这让男性感到措手不及。这些女性的娘家都在附近，按照道理，这种婚姻一般都比较稳定，即便是女性出走或者赌气回到娘家，男性到女方家赔礼道歉，也都能把妻子请回来。在香蕉冲发生的这些事件中，女性出走表现得都比较决绝，一方面能够狠下心抛弃自己的亲生骨肉，另一方面也会刻意不回娘家以防被丈夫找到。从女性出

①　王新-20170506-A，30 多岁，云南蒙市芷兰镇香蕉冲普通农户。
②　王忠-20170506-A，48 岁，云南蒙市芷兰镇香蕉冲普通农户。
③　王德-20170506-A，41 岁，云南蒙市芷兰镇香蕉冲普通农户。
④　王元-20170506-A，41 岁，云南蒙市芷兰镇香蕉冲普通农户。

走的时间上来看，多数在 2010 年后的几年中，2014 年达到了高峰。女性出走事件在小小的香蕉冲村引发了轩然大波。从目前调查来看，女性出走事件背后没有发现人口拐卖等其他原因，基本都是女性忍受不了落后环境而选择主动离开。

香蕉冲女性出走事件不是当地的特殊情况，而是较为普遍地存在于其他村寨。凡是笔者调查过的当地寨子，只要和村民多沟通一会，都能够了解女性出走的事件。以笔者在芷兰镇团结村调研的寨子为例，如表 5-3 所示。

表 5-3　团结村委会桥村、红土寨自然村女性出走事件统计

桥村①	
户主	婚姻概况
金元 42 岁	三四年前妻子跑掉了，留下三个小孩：长子 20 岁（在外打工），次子 17 岁（在外打工），女儿 15 岁（在读初中） 夫妻原本在乡镇服装打工，妻子突然出走后，金元不愿留在本地，去外省打工，后来又找了二婚的媳妇
金福 45 岁	金元哥哥，媳妇已跑了七八年，留下三个孩子：长女 24 岁（已出嫁），次女 20 岁（已出嫁），小儿子 17 岁（在外打工） 夫妻原本在隔壁县服装厂打工了两年，老婆出走后，金福回家种田，偶尔打零工
李和 36 岁	妻子已跑了四年，留下两个孩子：长女 18 岁，小女 15 岁 李和原本在外省打工，妻子在本地服装厂工作，妻子出走后几年又回来和丈夫办离婚手续
红土寨②	
户主	婚姻概况
王光 33 岁	原本和老婆都在家务农，七八年前老婆突然跑了，老婆是隔壁石村人；王光骑着摩托车去蒙市找老婆，但是被大车撞死了；家里只剩下母亲（53 岁）和儿子（13 岁）

---

① 桥村有 32 户，130 人左右，其中建档立卡贫困户有 7 户。村庄道路等基础设施都做得不错，而且不少农户是砖木或砖混结构的房子。村主任说，桥村有 7 户贫困户，住土房的大概有 15 户，其余 17 户都是砖木或砖混结构的房子，住土房而非贫困户的 8 户中，有的是因为有车不符合条件，有的是因为已经享受了土改砖房的政策。村里面有 10 多人在外省打工，在本地打工的多一些，因此农民的家庭收入要相对好一些。打工潮也是近五六年才兴起，前些年农民普遍以务农为主。2012 年前后，三七价格好的时候，村里大概有 6 户种植三七，最多的能种五六亩，少的能种一两亩，但是所有农户在三七价格下跌的时候都赔本了，没有人赚钱。村主任当时种了五亩，赔了十二三万元，他的积蓄都在那次赔光了，并且还欠了一些债务。村里有两户在信用社贷款种植三七，其中有一户当时贷了两万元，至今还没有还上，利息已经比本金还高。在产业发展方面，桥村村民并没有获得很大的实惠，因此很多人选择了外出打工。

② 红土寨有 40 户，180 多人，人均耕地两亩，主要种植玉米、稻谷等粮食作物，种植烤烟的目前只有一家。全村共有建档立卡贫困户 20 户，被认为是团结村委会最差的自然村，40 户中仅有 5 户的房子是砖混结构，1 户的房子是砖木结构，其余 34 户均是土墙房。

续表

王东 39岁	媳妇是边县人，六年前突然跑掉了，留下了两个女儿（14岁、7岁，正在读书）；去年，又找了一个二婚的媳妇，目前夫妻俩在河口市的香蕉园打工，父母在家照看小孩
王祥 49岁	媳妇是隔壁石村人，跑了二十年，两人没有小孩；王祥这二十年一直单身，收养了一个女儿，已经出嫁，家里仅他一个人
王飞 36岁	媳妇是本村人，夫妻原本在广东打工，四五年前媳妇跑了；后来又回来办了离婚手续，再嫁了；两个人育有一女，现在8岁，正在读书

注：表格为笔者自制。

　　这些出走女性的真实想法已经无从调研，不过村主任的真实想法倒是能够提供一些启发。香蕉冲的村主任吴英完整读完了小学，能够协助政府和行政村做一些事情，除了她很难再找到更合适的人。前任村主任杨德因为老婆跑了而心灰意冷。巧合的是，吴英和杨文、杨新、杨德、杨忠的老婆都于2004年前后嫁到香蕉冲村。在谈到这些女性出走事件时，吴英说自己前两年也很想跑掉，"我是跑不出去，要能跑早就跑了"。说到这些，她有些激动，她告诉笔者之所以没有跑就是因为"我小时候过得很难，为了我的两个孩子才没跑"。母爱的力量使吴英最终留了下来。

　　那些出走的女性也都有亲生骨肉，也许真的是太苦了，或许还有其他的理由，促使她们毅然决然地抛家弃子。村庄中的女性出走事件对已婚男性来讲构成了很大的冲击，虽然很多男性已经感受到了危机，但是在行动上并没有很大的改变，而且多数依旧保持着过去的生活习惯，缺乏对自我的反思。

　　个案5-6[①]：村主任吴英过去有出走的想法并不是完全没有道理的。家里两个小孩：女儿12岁了，儿子10岁，都在读小学，以后负担会越来越重。全家的生计主要靠种养业：养了三头牛，隔四五年卖一头，"养牛就像存钱一样"，吴英说实在没有办法才会卖牛；养了三头猪，自己家吃一头，卖掉两头，然后再买回几只小猪仔；种了27亩桃子，明年才能挂果。吴英很能干，她说要不是家里玉米少，还会再多养一些。有时她在附近打零工，70元/天。而丈夫（35岁）喜欢养鸟、喝酒，家里挂了四五个鸟笼，除了干农活，基本上没有打工。吴英说"他一点文化也没有，不敢出去打工"，附近有一些诸如锄草之类的零工，丈夫不愿去，"他是害羞才不去，（他认为）女人才干那些活"。

---

① 吴英-20170506-P，31岁，云南蒙市芷兰镇香蕉冲村主任。

当地村庄中多数男性都和吴英丈夫的心态一样，喜欢过一种自由自在的生活，不愿意受约束，同时也缺乏对于自身行为的反思。过去的生活模式俨然成为一种惯性，他们对于环境和时代的变化缺乏必要的认识。

2. 早婚现象突出

早婚是西南地区一些深度贫困村庄的普遍现象，在一些偏远村寨，早婚现象达到了令人错愕的地步，甚至女性在十三四岁结婚、做母亲都是很常见的事情。笔者最初接触到这种现象时感觉有些不可思议，在调查中刻意关注了农民的结婚年龄，并且通过对村民、乡镇干部、教师的访谈才发现这是一个真实而普遍的现象，过去尤甚，近两年才稍微有所改进。

邱燕是镇里的纪委副书记，前几年在乡镇小学教书。她说每到五六年级开学，班里总有几个女孩子没来报到，原因基本上都是结婚了，一些学生也会突然辍学回家结婚。她们做老师的总要去劝说，但是很难起作用。[①] 有媒体曾报道过红水市的金平县关于早婚的新闻——"我们都觉得小学一毕业就要结婚"。一位家在芷兰镇、在政府工作了多年的干部说，当地苗族村民很喜欢玩，花山节（也是情人节）最为隆重，那段时间他总能看到小学、初中模样的男女生到乡镇旅店开房。乡镇组织委员于州是苗族人，在芷兰镇长大，说："有些小姑娘没读完小学就跟别人跑了，不想读书了，小女孩都比较早熟，开放一些，记得读小学的时候，父亲带我去亲戚家玩，小姑娘非要拉着我跳舞。"前文讲到的香蕉冲村早婚案例也很典型。

个案5-7[②]：香蕉冲王亮19岁，2017年讨到媳妇，媳妇才14岁，刚刚读完六年级。娘家彩礼要10万元，经过讨价还价，给了三四万元。调研期间，李金龙（17岁）正好结婚，妻子才14岁，两人在花山节认识。

个案5-8[③]：香蕉冲王福的妹妹13岁就出嫁了，王福19岁时娶了一个13岁的小姑娘，婚后第二年就生了儿子。王福的妻子是孤儿，由外婆抚养长大，尽管两个人是自由恋爱，按照当地规矩，他还是给女方家送去三万元彩礼。他借了两万多元，后来家里卖了十头猪，2016年行情比较好，顺利把债务还清。

即便农民结婚年龄越来越小，但也难以抵挡因为女性稀缺所带来的大龄未婚危机。虽然一些民族节日可以给男女青年创造更多认识的机会，但是落后地区女性流失已经成为总体趋势，而悲哀的是很多男性没有清醒地认识到外部时代变化所带来的种种威胁，多数还继续重复过去自由的农耕

---

① 邱燕-20170516-A，30岁，云南蒙市芷兰镇纪委副书记。

② 王亮-20170509-A，19岁，云南蒙市芷兰镇香蕉冲普通农户。

③ 王福-20170509-P，20多岁，云南蒙市芷兰镇香蕉冲普通农户。

生活，然而越是如此，可能遭受到的危机程度就会越深。由于生活过于封闭，缺乏交流，村庄中相当一批大龄未婚男性甚至显得有些呆板、木讷。

个案5-9①：香蕉冲的王小春31岁，未婚，和父亲一起生活。他很喜欢养鸟，出现在村里的形象就是左手提着两个鸟笼，右手提着两个鸟笼，后面再挂一个。

我：在家做什么呢？

王：种地、养牛。

我：种了多少亩地？养了几头牛？

王：（笑了笑）地认不得，放了三头牛。

我：为什么不出去打工呢？

王：父母老了，兄弟也分家了，出不去。

我：你怎么没找老婆？

王：不好找。

我：（他说话时不敢直视对方眼睛，很不自然）过花山节时姑娘很多，是不是害羞，见到姑娘不好意思？

王：（笑了笑，用手捂着脸，样子很腼腆）是。

由于女性严重缺失，结婚难度很大，村民不得不依靠"进口新娘"来解决婚姻难题。附近一些村庄有从越南嫁过来的女性，通过她们的介绍，从越南寻找合适的女性结婚。距离香蕉冲四五十分钟车程的牛角寨②也面临着光棍危机·30岁以上没有结婚的有10个，其中40岁以上的有3个。全村目前有两户娶了越南新娘：

个案5-10③：2015年，有一户（男性是30多岁）花几万元从越南买了一位20岁左右的女性，女方在这边已经生活两年多，还生了小孩，夫妻双方带着小孩在市里给老板看管石榴园。村民都觉得这个女性踏实能干，人也不错。

个案5-11④：2017年，村庄另外一个25岁的男性找了越南媳妇，花了两万元。男的是家中独子，长得不好看，村民说像"光头强"，在本地找不到媳妇，嫁过来的越南女孩才13岁。

红水市几个县市紧挨着越南，两边苗话可以通用，没有语言障碍。两

---

① 王小春-20170509-P，31岁，云南蒙市芷兰镇香蕉冲普通农户。

② 牛角寨和香蕉冲都属于石村。牛角寨有38户182人，交通闭塞，至今通往寨子的还是土路，村主任说"穷就穷在交通不方便"。前几年，村庄中也发生了三四起逃妻事件。

③ 云南蒙市芷兰镇牛角寨调研，20170510-0511。

④ 云南蒙市芷兰镇牛角寨调研，20170510-0511。

边农民私下往来也较多，常有越南农民到中国打工，多以偷渡形式。历史上，当地村民对越南新娘并不陌生，但是近年来越来越多娶越南新娘的故事却都以悲剧告终。农民为了买新娘，把家里的牛卖了、积蓄花光了，结果短则一两个星期，长则几个月就都跑了。类似的案例发生得多了，农民在买越南新娘方面也谨慎多了，深度贫困区这些关于婚姻的悲剧也成为当地农民心中挥之不去的痛点。

对于那些没有想到"穷则思变"的人来讲，缺乏发展动力，有一日算一日，这种混日子的心态成了家庭继续堕入深渊的根源。尽管深度贫困区固守着传统农耕社会的种种生活惯习，表面上看起来并没有与现代社会发生过多的关联，但是高山大川却难以成为抵挡现代社会危机蔓延的屏障，危机照样能够传播到深度贫困区，照样能让那里成为现代社会危机的转嫁地。继续固守传统的生产生活模式是不现实的，只会堕入更加深度的贫困。

深度贫困区农民正在遭遇着看似无解的危机，无论做何选择，都非常被动：过快的性别结构转型带来了当前的婚姻危机，女性稀缺使得发展滞后区男性面临着更加艰难的娶妻环境——深度贫困区遭遇着婚姻危机，"现在姑娘太少，等大一点就轮不到了"，男性只能将结婚年龄不断提前，早婚传统更加难以改变。事实上早婚只能暂时性地解决危机，因为女性年龄较小，见识很少，人生观、世界观都不成熟，而随着她们年龄的长大，就会产生很多比较，这是家庭中潜伏的危机。一些竞争力比较弱的男性只能成为光棍——即便结了婚，家庭要发展，就要外出打工，对于男性来讲，就面临着两难困境：如果带着老婆外出打工，那么妻子见识增加，就会产生对比，就有可能跟着别人跑；如果不带老婆，男性孤身在外打工，正如很多村民所说，"一个在家，一个在外，始终不安心、不放心"，妻子照样有可能逃跑；对于大龄未婚男性来说，在初婚市场上他们的婚姻机会越来越渺茫，只能将目光聚焦在二婚的女性上面，或者花钱买新娘，这样的选择同样也要承受很大的风险。

二、生育转型困境：重量轻质的生育观念如何走出贫困陷阱

当前婚姻危机的根源很大程度上在于农民的生育观念，重男轻女在农村社会依然根深蒂固。国家为了控制人口推行的计划生育政策与农民的生育观念之间产生了严重的张力，这种张力使得选择性生育为当前人口的性别结构扭曲埋下了伏笔。尽管国家过去的政策在全国大多数地区都得到了较好的执行，但是在深度贫困区，由于地理环境、政府治理能力等相关因素的限制，特别是在民族地区，这项政策很大程度上都被基层"软执行"了。

　　或许一些地方的性别结构失衡并不严重，但是在性别比总体失衡的背景下，落后地区的女性流出已经成为不争的事实。笔者调研的深度贫困区中，西南一些少数民族区由于文化等因素没有非常强烈的重男轻女观念，并且多数地区男女比较平等，出生人口性别比也较均衡。但是，由于经济落后，女性流出成了大趋势，男性面临着严重的婚姻危机，上文已做详细分析。西北深度贫困区的多数农村则呈现出了非常强烈的重男轻女偏好，在文化、宗教等层面，男性均被赋予了多重意义，计划生育政策的执行面临着地方治理能力、文化宗教差异等多重困境，这导致多数农民家庭的子女数量较多。

　　过去的计划生育政策被"软执行"，主要后果是多数家庭至少有两个子女。如果地方社会有着明显的生男偏好，客观上又会导致家庭子女数量更多一些。比如西北很多农村地区，过去西海固农村地区的生育政策允许生三胎，但实际上每家每户的子女数量比这个还要多。直到 2008 年前后，计划生育政策执行才稍微严格一些。以西吉县为例，当时县乡村三级干部都被动员起来做农户思想工作。2012 年，西吉县实行诱导性的计划生育政策，推出了"少生快富"措施，如仅生育二胎（就结扎）的农户可以获得县级奖励 1 万元，等等。然而，对于农民来讲，传宗接代远比这些奖励重要，如果没有儿子就无法完成人生任务，就要一直生下去。

　　为了反映这个地区农民较普遍的生育意愿和生育行为，笔者对两个村民小组作了较为粗略的村民生育数量的统计，主要统计 45 岁以下农民生育 4 个及以上子女的户数。统计年龄划分到 45 岁以下的原因有三点：一是过了 45 岁，农民继续生育的可能性比较小，按照当地农村习惯，这个年龄的子女基本上到了结婚分家的时候；二是由于当地计生政策最多只允许农民生育 3 个，统计 4 个及以上的子女更能反映出政策对农民的软约束；三是从计划生育政策的实施来看，20 世纪 90 年代是计生政策最为严厉的时期，2000 年以后多数地区的生育观念逐步发生转变，基本上都是以 1 到 2 个为主，统计 45 岁以下农民的生育情况能够反映出深度贫困区农民的生育观念和全国的比较差异。

　　笔者选取了西吉县沙湾乡西沟村[①]的两个村民小组，共有 140 户。其中，45 岁以下的有 85 户，生育情况如下：生育 5 个及以上子女的就有 6 户；生育 4 个子女的有 11 户（多数可以继续生育，3 户户主年龄不足 35 岁）；其余多数生育数量都在两三个，普遍年龄较小，依然可以继续生育。

---

　　① 全村有 300 多户 1300 多人，分为 4 个村民小组。

农民认为比较理想的生育数量是 3 到 4 个，至少要有 1 个儿子，如果没有儿子会一直生育。因此，当地村庄中相当一部分农民生育了七八个、八九个子女，归根结底就是要生儿子。他们认为，女儿要出嫁，养儿子才能防老，才能够传宗接代。村民的一些观念反映出当地女性处于比较边缘的位置。

农民生育观念不能及时转型，会带来了多重社会后果：

一是子女数量众多，抚养成本高昂，照顾小孩的成本增加，限制了劳动力的自由支配空间。而深度贫困区自循环型的小农经济仅能够做到维持基本生活，无力兼顾家庭的发展问题。

二是子女之间因为资源稀缺产生了发展空间互相挤压的效应，比如深度贫困区常见的父母带着大女儿在家务农、做家务、照顾弟弟妹妹的家庭生活模式。虽说国家投入了大量的资源来支持农村教育的发展，也不存在农村儿童上不起学的问题，但是基于家庭分工，一部分子女被过早地赋予了照料责任。在整体教育水平很低的情况下，女性往往更容易成为被牺牲的对象。

三是多子家庭要面临着婚嫁成本更高昂的困境，尤其是在父代经济能力有限的情况下，子代的婚姻成本只能由其本人来承担，但是由于家庭资源有限，缺乏对人力资本的投资，子代经济能力多数也比较有限。在缺乏家庭合力的情况下，子代支付婚姻成本的能力就很弱，也就更容易成为光棍。

只讲究生育数量和传宗接代的生育观念是农民家庭在贫困中持久挣扎的根源之一，也酿成了很多苦果——贫困的代际传递、男性的婚姻危机，而这些也成为深度贫困区脱贫的障碍和阻力。

第三节　一般农业区：因婚致贫与光棍危机

深度贫困区面临的光棍危机、生育转型困境等问题，在一般农业区也多多少少存在。反言之，正因为面临着结构性危机，一般农业区因为具有一定的应对能力，所以能将危机转嫁到深度贫困区，导致一些现象在深度贫困区看起来更加惨烈。然而，即便是一般农业区具备了转嫁危机的能力，也必然要支付一定的成本，并且一般农业区内部也是非均质的，因此在区域内部分地方危机更加严重。

一、因婚致贫

由于婚姻市场中彩礼和各项花费越来越高，娶妻难度越来越大，由此带来的社会问题也越来越多。如 2017 年初河南安阳汤阴县某村 27 岁男子在新婚之夜与妻子发生了彩礼争执而失手将新娘锤杀[①]，而那名男子年近 70 岁的父母不仅要面临着独子入狱的悲痛，还要偿还几十万元的债务。媒体报道的甘肃省庆阳焦村镇的"人市"也引起了公众的广泛热议，所谓"人市"是指春节期间繁忙的相亲市场，媒人通过掌握到的男女青年信息赚取媒钱，在"人市"中女性充分掌握了彩礼要价权，"像皇后一样"检阅前来相亲的男性，彩礼钱也像房价一样年年攀升，农民辛苦一年赚的钱有时还抵不上彩礼一年上涨的幅度[②]。甚至当地人为此专门编写了一首打油诗来形容这种异化的婚姻样态，"庆阳姑娘太值钱，想要媳妇先攒钱；好不容易攒点钱，娶个媳妇全抖完；一次花了几十万，还有媒人没算上；酸甜苦辣真难言，外债不知何时还……"[③]这是当前农村婚姻危机的缩影。近些年，几乎每到过年期间，关于婚嫁彩礼的大讨论总能引爆舆论。

当前农民的娶妻成本已经到了大多数普通农村家庭难以承受的地步，尤其是在大多数中西部欠发达地区，发展越落后，面临的婚姻成本就越高，娶妻难度就越大，一些比较贫困的家庭更是被逼入绝境。贫困治理面临最大的问题就是农民虽然能够在短时期脱贫，但是容易返贫，由于婚嫁成本给农民带来的持续性贫困或脱贫再返贫困境已经成为阻碍当前扶贫工作的主要绊脚石。如果这一问题能够得到妥善解决，那么对于当前的扶贫工作来讲，将有巨大的推进作用。因婚致贫指的就是由于婚嫁成本过高给农民带来的"娶妻难"问题，家庭容易陷入贫困或难以脱贫的现象。虽然问题症结容易找到，但是在治理上却面临非常大的难度。毕竟婚嫁彩礼是民间风俗，属于社会自治范畴，政府很难做到强制性干预。

"一婚穷十年"是农民关于因婚致贫的说法，这反映出当前中国农村结婚的成本实在太高——彩礼不断上涨，多数地区都是在十万元以上；要在村里建房或城市买房的投入就像无底洞，少则十多万元，多则无法估计；

---

① 河南安阳新郎新婚夜锤杀新娘：不能承受的天价彩礼之痛. 腾讯网，2017-02-13. http://news.qq.com/a/20170213/020614. htm.

② 甘肃光棍村：女方像皇后一天看 30 多个男子 有人相亲 18 年仍然单身. 中国网，2017-02-15. http://xyjj.china.com.cn/2017-02/15/content_9341128.htm.

③ 甘肃庆阳"天价彩礼"背后隐忧重重 花 19 万结婚落得人财两空. 中国甘肃网，2015-03-04. http://gansu.gscn.com.cn/system/ 2015/03/04/010934050.shtml.

置办首饰、酒席等标准也在不断攀升，即使比较节俭，也需要三四万元。也就是说，给一个儿子娶媳妇至少需要花费三十万元，按照一对中年夫妇每年打工净存三万元来计算，需要十年。

彩礼，源于西周时期所确立的"六礼"，《礼记·昏义》规定"婚"的程序为：纳采、问名、纳吉、纳征、告期和亲迎。从议婚至完婚共有六种礼节，彩礼就是纳征，送聘礼。在"父母之命，媒妁之言"的婚姻制度下，送彩礼是婚姻礼俗中必不可少的一部分。由于当时的社会秩序普遍遵循着"既嫁从夫"的规则，彩礼既是表示明媒正娶的礼节，也是对女方父母抚育女儿的补偿。而在当前，彩礼的性质已经发生了巨大的变化，妇女地位提高了，她们不再是家庭中的依附者，而婚姻法的颁布也从法律上彻底废止了传统时期婚姻买卖的形式，倡导自由恋爱、结婚，但彩礼并未就此从民间消失，而是在不同时期以不同形式存在，如 20 世纪 70 年代的"三转一响"（缝纫机、手表、自行车、收音机），80 年代的"四大件儿"（冰箱、电视、洗衣机、录音机）和现在的三金/五金（金首饰）、一动不动（汽车、房子）、万紫千红一片绿（一万张 5 元、一千张 100 元和至少一张 50元）。随着生活水平的提高，彩礼的标准也在不断攀升，以至于到了人人谈之色变的地步（表 5-4）。

表 5-4　全国部分贫困区域农村婚嫁成本

区域		婚嫁成本
一般农业区	河南	新蔡、民权、睢县等是国家级贫困县，农村地区彩礼都在 15 万元左右，除此之外，一般女方家庭对于男方家房（一般指楼房）、车都会有要求。省内其他地区彩礼也多在 10 万元以上
	安徽	临泉县是国家级贫困县，也是安徽省第一人口大县，多数农村地区彩礼在 10 万元以上，房、金首饰等都是必需品
	江西	兴国、宁都、于都是国家级贫困县，多数农村地区彩礼在 15 万元以上，其中于都县彩礼之高在江西最有名；除了彩礼，男方还要给女方买五金等，大概需要一两万元；有的女方家办酒席费用由男方负责，至少需要两万多元
	甘肃	会宁县、宁县是国家级贫困县，多数农村地区彩礼在 15 万元左右，房、金首饰等都是必需品，由于娶妻困难，媒人介绍费也都比较高，焦村镇的"人市"就位于宁县

区域		婚嫁成本
深度贫困区	宁夏	西吉县彩礼在 15 万元左右,海原县部分地区的彩礼要 20 万元;宁夏北部黄河灌溉区的平县经济条件较好,彩礼一般在 10 万元左右,当地流行"一包葱"的叫法,即 10 万元包含给女方买衣服、金首饰、彩礼等费用
	云南	屏边、元阳县是国家级贫困县,是深度贫困区,农村地区彩礼一般在两三万元左右,女方对于建房没有要求;当地农民很少打工,没有储蓄的习惯,因此这个钱对于农民家庭来讲相对较多
	贵州	望谟县是国家级贫困县,也处于深度贫困地带,彩礼一到三万元,女方一般没有建房等需求,并且还会陪嫁一些钱物过去;男方给多少彩礼,女方父母也要出多少钱,两份钱都用于买嫁妆

注:表格为笔者自制。数据来源于笔者及所在团队在一些国家级贫困县调研时得到的农村彩礼要价。依据经济社会发展水平、贫困发生率、距离市场的远近等要素区分为深度贫困区和一般农业区。调查发现,彩礼数据在县域内具有较强的代表性,往往相差不是很多,但是对于同一省份内的不同县域而言,则会相差较大,因此表内的数据主要代表某一省份某一县域的数据。当然,具体到某些农户的彩礼要价时,男女双方往往会根据家庭经济条件、子女数量、发展潜力、双方情感及沟通协商水平等作出适当调整。彩礼数额无法具体到某一精确值,表中所列举数据主要是当地人普遍认可的彩礼价格,也可以称为区域性的彩礼指导价格。

从各地调研结果来看,彩礼暴涨发生在近十年,尤其是在 2010 年之后进入了高速上涨期。赣南宁都县 20 世纪 70 年代彩礼是 500 元左右,80 年代彩礼上涨到千元以上,2000 年彩礼是六七千元,2005 年达到了 1 万元以上,2010 年达到了 10 万元左右,现在彩礼达到了 15 到 20 万元。2005 年之后,女方家庭不仅对彩礼有要求,对于住房要求越来越高。彩礼在暴涨的过程中,也有了更加多样的社会功能:彩礼成为择偶中的筛选机制,即女方父母通过彩礼来寻找门当户对、家境殷实的男方,从而避免女方在婚后生活中吃苦;高额的彩礼也会成为炫耀性资本,表明家庭发展拥有良好的经济基础,也能提升家庭声望。因此,彩礼价格既是一种门当户对的甄别机制,也是家庭财产的分割调控机制。

在独生子女较为普遍的地区,如长江流域的四川、重庆、湖北以及东北三省,传宗接代的观念不是很强,男女相对平等,20 世纪八九十年代计划生育政策执行比较严格,农民的生育观念转变迅速,因此出生人口性别比相对均衡。在这些区域,虽然部分地区也要彩礼,但是彩礼主要是女方父母为了方便女儿小家庭的生活，最后往往会通过某种方式把彩礼转移给小家庭，还会贴上一笔费用，甚至给女儿压箱底的钱远远高过彩礼。在华南、华北及西北农村，传宗接代的观念依然很强，尤其是现在已经步入婚配期的"80后"和"90后"，他们出生时的性别比严重失调，造成现在的婚姻难题。在多子的家庭格局中，女方父母往往通过多要彩礼提前实现家庭财富的转移，与此同时，女方父母也会通过嫁女儿多要彩礼为儿子娶媳妇支付彩礼。因此，这类地区的彩礼流向有两种：一些家庭会把女儿的彩礼全部返还给女儿的小家庭，还有一些家庭会将大部分钱留下来给儿子娶媳妇。

总体看来，全国大多数地区结婚的成本都比较高，而且需要支付彩礼的地区占到了绝大多数，但是受区域经济发展水平、子女数量以及彩礼流向等多因素的影响，父代在帮助子代结婚方面的任务和压力存在明显差异，并且当前的趋势是，农村地区的彩礼水平高于城市，偏远地区农村的彩礼高于普通农村。因此，婚姻成本对于那些注重传宗接代的偏远农村压力更大，对于这些地区的贫困治理影响也更大。

二、光棍危机

高额的婚姻成本使得经济能力一般的农民家庭更容易在子代结婚后陷入高额债务的困境，而经济能力较弱的农民家庭因为无法支付成本，则更有可能面临子代成为光棍的困境。对于注重传宗接代的地区，这无疑使得支撑农民奋斗的生活价值发生坍塌，在焦灼和忧虑中家庭失去了发展的动力，从过日子变成了混日子，有一日算一日。

打工潮的深入发展、现代通信工具的普及以及便捷的交通让跨省婚姻变得更加容易，女性资源稀缺所带来的女性在婚姻市场上要价的优势地位使得资源丰厚的家庭更容易在婚姻市场上胜出，从而打破了传统时期区域性通婚圈的平衡。女性从山区流向平原，从乡村流向城市，从西部流向东部，这种梯度转移模式最终使那些偏远、落后的地区更容易出现集中连片的光棍现象。西县①的九溪镇有14个行政村，2.5万人。据镇民政办主任粗略估算，全镇大约有1000个光棍，每个村的光棍数量在70人左右。虽然

---

① 西县总体上并没有严重的传宗接代观念，农民也并未表现出强烈的男孩偏好。以2006年人口数据为例，总人口388273人，男性201213人，女性187060人。全年出生2091人，其中男性1050人；死亡3216人，其中男性1935人。人口出生率为-2.89‰。数据来源于湖北省统计局《2006年西县国民经济和社会发展统计公报》(http://www.statshb.gov.cn/wzlm/tjgb/ndtjgb/ycs/zgx/17610.htm)。从人口结构来看，当地产生光棍的可能性理应很小，在距离县城较远的几个山区乡镇，却出现了大量光棍。

当地村庄社会规范没有形成对光棍的排斥机制，但是光棍带来的社会治理问题不容忽视。

个案 5-12：九溪镇果园村有近 2000 人，11 个村民小组。其中第 6 组有 40 多户 180 多人，共有 19 个光棍，是全村"光棍成窝"现象最突出的小组，光棍中有偷盗、诈骗或搞小破坏的，秩序混乱，也是全村最乱的小组。基本情况如表 5-5 所示。

表 5-5　湖北西县山区九溪镇果园村第 6 村落光棍基本情况统计

户主①	光棍数量	基本情况
梁昌榆	2	大儿子 35 岁，从小就小偷小摸，进过监狱，领了几个女朋友回家，其中一个还怀了孕，但是没有一个结婚；小儿子 32 岁，在外打工，脾气比较倔强
梁小双	3	大儿子 40 多岁，是第二任妻子改嫁带来的；二儿子 35 岁，是惯偷，坐过牢，刑满释放后，经常找政府要低保，在村里讲反动的话，被送往精神病院，回来后被村民贴上"假疯子"的标签；三儿子 31 岁，长期在外打工
梁振江	4	有六个儿子，老大和老二结婚了，老三、老四 50 多岁，老五、老六 40 多岁，都是光棍；几兄弟在村里"大事不犯，小错不断"，爱占小便宜，搞小破坏，邻里很反感；老三、老四早年出去打过工，没挣到什么钱，现在年龄大了也不出去了；老五、老六小学上了不到一半，出门坐车都不知道方向，没出去打工
梁明刚	3	四个儿子，老大（50 多）、老二（48）、老三（38）是光棍，老四（35）在北京服装厂打工，认识了山东姑娘，结婚后在外开服装厂，家庭条件不错；老大智力不行，不愿意结交人，只能种点田，老二和老三外出务工；父亲 2015 年去世，母亲患有脑溢血，父母有病后，老二和老三就没有外出务工，在家养猪、种田，经济条件还算可以，兄弟比较团结，挣的钱一起花，三四年前建了楼房；村民认为三兄弟成为光棍是因为不舍得钱，性格孤僻，不愿意和别人交往
梁振威	2	两个儿子都是光棍，老大 50 岁，老二 38 岁，父母在 20 世纪 80 年代因为事故双双去世，早年姑妈负责照看他们，后来没人管了，兄弟俩从不参与集体事务，还爱扯皮
梁开发	2	四个儿子，父母去世得早，老大（40 多岁）结婚了，但有精神病；老二（40 多岁）做上门女婿；老三（38 岁）是光棍；老四（35）是光棍、精神病，老三常把外出务工赚的钱给弟弟治病

---

① 以光棍的父亲作为户主进行统计。

户主	光棍数量	基本情况
梁峰华	2	两个儿子，老大（30多岁）天生偏瘫、智障，未婚；小儿子30岁，跟着父亲做点小生意，未婚
梁峰伟	1	儿子40多岁，20世纪90年代动手打警察，坐牢五六年，有污点且错过婚龄而成为光棍

注：表格为笔者自制。

光棍一直被视为弱势的边缘人：没有能力娶妻、无法完成传宗接代的任务、孤独终老，是村庄中的可怜人；骚扰妇女、通奸、强奸等违法行为时有发生，光棍被视为潜在的不稳定因素，是村民眼中"可憎的人"；缺乏奋斗目标，慵懒堕落，无所事事，对公共事务漠不关心，给予其帮助也不领情，被认为是"扶不起的人"。总之，光棍的形象一直是负面的、消极的。①而在一些传宗接代观念比较强的地区更容易形成对光棍的排斥现象，光棍与否成为农民生活评价机制的重要参考。

个案5-13②：在山东德州调研，村民对光棍的评价比较负面。如果光棍本身比较会做人，村民还是很接纳的，但即便如此，光棍因为没有后代，家庭不完整。大丰村的张玉波是一位刚退休的教师，一辈子没有结婚，虽然他有退休金，每餐饭吃得不错，经常骑着电动车到处闲逛，没有负担，看起来日子过得很惬意。但是村民并不羡慕，背后评价说："没有儿子，这样活着，有嘛（什么）意思！"在村民看来，有了儿子，生活才有奔头，"儿子越多越好，攒钱不如攒人"！

光棍危机不仅影响当前未婚男性，即便是已婚男性也有可能面临重返光棍的困境。传统夫妻伦理在现代化的冲击之下，变得越来越脆弱，即便在华南、华北等一些比较传统的地区，离婚也正由令人惊愕的公共事件变成司空见惯的事。由于女性在婚姻市场上的优势地位，离婚对男性的打击和伤害远比女性要大，女性很容易在离婚后再婚，而男性再婚的概率则变得很小。尤其是在华北地区，彩礼金额比较高，往往需要家庭多年的积累，一旦离婚就意味着之前的努力全都白费，需要再次支付高额的彩礼才能再婚，普通农民家庭则难以承受。③

---

① 贺雪峰，等. 南北中国：中国农村区域差异研究. 北京：社会科学文献出版社，2017.

② 山东德州乐陵市调研，20150520-0609.

③ 李永萍等人曾对关中农村的重返光棍现象进行过深入研究，参见李永萍，杜鹏. 婚变：农村妇女婚姻主导权与家庭转型——关中J村离婚调查. 中国青年研究，2016（5）：86-92.

第四节　价值贫困

家是中国人的信仰，是中国农民安身立命的基础。正是在以家庭为本位的生活轨迹中，农民通过一系列规划和努力完成家庭再生产，从而实现了个体价值，获得了生命意义的完满，而任何阻碍其完成人生任务的事件都有可能导致农民生活价值的迷失，以至于使其失去继续发展的动力。[①]刘燕舞在农民自杀研究中很形象地阐释了"奔头"这一口语化、本土化的概念，他发现"奔头"就是在"人的一生中通过努力奋斗可以实现的愿望和价值，是支撑人一生的日常生活过程持续运行的动力机制"，而归宿、齐家、生活是支撑其活着的重要动力机制，农民自杀行为的发生主要是因为这些动力机制的失调。[②]在注重传宗接代的农村地区，无后带给农民的压力是巨大的，不仅使农民在村庄中无法抬起头做人，吵架时都会受到奚落，让其内心充满焦虑和不安。父母如果不能帮着儿子找到媳妇，他们的人生任务就无法完满，尤其是儿子到了三十多岁以后，找到媳妇的希望越来越渺茫，整个家庭会陷入一种消极的状态，没了奔头，一切都失去了意义。

一、异化的彩礼与无法完成的人生任务

近年来，婚姻市场上以彩礼价格决定婚姻成败成为越来越显性的发展趋势，这与现代社会所倡导的婚恋自由观念发生了激烈的碰撞。即便是男女双方在自由恋爱的基础上逐步走到了谈婚论嫁的阶段，最终因为彩礼问题而导致双方分手的案例不胜枚举，甚至还造成了一些惨案。除此之外，在乡村社会还有相当高比例的婚姻是通过中间人介绍而促成，笔者曾经在一次学术研讨会上谈到了这种婚姻样态，一些学者表示质疑："怎么到了 21世纪了，还存在着媒妁之言这种婚姻模式呢，难道不能自由恋爱而结婚吗？"事实上，当前通过媒妁之言而促成结婚的并非个案，在很多地方还比较普遍，甚至男女双方从完全陌生到确定婚姻关系的速度超过了一般人的想象。王向阳博士就以"三天，等于一辈子"在《人民日报》发表了关于其堂妹和男方见面仅三天就确定婚姻关系的评论。[③]

在打工经济的背景下，大多数的中西部农村面临着空心化问题，使得原本的村庄熟人社会变得陌生，而年轻男女多数在外务工，由于性格、文

---

① 刘成良. 因婚致贫：理解农村贫困的一个视角. 南京农业大学学报（社会科学版），2018（3）：37-44+153.

② 刘燕舞. 论"奔头"——理解冀村农民自杀的一个本土概念. 社会学评论，2014（5）：68-86.

③ 王向阳. 三天，等于一辈子. 人民日报，2014-02-24（05）.

化、家庭出身及工作等因素，即便是在年轻人较为密集的地方，也很难找到合适的对象。所以他们选择在逢年过节回乡的时候通过最传统的方式来解决婚姻问题。然而，由于性别比严重失衡，即便是回乡通过媒人相亲，也要面临激烈的竞争。2022年2月，《潇湘晨报》报道了江苏徐州邳州市一个由乡村自发组织的相亲大会，前来相亲的女性仅有5名，而男性竟然有100多名，现场的几名红娘就负责维持秩序，轮流叫号，协助男女双方见面，而当地的彩礼起步价在16万左右，甚至能够达到30余万元。同样在2022年春节期间，河南周口一个相亲的短视频也上了热搜榜单，众多男性在一女性家门口等待，有的排队三小时，连人还没有见到……这些看似荒诞的现象恰恰是发生在乡村社会中关于婚姻难题的一个缩影。

在适龄婚配人口性别比失衡背景下，不仅男性遭遇择偶困境，女性也面临被"物化"的问题。在乡村社会中，媒人发挥着配置资源的中介作用，女性被物化为一种可以"出售"的资源，有的媒人就利用信息不对称坐地起价，而有的女方父母通过高额彩礼获取收益，以至于在介绍的时候，双方讨价还价，充满了交易的味道。伴随着便捷的交通和即时通信工具，媒人之间互通信息，使得婚姻市场上女性资源的配置能力更强，那些在婚姻市场上经济能力较弱的农民家庭就被排斥在外。如赣南宁都县某乡镇，全镇六万多人口，有二十多个职业媒人，她们掌握的信息可以覆盖整个宁都县及周边地区。每介绍成一单婚姻，提供信息的媒人都可以得到一两千元的媒钱，当地彩礼均价是十五万元左右。在以彩礼价格为主导因素的婚姻中，男女双方经由媒人牵线，坐在一起协商，初次见面不过了把小时，基本上就决定了两个人是否要步入婚姻殿堂。在这个过程中，双方谈判的焦点也不过是彩礼多少、仪式如何等，无关年轻男女的感情，以至于婚姻更像是一场交易。[①]

当前多数农村所面临的核心问题是脆弱的家庭经济难以支撑高额的婚姻成本，即便是在中部地区农村，农民依靠人均一亩的土地及外出打工，要想积攒三四十万元也得全家努力至少十年，更别提在贫困地区，如西海固地区彩礼价格已经飙升到了十多万元，海原县均价达到了近二十万元。当地生态脆弱，农业完全靠天吃饭，无法使用机械，不仅耗费大量劳动力，收成还得不到保证；区域经济发展滞后，缺乏工业支撑，在吸纳劳动力方面作用非常有限；本地农民外出打工还受到农业生产的限制，不能走得太远，农忙时还要随时回家帮忙。在这种家庭经济结构之下，多数农民家庭

① 江西省赣州市宁都县调查，20160707-0724。

很难有积蓄，每年能够有一两万元存款都算很不错。然而，高额的婚姻成本让当地农民尝到了重男轻女的苦果，为一个儿子结婚都能使家庭陷入一贫如洗的地步。

二、农村地区性别比失衡的社会影响

由于城乡之间、乡村之间发展不平衡，农村人口性别结构失衡在不同区域所造成的影响存在一定差异。根据人口迁移的推拉效应，性别比失衡造成的影响主要聚焦于生男偏好较为严重地区、经济发展较为滞后地区，以及农村劳动力净流出地区，尤其是一些三方面特征基本符合的地区，其面临的后果更加不容忽视。尽管国家投入了大量资源进行产业帮扶、移民搬迁、教育扶智、医疗救助等，但是农民还是更关心自己的人生任务能否实现，儿子能否娶上媳妇。政府哪怕提供再完善的扶贫政策，也难以抹平农民在结构性危机下的伤痛。总体来看，农村地区性别比失衡所造成的影响主要表现为以下四个方面：

其一，诱发天价彩礼、早婚等乱象，从而加剧农民负担，冲击社会公序良俗。"辛辛苦苦几十年，一婚回到解放前。""好不容易攒点钱，娶个媳妇全抖完，一次花了几十万，酸甜苦辣真难言，外债不知何时还。"这是农村比较流行的打油诗，由于性别比严重失衡，一些农村地区形成了婚姻的经济决定论，彩礼价格成为衡量婚姻成败的主导因素。笔者在调研中发现，不仅中部农村地区的彩礼价格普遍达到了 15 万～20 万元，甚至在西北一些深度贫困区的彩礼价格都达到了 20 万元以上，远远超过了农民的家庭经济能力。近年来彩礼还在不断上涨，在高额的婚姻成本下，多数普通农民家庭都是倾尽一生积蓄、背负沉重债务才能够帮儿子娶上媳妇，造成了较为严重的负担。农村地区由于适龄婚配女性较少，男性婚姻挤压进一步使得早婚现象愈发突出，农民认为"现在姑娘太少，等大一点就轮不到了"，尤其是在一些相对偏远的农村地区，女性结婚年龄不断提前。一个显著的例子是，2020 年广东省汕头市 17 岁男孩迎娶 13 岁女孩的短视频上了热搜。笔者在西南边境地区调研发现，一些村落中女性最小的结婚年龄竟然是 12 岁。

其二，高额婚嫁成本压缩了老人的养老空间，使得老年贫困现象更加突出。在高额的婚姻成本下，大多数普通农民家庭倾尽一生积蓄才能帮儿子娶上媳妇，对于那些多子家庭及经济能力较弱的家庭而言，完成人生任务的难度可想而知。在调查中发现，多数家庭在帮助儿子结婚后都要背负沉重的债务，在女性占据婚后家庭生活支配权的背景下，子代家庭和父代家庭在结婚后就已经完成了家庭经济关系的切割，多数小家庭都不承担家庭债务，这些债最终都是由父代单独承担。他们在帮助子代完婚之后，经济能力就已经大幅下滑，还要背负高额的债务，只能不断通过劳动还债，压缩了自身的养老空间。这种"哺育"和"反馈"的代际关系失衡[①]，资源在家庭内部向子代集中，造成父代生活贫困的过程被概括为贫困的代际逆传递[②]。而父代之所以甘愿通过自我剥削的方式来完成贫困的代际逆传递，核心动力在于超越个体的价值信仰——家庭的"续后"[③]。老人贫困的根源在于子代通过代际剥削的形式将父代的养老责任推向社会。在国家扶贫的背景下，这些老人的确生活非常困难，但是其困难的根源在于子代完成了与父代家庭经济关系的切割却不愿意承担相应的养老责任，或者只承担低度的养老责任——死葬，老年人的晚年生活照料和情感需求很难得到满足。

其三，农民家庭由于无法完婚而失去发展动力容易返贫，并在社会压力中成为边缘人。在脱贫攻坚过程中，扶贫难度最大的就是失去发展动力的农民，其中相当一部分就是因为长期处于单身状态而自暴自弃。虽然在国家和社会的大力帮助之下，这些人摆脱了贫困，但是返贫风险仍然很大。尤其是在发展滞后、交通不便的农村地区，由于性别结构失衡、女性不断向外迁移所造成的婚姻挤压问题更为显著，以至于一些村庄出现大量的光棍而被称为"光棍村"。由于无法组成正常的家庭，支撑农民奋斗的生活价值也在逐渐坍塌，光棍们在日复一日的焦灼中失去发展动力，从过日子变成了混日子。在长久的压力和独居的孤寂之中，一些原本身心正常的光棍更容易产生精神疾病，从而变得痴傻或出现一些疯癫行为，还有的会作出一些违法行为，成为社会中的不稳定因素。

其四，容易滋生人口拐卖、骗婚等违法犯罪行为，影响社会和谐稳定。美国学者瓦莱丽·赫德森研究发现，历史上多数暴力犯罪是由缺乏稳定社会关系的年轻未婚男性实施的，19世纪中叶江淮地区的捻军起义就是因为出现了严重的性别比失衡，捻军高峰期由10万以上的光棍组成，对当时政治、社会、经济秩序形成巨大挑战。改革开放之后的打工潮逐渐打破了传统相对封闭的通婚圈，由于过去治理违法犯罪的手段比较滞后，使得一些人贩子有可乘之机，才出现了"徐州丰县八孩母亲"事件背后的妇女拐卖

---

① 郭于华. 代际关系中的公平逻辑及其变迁——对河北农村养老事件的分析. 中国学术, 2001（4）: 221-254.

② 刘成良. 贫困的代际逆传递——基于华北、中部农村贫困问题的研究. 社会保障研究（北京）, 2016（2）: 180-190.

③ 陈锋. 农村代际剥削的路径与机制. 华南农业大学学报（社会科学版）, 2014（2）: 49-58.

问题。近年来随着国家对人口拐卖问题的专项治理以及天眼等技术的升级，虽然国内人口拐卖的问题较以往大大缓解，但是其他违法犯罪行为却层出不穷，主要表现为骗婚、"购买跨国新娘"等。骗婚现象主要发生在农村高彩礼地区，一些人通过假结婚迅速卷走了农民家庭辛苦积攒的财富；还有的是拐卖东南亚地区妇女到国内，更有甚者，以介绍外国新娘为幌子，骗取高额彩礼。2018 年 9 月至 2019 年 2 月，陕西眉县两个村庄就有十四五名越南新娘嫁过来，但是没多久就有 10 名女性离开了，每户农民家庭损失在 20 万元左右，不仅人财两空，还面临着无法办理离婚手续、无法再婚的问题。

三、解决农村性别比失衡问题的思考

因婚致贫是当前中国农村贫困治理面临的重要难题。在人口性别结构失衡的背景下，贫困地区农村成了婚姻市场上的洼地，农民原本脆弱的家庭经济结构难以支撑高额的婚嫁成本，使得农民不得不通过借债、透支养老生活等手段帮助子代完成婚姻，而那些无力应对婚姻困境的弱者，不得不成为婚姻市场上的剩余人——光棍。这对于早已将传宗接代内化于心的农民来讲，无疑是巨大的精神摧残和价值崩塌。与此同时，由高额的婚嫁成本带来的家庭矛盾纠纷、拐卖妇女、骗婚等行为值得警惕。最难以应对的困局是在总体人口结构失衡的背景下，光棍危机在贫困地区集中爆发，这个问题又近乎无解。

高额的婚嫁成本已经将婚姻彻底异化，背离了婚姻本来的宗旨，如果任由其发展下去，由此形成的陋习就会像黑洞一样，吞噬着农民的财富，吞噬着国家的扶贫资源，吞噬着人心。国家加大对贫困地区的资源投入固然重要，但是在基层社会塑造良好、积极、奋进的社会风气比输入资源更为重要，否则再多的国家资源投入都无法堵住陋习所带来的资源消耗黑洞。要实现对农村社会的有效治理，移风易俗势在必行。婚嫁彩礼虽然属于社会风俗，国家无法通过强制性指令进行干涉，但是并不意味着可以完全放任不管。当社会失灵且没有形成有效的秩序时，需要国家积极介入，适当干预，重塑良好的社会风气。

在赣南调查，当地村干部和村民多次呼吁政府能够介入管理婚嫁习俗，一位村支部书记说："男婚女嫁，国家早就该管一管，双方父母坐在一起讨价还价，像买卖一样……没有钱，只能过一天算一天。本来《婚姻法》就规定婚姻不能买卖，政府如果出面管理，老表都会很拥护的。"在社会没有形成有效自治秩序时农民对于政府干预有着强烈的诉求。2016 年底，中

宣部、中央文明办专门召开会议，要求把反对铺张浪费、反对婚丧大操大办作为农村精神文明建设的重要内容。2017年初，河南台前县专门出台了彩礼指导标准，规定彩礼不得超过6万元①。异化的婚嫁彩礼给脱贫攻坚带来了巨大的挑战，政府择机介入不仅是必要的，而且是刻不容缓的，可以从以下三个方面着手：

一是建立预警制度，做好风险评估。笔者研究发现，受区域发展差异及人口流动等因素影响，性别比失衡造成的影响在不同区域的表现差异很大。一些地方虽然性别比失衡较为显著，但是因为区位或经济发展条件还可以，男性打光棍的概率可能较小；而有的地区由于发展滞后，劳动力长期处于流出状态，容易出现"光棍村""光棍成窝"等现象，由此带来的其他社会治理问题较为突出，需要引起高度重视。因此，要在人口普查和**抽样**调查基础上，结合前沿人口预测技术和模型，建立人口性别比预测预**警**制度，进一步掌握人口性别比失衡较为严重地区的人口变动情况及趋势影响，同时地方政府也要做好对潜在社会风险的评估。围绕这一问题，地方社会治理的相关职能部门、基层政府、村两委要形成常态化的联动机制，一方面，要高度关注性别比失衡所容易诱发的早婚、人口拐卖、强奸等违法犯罪行为，及时干预；另一方面，要通过乡村振兴等战略，解决这些落后地区的发展问题。

二是加强制度引领，推进法规建设。在婚姻法规建设方面，我国的涉外婚姻立法非常滞后，目前主要依据的是1994年国务院办公厅发布的104号文《关于加强涉外婚姻介绍管理的通知》，当时出台这一文件的背景是一些从事涉外婚姻介绍的机构及某些不法分子为了牟取暴利，串通境外人员，借介绍婚姻之名，将我国一些妇女骗出境外，由此酿成了不少悲剧，严重损害了我国的民族尊严和民族感情，因此，国家严禁成立涉外婚姻介绍机构。如今时过境迁，近年来嫁入中国的外国女性不断增加，并且嫁入农村的外国女性多数都是通过涉外婚姻机构介绍，由于缺乏相关管理规章，这些在灰色地带运行的婚介机构无法在阳光下获得有效监管，从而滋生违法犯罪行为。因此，需要根据当前客观形势，由民政部牵头，联合公安部、外交部等相关部委，探索完善涉外婚姻的法律法规，从而更好地保护公民权益。

三是深化婚俗改革，推进移风易俗。乡风文明是乡村振兴战略的重要

---

① 河南台前县出台彩礼"指导标准"：总数不得高于6万. 中国青年网, 2017-01-04. http://news.youth.cn/sh/201701/t20170104_9007938_1.htm.

保障，伴随性别结构失衡所滋生的陈规陋俗亟须国家加强引导，推进移风易俗，塑造文明乡风。一方面，持续深化婚俗改革是解决当前天价彩礼、因婚致贫等问题的关键，各级党委和政府要善于深入群众，倾听群众的真实想法和需求，找准改革切入点；通过开群众会、谈心会等形式加强和群众沟通联系，及时解答群众思想困惑，引导树立健康的婚俗观，逐步转变育龄群众的婚育观念；要善于发动群众，动员群众，号召不做天价彩礼的奴隶，将婚俗改革与群众最迫切的需求结合起来，从而服务群众。另一方面，充分发挥党员干部在革除婚俗陋习、深化移风易俗方面的模范带头作用；善于发现基层改革中的先进典型，通过教育引导、现身说法等灵活多样的形式倡导婚俗新风尚；充分尊重各地风俗习惯差异的基础上，探索符合地方实际与特色的婚俗改革，切忌一刀切。

第六章　绝对贫困治理：精准扶贫的政策实践

作为绝对贫困治理的主要政策，精准扶贫已经完成了其历史使命。基于对中国贫困问题性质的认识，本章主要讨论了精准扶贫的政策实践历程。首先，从国家贫困治理理念调整的角度，审视了精准扶贫政策的产生及其任务；其次，沿着精准扶贫的政策执行脉络，讨论了其中最关键的精准识别政策，包括政策的具体设计，以及在执行中的问题与成因；再次，讨论了精准扶贫政策中的帮扶政策是如何解决中国的贫困问题，以及其在执行中的问题与原因；最后，讨论了精准扶贫政策中的评估政策是如何影响扶贫绩效的，同时也反思了这一政策在执行中的问题和原因。

从总体上看，本章主要是以问题导向为主，一方面梳理精准扶贫政策的目标及其实践，另一方面则进一步反思政策执行中存在的问题并探讨相关原因。以精准扶贫为代表的公共政策不仅展现出了国家在贫困治理方面的决心和魄力，在国家治理现代化背景下的政策调适机制非常灵活。政策出台后，在执行的过程中难免会出现各种各样的问题，而如何解决这些问题并处理好政策统一性与灵活性至关重要。精准扶贫政策作为一项以"摸着石头过河"的方式来探索解决绝对贫困治理之道的重要公共政策，出台之后的每一个执行过程都是在问题的反馈中不断修正完善。当然，在执行过程中也遭遇了很多无解的问题，这些问题并没有随着精准扶贫任务的完成而彻底消解。也正是因此，本章在讨论的过程中侧重于对政策设计及其执行困难和原因的讨论，并没有提出所谓的政策建议。尤其是对于一项已经完结的政策而言，此时此刻再来讨论建议颇有马后炮的意味，但是这并不代表本书要回避探索解决这些问题的路径。因此，在下一章相对贫困治理的讨论中，将会针对过去的政策执行过程中的问题，提供有借鉴意义的思考。

第一节　农村贫困性质变化与国家扶贫理念调整

公共政策的有效运行离不开对社会基础的深刻认知。对于中国的贫困治理而言，扶贫政策设计需要恰当地把握农村贫困性质，并在此基础上提出有针对性的扶贫措施。因此，研究农村贫困性质变化不仅能够更加深刻地理解国家扶贫理念转型的初衷，而且也有助于完善扶贫政策。

一、农村贫困性质变化

由于中国区域面积广阔，不同地区的经济发展、社会民生、风土人情均有着较大差异，因此，扶贫政策设计更需要兼顾不同区域的差异。为了认识并解释转型时期的农村贫困性质，本研究以区域发展不平衡为主轴，以村庄社会为参照，以农民家庭为核心，构建了认识农村贫困性质的三层分析模型，分别从影响个体行动的家庭生计结构、文化教育模式、人生价值观念等角度，探讨了深度贫困区和一般农业区两种典型类型区域的贫困发生机制。

从基础的底线保障来看，中国土地的宪法秩序保障了耕者有其田、居者有其屋，在生产关系的改变、农业技术的进步等影响之下，尤其是在农村家庭联产承包责任制以后，农村劳动力得到了较为充分的释放，依托土地资源农民可以解决基本的温饱问题，21 世纪初的农业税费制度改革及新型农村合作医疗保险、养老保险制度的逐步完善，为农民的生存和发展构筑了稳固的保障线。

从外部的机会结构来看，改革开放四十余年来，伴随着工业化、城镇化战略的深入推进，中国的经济得到了迅猛的发展，完备的工业基础使得中国已经成为世界上第二大经济体以及唯一的全要素全产业链国家，这些不仅给国家发展带来了重要的战略定力，也提供了较为齐全充足的就业岗位，使得农村转移劳动力能够得到多种类型的就业机会，从而实现家庭经济的积累。

从内在的社会秩序来看，在实现一系列经济发展成就的同时，中国的社会也发生了深刻的变革。社会变迁与社会稳定双重目标之所以能够实现，在学者周光辉看来，坚持党的领导，持续推进行政体制改革、服务型政府建设和建立社会保障体系起到了非常关键的作用。①当然，这些也为国家能够集中精力解决经济发展与底线保障问题提供了重要的空间。

从二元的城乡结构来看，虽然这一结构在改革开放之前因为抑制了农村人口的自由流动以及产生了城乡有别的福利体系而广受诟病，但是在改革开放以后随着外在条件的变化，这一结构产生的对农民保护作用日渐凸显。尤其是在打工经济影响下，极大地保障了农民在进城就业务工之后的农村土地承包经营权与宅基地使用权，使得农民家庭能够没有后顾之忧地进城务工并实现家庭城镇化目标。同时也避免了中国经济在遭遇外部危机时的硬着陆风险，避免了大多数发展中国家在现代化进程中出现的"贫民窟"和社会动荡等问题。

基于上述条件，绝大多数农民可以通过勤劳奋斗解决温饱问题并改变贫穷落后的命运。事实上，这些也是中国农村减贫的关键经验。除此之外，从20世纪80年代就开始并不断完善的专项扶贫行动也为解决绝对贫困问题奠定了重要基础。在这些因素的综合作用下，中国农村的贫困性质从20世纪末就已经从温饱缺乏保障的生存型矛盾转向了解决温饱问题之后的发展型矛盾。由于区域之间发展不平衡不充分，使得当前中国农村的贫困问题呈现出不同类型的矛盾焦点，本研究将其划分为一般农业地区和深度贫困区。

一般农业地区农民的家庭生计普遍嵌入进了现代市场经济之中，并适应了现代化的文化模式，家庭具有较强的发展目标和积累意识，通过家庭劳动力在城乡之间、工农之间的合理分工获取家庭经济的主要收入，笔者将其概括为发展型小农经济。而深度贫困区则由于交通闭塞等因素造成社会发展相对缓慢，不仅农民很难适应现代化社会的诸多具有较强压力式的发展规则，而且家庭生计模式呈现出以农业为本且积累效率较低的样态，笔者将其概括为自循环型小农经济。虽然从贫困的发生机制来看，经济收入不足而难以满足家庭温饱开支是衡量绝对贫困的重要标准，但是无论是对于一般农业地区，还是深度贫困区，这种类型贫困发生的概率在当前都非常低，而因病、因灾及其他因素造成的劳动力无法正常参与社会劳动是农村致贫的重要因素。除此之外，本研究还从文化视角、价值视角揭示了在经济要素之外造成农民贫困的关键原因，无论是一般农业地区还是深度贫困区，农民家庭受区域性的文化要素影响，可能会造成家庭在应对疾病

①　周光辉，彭斌.国家自主性：破解中国现代化道路"双重难题"的关键因素——以权力、制度与机制为分析框架.社会科学研究，2019（5）：13.

或者灾害等因素之外的开支剧烈增加，这些最终都导致了农民家庭韧性的不足，抵御现代社会的风险能力较差。

随着农村贫困性质的变化，国家扶贫理念也需要作出相应的调整，不仅仅要关注威胁到农民生存底线的温饱问题，更要关注在解决温饱问题之后导致农民家庭发展出现阻滞的其他关键问题。扶贫政策的设计要从单向度的提高农民收入以实现超过贫困线的目标转向构建更加完善的综合型保障体系，从而使得病有所医、弱有所扶、贫有所居、残有所助、幼有所学、老有所养。精准扶贫理念的提出也是为了回应过去扶贫政策中的诸多不足以及贫困性质变化的新形势。

二、开发式扶贫与民政社会救助

贫困治理是伴随人类发展的永恒主题，如何能够有效解决贫困问题既关乎公平正义，同时也是对国家治理能力的重大考验。在过去我国的贫困治理体系中，一直存在两个并行的系统：一个是民政系统，主要通过低保、五保等社会救助政策来实现对贫困人口的帮扶；另一个是扶贫系统，主要通过扶贫办作为统筹部门，协调政府各个部门的贫困治理政策，且长期以来，扶贫部门都非常关注深度贫困治理，更倾向于贫困区的开发和经济发展政策。简而言之，民政部门侧重于对贫困人口的救助，扶贫部门侧重于对贫困地区的发展。虽然两者的最终目的都是治理贫困，但是手段、对象还是存在一些差异。

过去民政和扶贫系统相对独立运行，虽然也有交叉，但是各自的侧重点有所不同。民政的社会救助系统面向全国，无论城市还是乡村，只要生活困难，处于最低生活保障线以下的人群都有资格申请政府救助，救助的形式主要有低保、五保及大病救助等。从覆盖区域来讲，民政救助更为广阔，可以为真正生活困难的人民提供必要的帮助。后来随着救助制度的完善，医疗、教育等优惠政策也被打包进低保制度，从而使民政救助发挥更为全面的功能。

扶贫系统最初是针对集中连片特困区设置的，其目的在于通过经济、政治、教育等多方面政策来推动贫困区的整体发展，因此我国的扶贫最开始的理念是开发式扶贫。由于强调贫困区域的治理，扶贫政策就需要划定一定的区域范围，区域范围的划定除了公认最贫困的"三西地区"之外，逐步推广到主要以县域为单位进行扶贫开发，而确定贫困县的标准就在于贫困人口的多少。

开发式扶贫在贫困治理方面存在很多漏洞，尤其体现在对贫困户的帮扶和救助上。过去地方政府在与国家主导的开发式扶贫政策互动中，地方发展主义的自利性动机使其寻找到了很多政策漏洞，从而利用这些漏洞为本地发展服务（表6-1）。一是过去开发式扶贫的模式以整村推进为主，侧重于对贫困村基础设施方面的资源投入，分配给贫困户的资源极少；二是虽然确定贫困村的标准之一是贫困户数量的多少，但是对贫困户的识别和认定程序相对简单，标准也比较宽松，由于到户的资源量很少，农户对于政策的透明度、知晓度也不怎么关注；三是自上而下的政府监督、管理环节相对宽松，问责机制不健全，全国统一联网的贫困户管理系统没有建立，中央对于地方的扶贫行为缺乏有效的管理手段。贫困县的进入和退出机制不健全，很多不符合条件的县申报为贫困县之后也没有受到惩戒，在地方发展竞争中，进一步刺激了欠发达地区县域在争取贫困县方面的积极性。

表6-1　在精准扶贫政策之前，低保和扶贫政策的对比

各项	低保	开发式扶贫
定位	生活救助，保根本	能力提升，促发展
识别	最低生活保障线，底线	人均收入线，底线
措施	资金、医疗、教育	基础设施，到户资源很少

注：表格为笔者自制。

随着民政系统内低保制度的不断完善，有效地弥补了开发式扶贫在贫困户救助方面的不足。过去农村中真正的贫困者是按照扶贫标准认定的，这些贫困户主要依靠低保救助等政策工具，然而却并没有发挥太大作用。这主要是因为能够直接对接到贫困户的资源很少，多数地区的贫困户都是过年由政府送米面油或过节费，更多的地区甚至连谁是贫困户都不清楚，建档立卡贫困户的认定标准比较模糊，贫困户名单也很少公布，因为利益量很小，农民对此也不重视。因此，民政部门和扶贫部门在贫困户的识别标准上存在冲突，但是实际政策运行中并没有太大矛盾。地方政府将政策简化，即民政部门主要依靠低保、五保等政策工具救助低保贫困户；而扶贫部门主要是协调资源，支持基础设施建设，对建档立卡贫困户的支持很少。由于低保对贫困户救助功能的发挥，开发式扶贫中对贫困户识别不精准的问题被长期掩盖了。

三、精准扶贫：国家扶贫理念转型

随着经济社会的发展，过去扶贫开发模式被认为存在较多漏洞：一方面是扶贫资金的管理不完善，容易出现被挪用、贪污等渗漏问题；另一方

面经济发展的益贫性下降，真正的贫困人口和偏远地区容易被忽视。与此同时，低保等社会救助政策虽然在困难群体帮扶方面具有一定优势，但是又缺乏对贫困者可持续生计模式的制度设计。为了进一步解决贫困问题，实现在 2020 年全面建成小康社会的目标，党的十八大之后国家的贫困治理理念也逐步发生了转变。其中比较具有标志性的是 2013 年习近平总书记在湖南湘西土家族苗族自治州十八洞村调研的时候，首次提出了"精准扶贫"概念，并作出了"实事求是、因地制宜、分类指导、精准扶贫"的重要指示。

精准扶贫作为新时期中国解决贫困问题的主要指导理念，在 2013 年之后习近平总书记又在一系列的会议和调研中进一步完善和丰富了精准扶贫思想，并且在全国范围内展开了一场力度空前的脱贫攻坚战，形成了"五级书记抓扶贫、全党动员促攻坚"的贫困治理格局。精准扶贫的提出在于弥补以往的政策漏洞，通过加强党和国家对贫困治理的统筹力度，进一步解决以往部门缺乏合力、政策之间存在张力的问题，从而实现国家贫困治理的基本目标。国家贫困治理理念的转型深刻影响着新时期的扶贫政策，尤其是对于政策设计的科学性、严谨性提出了更高要求。

从贫困治理的任务目标来看，精准扶贫政策的提出是为了在 2020 年后实现全面建成小康社会的目标，但是这一宏伟目标必须转化为清晰且具有可操作性的公共政策才能在行政体统内被贯彻落实，否则地区间差异较大，尤其是城乡之间、东西部之间巨大的发展差异，对贫困的认识很难一致，东部地区的一些乡村人均收入指标甚至远远超过了西部的城市地区。而精准扶贫作为一项由国家主导的公共政策，就必须兼顾政策统一性与地区差异性的特征。在此背景下，绝对贫困治理成了精准扶贫政策的主要目标。而在具体的目标任务分解方面，围绕着生活、住房、教育、医疗等基本保障，国家将"不愁吃、不愁穿，教育、医疗、住房有保障"，即"两不愁三保障、人均年收入超过国定贫困线"作为细化的政策目标。当然，在具体的执行方面，还有更加细化的标准。

从贫困治理的政策设计来看，精准扶贫是国家治理现代化在扶贫领域中的一次深刻实践。为了克服以往扶贫过程中政策粗放执行等问题，国家在贫困治理方面的政策设计也不断科学化、规划化、精细化，基本上实现了对贫困人口从认定、帮扶、脱贫再到最终评估等环节的全过程控制。为此，不仅自上而下重构了反贫困政策体系，而且也将更多的行政监督、绩效评估、技术治理等手段纳入了政策执行过程，从而实现精准治理的目标。贫困瞄准的过程本质上也是国家认证的过程，即国家依据一定的规则标准，筛选出需要帮助的公民并给予有针对性的帮扶。认证能力是现代国家在再分配过程中为公民提供应对工业化大规模生产与市场失灵所导致的社会问题的基础能力，因此，有效的认证体系也是建立现代福利国家的重要前提。①

从贫困治理的组织体系来看，以往贫困治理政策的执行主要依靠部门力量推动，而精准扶贫政策与之最大的不同在于，尽管部门仍然是推动这项工作的主要牵头者，但是由于党和国家领导人的高度重视，实现了对行政体系、社会体系及市场体系的高度动员。在党的十九大报告中，习近平总书记就提出："要坚持打好防范化解重大风险、精准脱贫、污染防治的攻坚战，使全面建成小康社会得到人民认可、经得起历史检验。"精准脱贫被升格为国家的三大攻坚战之一，集中了大量的组织资源予以应对。这种重视力度、资源投入程度在中国过去的贫困治理经验中鲜有出现，就算在世界反贫困历史上也是绝无仅有的壮阔景观。也正是因此，不仅原有的扶贫部门和人员参与了这项工作，而且行政体系内其他部门不同层级的人员也通过挂包帮扶、驻村工作等形式参与其中；东西部省份之间结成了对口帮扶关系；国有企业、私营企业、慈善组织乃至公民个人，都通过多种渠道参与到贫困治理的攻坚战之中。

第二节　精准扶贫中的识别政策

一、精准识别与建档立卡

党的十八大之后，中央把贫困人口脱贫作为全面建成小康社会的底线任务和标志性指标，习近平总书记多次强调："扶贫开发贵在精准，重在精准，成败之举在于精准。"②对贫困户的精准识别是精准扶贫政策有效运行的关键基础。为此，在政策设计中，国家进一步明确了精准识别的程序要求，即通过申请评议、公示公告、抽检核查、信息录入等步骤，将贫困户和贫困村有效识别出来，并建档立卡。③其中，建档立卡主要是指在贫困户

---

① 欧树军. 国家基础能力的基础. 北京：中国社会科学出版社，2013：157，163.

② 黄玥. 精准，在习近平的扶贫观里有多重要？新华社，2015-12-8.http://www.xinhuanet.com//politics/2015/12/08/c_128510390.htm.

③ 精准识别的含义来源于《中共中央办公厅 国务院办公厅印发〈关于创新机制扎实推进农村扶贫开发工作的意见〉的通知》。

识别出来后建立专门档案，这是后续扶贫工作得以展开的重要前提。

基于政策精准性的要求，贫困识别程序也进行了周密严谨的设计。首先，从贫困识别的标准来看，我国的脱贫标准是执行的综合性标准，可以概括为"一收入两不愁三保障"，即农民人均纯收入超过国定贫困线，[①]不愁吃、不愁穿，义务教育、基本医疗、住房安全有保障。按照要求，低于脱贫的综合性标准均可以被认定为贫困户。根据《中共中央办公厅 国务院办公厅印发〈关于创新机制扎实推进农村扶贫开发工作的意见〉的通知》，国务院扶贫办制定了《扶贫开发建档立卡工作方案》（以下简称《方案》）。在 2014 年贫困户识别的过程中，国务院扶贫办是以 2013 年农民人均纯收入 2736 元（相当于 2010 年 2300 元不变价）的国家农村扶贫标准为识别标准，同时明确各地区可以在确保完成国家农村扶贫标准识别任务的基础上，结合地方实际，根据本省标准开展贫困户识别工作。

其次，贫困识别采用总体规模控制和层级分解的方式来操作。总体规模控制主要是指要从总量上控制贫困户的规模和数量，其中《方案》中明确原则上是以国家统计局发布的 2013 年底全国农村贫困人口规模 8249 万人为基数进行参照。如果是省级统计的贫困户数量多于国家统计局发布的数据，则可以在国家统计局发布的数据基础上向上浮动 10%左右；如果是省级统计的贫困户数量与国家统计局发布的数量差距较大，则可以适度调高上浮比例；而具体的识别规模经过省级扶贫开发领导小组确认后，由省扶贫办上报国务院扶贫办核定。各省市贫困人口总规模确定后，则依据国扶办制定的《贫困人口规模分解参考办法》，采用自上而下、逐级分解的方式，将贫困人口数量分解到各个层级。总体原则为"县为单位、规模控制、分级负责、精准识别、动态管理"，具体分解办法为：到市到县的贫困人口规模分解依据国家统计局提供的乡村人口数和贫困发生率计算形成；到乡到村的贫困人口规模数主要是依据实际抽取易获取的相关贫困影响因子计算本地拟定贫困发生率，并结合农村居民年末户籍人口数算出。具体操作如图 6-1 所示。

---

① 一收入是指以 2010 年的不变价农民人均年收入 2300 元，综合考虑物价水平和其他因素，逐年更新按现价计算的标准。按每年 6%的增长率调整测算，2020 年全国脱贫标准约为人均纯收入 4000 元。

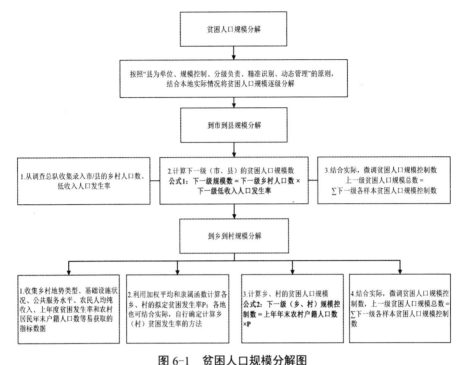

图 6-1 贫困人口规模分解图

注：图形为笔者参考国务院扶贫办发布的文件《贫困人口规模分解参考办法》制作。

最后，贫困户的识别由基层政府负责具体执行，大体分为两步：首先由乡村两级经过一定的民主评议程序后确定初选对象，然后经过两次公示，无异议后再上报至县扶贫办复审，复审结束后再在行政村公告。为了保障政策执行能够有章可循，每个政策执行环节都还设置了较为严格的材料记录与归档制度，需要每个参与主体留下证据。比如贫困户识别过程中的村民代表大会民主评议环节，就需要参与的代表签字、按手印等。这些程序设置的初衷都是为了督促扶贫干部和村两委干部能够将自上而下的政策落到实处。针对贫困村和非贫困村，识别程序在具体的执行过程中存在一些差异：多数省份要求扶贫工作队要对贫困村内的所有农户进行走访和家计调查，在此基础上识别贫困户；对于非贫困村，主要是进行宣传动员，愿意申请贫困户的农民提交申请后可以进入贫困户识别程序。从总体上来看，贫困户识别要经过以下三个流程（图6-2）：

1. 初选对象。在农户本人申请基础上，召开民主评议会，拟定初选名单，在行政村内进行第一次公示。

2. 乡镇审核。乡镇对初选名单进行审核，逐户核查，确定扶贫对象名单，经驻村第一书记、包村干部、村主任、村支书、乡镇长、乡镇书记"六签字"，在行政村进行第二次公示。

3. 县级复审。县扶贫办复审后在各行政村公告。

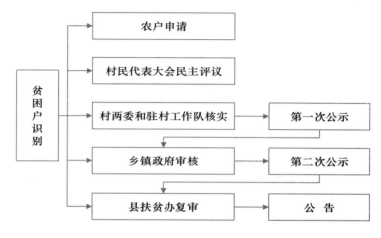

图 6-2　贫困户的识别程序

注：图形来源于国务院扶贫办发布的《贫困户建档立卡工作示意图及参考文本》。

贫困户的识别程序尽可能保障了各个主体的民主参与和监督过程，并且为了防止出现人情干扰、基层消极应付等问题，国家还通过下派第一书记、驻村工作队等形式来弥补基层人员不足、政策水平有限等问题，从而为精准识别程序的顺利进行提供组织保障。经历过上述程序，才算完成了贫困户的识别过程，然后通过建档立卡，才能进入后续的帮扶程序。

二、精准识别政策的执行困境

按照国务院扶贫办制定的《建立精准扶贫工作机制实施方案》，贫困户、贫困村的建档立卡工作需要在 2014 年 10 月底之前完成，并且是当年扶贫工作的"一号工程"。为此，当年各地向贫困村派出了 12.5 万个工作队，派驻干部 43 万人。经过系统工作，识别出了 12.8 万个贫困村，8800 多万的贫困人口，并将其录入了扶贫业务管理系统进行规范管理和动态调整。[①]然而，尽管各级政府在贫困人口的识别方面制定了非常严格的标准，

---

① 新华社：攻坚特困地区推进精准扶贫——2014 年扶贫开发工作综述. 中国政府网，2015-1-29. http://www.gov.cn/xinwen/2015-01/29/content_2811900.htm.

并投入了大量的人力和行政成本参与精准识别过程，但是结果仍然不够理想。

在精准识别工作完成后，国家审计署 2015 年发布的第 30 号公告曝光了广西壮族自治区马山县精准扶贫工作的问题。①国家审计署调查发现，马山县精准扶贫工作主要存在三大问题：一是财政扶贫资金专户结转结余过多，影响扶贫政策推进效果；二是扶贫对象识别不精准，高达 3119 人不符合建档立卡标准；三是为了完成脱贫攻坚任务，存在虚假脱贫等问题。据调查，马山县有 343 名贫困户是财政供养人员，有 2454 人购买了 2645 辆汽车，43 人在县城购买商品房或自建住房，439 人为个体工商户或经营公司；有 608 户、2272 人低于国家扶贫标准却在 2014 年"被脱贫"……而马山县当时建档立卡总共有 6681 户贫困户、25528 人，高达 12%的贫困人数不符合条件，8.9%真正贫困的人却"被脱贫"，这些问题引起了巨大的舆论反响，新华社、中央电视台、人民网及《环球时报》《南方周末》等各大媒体均从不同视角对其进行了深度报道。

从事件的最终处理结果上来看，马山县纪委、监察局共立案审查 43 人，均给予相关责任人党纪、政纪处分，其中有 6 名为县处级领导干部，南宁市政府和马山县委、县政府也要作出书面检查。马山县扶贫造假案所产生的影响却远不仅于此，这一事件的余波可以说在一定程度上深刻影响着中国脱贫攻坚的进程。自此之后，在相当长的一个时期内，各个地方围绕着"谁是贫困户""如何精准识别"等问题进入了复杂的甄别过程，精准识别政策也进行了不断地修正和完善。

马山县出现的贫困人口识别不精准的问题并非个案，国务院扶贫办针对前期精准识别过程中存在的问题，也进行了专门的建档立卡"回头看"工作。从 2015 年 8 月到 2016 年 6 月，全国动员近 200 万人展开建档立卡"回头看"，对已经精准识别出的贫困户进行排查，剔除了识别不准的人口达到了 929 万，重新补录了 807 万贫困人口（刘永富，2017）。此后，2017 年、2018 年和 2019 年，国务院扶贫办均发布了关于扶贫对象动态调整及"回头看"的相关文件，多次聚焦贫困瞄准问题。②中央不断强调精准就是为了解决扶贫资金渗漏、浪费的问题，是为了能够让真正的贫困户得到帮扶，从而使整个扶贫工作见到成效。然而在实际工作中，精准扶贫受

---

① 2015 年第 30 号公告：2015 年 8 月稳增长促改革调结构惠民生防风险政策措施贯彻落实跟踪审计结果. 中国政府网，2015-10-8. https://www.audit.gov.cn/n5/n25/c75955/content.html.

② 国务院扶贫开发领导小组办公室. 对十三届全国人大二次会议第 4514 号建议的答复. 国务院扶贫办网站，2019-12-13. http://www.cpad.gov.cn/art/2019/12/13/art_2202_108407.html.

到多种因素的干扰，政策预期和实施效果之间存在着巨大张力。

这种张力集中表现为反复识别出来的贫困户仍然难以令各方满意，基层社会矛盾也随之增多。例如，扶贫干部反复填表、核算收入、理顺逻辑关系、做群众工作、再填表……尽管如此，扶贫工作仍然难以得到群众和上级部门的认可，反而形式主义愈演愈烈，消耗了扶贫干部的大量精力和时间。贫困户的精准识别问题不仅密集出现在一般农业区，即便是在深度贫困区，贫困户识别政策也遭遇诸多困境。例如在河南东县调研发现，全县总共有 120 万人口，2014 年建档立卡贫困人口就有 11.96 万人[①]，如果严格按照国家贫困户认定的标准——"两不愁三保障"去倒推的话，意味着高达 10%的人口长期生活在非常困难的境地中。然而，事实却并非如此。

调研中，东县主抓扶贫工作的某领导讲："2014 年全国开始贫困户建档立卡，东县开始搞扶贫，但不是很认真，也不精准。当时申请国家贫困县的标准是所辖贫困村的贫困发生率必须为 25%以上，为了能成为贫困县、贫困村，出现凑户、关系户、人情户等各种乱象。由于当时地方对中央的扶贫政策理解不到位，省里也没有出台具体的扶贫要求，不知道贫困户有哪些福利政策，而且贫困户在村里也显得很没面子，村民都不愿当贫困户。因为不敢随便报其他人，所谓的'贫困户'基本上是村支部书记自己的亲友，甚至有些村民都不知道自己成了贫困户。"[②]南河街道党委书记讲："纯粹是发指标，贫困人口怎么来，完全没有普查，指标县分到乡，乡分到村，村再分到户，申请贫困户完全是为了项目资金、普惠资金，所以贫困户是村干部坐在村里编出来的，有的是按照计生档卡抄一遍。"[③]

在此背景下，东县的 130 个行政村被列为贫困村。由于上级文件对贫困村的贫困发生率作出了硬性要求，迫使地方不得不按照贫困村贫困发生率超过 25%的要求上报。而贫困村在上报贫困户过程中由于时间紧、任务重，很难去认真识别，而且也确实无法识别出那么大规模的贫困人口。所以这个识别过程，在很多县乡村干部的讲述中，都是"坐在办公室识别出来的"。贫困村的认定同样存在着很大的随意性。事实上，各个村庄发展差异并不大，多数都是农业型村庄。2014 年地方政府都将贫困村理解为需要加强基础设施建设的村庄，过去搞扶贫开发都是这样操作的。对于村庄来讲，得到贫困村的帽子意味着基础设施方面能够加强。因此，各个村庄对于争取贫困村的积极性都比较高。而乡镇考虑的主要是项目能否落地、

---

① 数据来源于东县人民政府公报（2021 年）。
② 乔峰-20170813-A，河南省东县人大常委会副主任、县脱贫攻坚领导小组办公室主任。
③ 佟升-20170809-P，河南省东县南河街道办事处党工委书记。

基层组织战斗力如何等，当然也存在一些关系运作的成分。

在云南省的一些深度贫困区调研发现，同样存在着不少贫困人口识别不精准的问题。有的干部认为庞大的贫困户数量是地方政府"控制"的结果。在云南红水市的边县调研，县长讲："我们贫困县，至少从10年前，农民人均纯收入增幅不能超过8%，我们要求不能超过8%，超过了就没有帽子戴了。这个帽子还是比较暖和的，屁股决定脑袋，所以我们都喜欢这个帽子。"蒙市芷兰镇分管扶贫工作的副镇长对于贫困户的识别问题也表达出了和东县干部类似的想法，他认为[①]：

刚开始工作肯定是不扎实，虽然经过几轮回头看之后，相对要很精准了，但是总的来说，贫困户的认定从2013年认定就不扎实。当时我也管扶贫，当时上面给推荐村委会（为贫困村）。之前的扶贫政策是自然村推荐，每个自然村15万元就是修路，后来2013年搞这个建档立卡贫困户，要求这个村委会的贫困发生率不低于30%还是40%，我记不得了。芷兰镇当时有一万三千多名额，这个名额是怎么来的，是市扶贫办分给我们的。为什么全市五万多人（名额）分给我们一万多人，（因为）我们芷兰镇人口基数大，（市）扶贫办主任原来是芷兰镇人，他为了照顾我们芷兰镇脱贫这些工作，整村整村地脱，是吧，就多分给我们名额，达到30%还是40%，所以才有一万多贫困人口。

好了，分给我们，当时是怎么干的，时间又短，我不可能每家每户去跑，也没要求精准。我把名额分给村委会，村委会把名额分给小组，就这样分，分完后大家报，然后就乱报一些上来，所以说整个2013年建档立卡是混乱的。到了2014年、2015年，突然间要说精准到户。哎呀，麻烦大了！但是上面又不敢把2013年的工作推翻，如果2014年、2015年的时候要精准到户，2013年的数据拿出来后全部推翻，全部下去三评四定的话，要比现在精准很多。

为什么我们的贫困户大家等着这个东西盖房子？其实这些人报的时候，村里面考虑的是实在盖不了房的他不（被）纳进来，太富的他不会（被）纳进来，大家水平差不多，可能你家要盖房子啦，评个贫困户，所以说大家理解的脱贫就是盖房子。我们也不知道贫困人口怎么有这么多，就是从上面分下来的，也没经过什么调查，就是这样分下来，就有这么多贫困人口。所以说现在要说精准，但是又有指标卡着，挺麻烦的，你说我要增哪家进去，平衡那个指标，在系统里那个人数不能突破，增不了。

---

① 王飞-20170508-P，云南省蒙市芷兰镇分管扶贫工作副镇长。

三、精准识别困境的原因分析

2014 年，按照国务院扶贫办工作部署，各省、自治区、直辖市开展了贫困户的建档立卡工作，以此作为扶贫工作的重要基础。然而，在实践中出现了较多的贫困户识别不精准的问题，造成精准扶贫中贫困户识别困境的原因有多个：

一是地方政府基于行政惯性而缺乏对中央政府扶贫理念转型的深刻认识。虽然党的十八大后扶贫作为重点工作不断地被强调，但是地方政府间的重视程度、对中央政策的理解程度均存在着较大的差异。过去贫困治理的监督程序并不严格，且精准到户扶贫的理念并没有成为主导思想，地方政府基于自利性的动机，通过虚报贫困数据等行为来争取更多的中央财政和政策支持，人为地推高了贫困发生率。我国以县域为单位进行扶贫开发的模式从 1986 年就已经开始实行，是基于农民收入概况、贫困户规模及贫困治理的重点区域等指标划定贫困县，从而展开有针对性的帮扶措施。由于国家对贫困县的转移支付力度很大，成为贫困县就意味着可以在体制内分配到巨大的政治经济利益——每年能获得国家财政扶贫资金、以工代赈、贴息贷款三项资助，以及省级财政补贴；在教育、科技、招商引资等方面享受政策优惠；在上级部门处"争资跑项"更加便利；政绩容易引起重视，便于官员晋升流动等。①

贫困县动态调整机制不健全②，进一步加剧了地方政府对贫困县政策的俘获。一旦成为贫困县后就能够长时期地享受各种政策优惠，即便早已经达到了脱贫标准，仍然难以退出。也正是因此，地方政府基于自利性，尤其是中西部工业相对落后的县域，更是想方设法要成为贫困县。从地方发展的视角来讲，这种做法本无可厚非。但是一些地方为了申请贫困县，刻意造假数据，还滋生出了很多其他违纪、腐败行为。

2014 年按照国务院扶贫办工作部署，各省、自治区、直辖市开展了贫困户的建档立卡工作，以此作为未来几年扶贫工作的重要基础。中央扶贫理念的转变，一开始地方政府并未充分理解到位。由于很多政策部署相对滞后，给地方政府的自利性动机留下了较大的发挥空间。"数字出官，官出数字"是官僚系统内的顽疾。基于过去中央和地方在扶贫工作中形成的惯性，地方政府虚报贫困数字的行为在精准扶贫工作开始时仍然存在。而

---

① 郑风田，普蒹喆. 以县扶贫模式负面效应探究. 人民论坛，2011（36）：32-33.
② 吴国宝. 准入和退出：如何决定贫困县去留. 人民论坛，2011（36）：30-31.

地方政府之所以这样做，除了自利性的动机之外，更关键的在于并不担心上报的贫困户无法脱贫，因为上报的很多农户生活水平实际上远远超过了贫困户标准。这就意味着即便要扶贫，也不必和农户发生过多的关联，重要的是把材料工作做到位，能够与中央政府互动好就可以。过去的扶贫行动，多是采用这种模式。

因此，从官僚制的实际运转逻辑来看，实际上扶贫行动的相当多环节都处于空转之中，即地方政府基于自利性考量，虚报贫困户→中央政府根据地方上报的贫困户规模，给予相应的扶贫政策和资源→地方政府再把那些不是贫困户的"贫困户"脱贫，材料上报中央→完成扶贫行动。地方政府之所以能够这样操作，关键在于过去央地关系中存在很多监管漏洞，地方政府的一些违规行为被发现的概率较小。违规成本较低，而违规的收获却很大，地方政府自然愿意寻找监管漏洞或者法规的灰色地带。央地关系的这种博弈，古今中外一直都存在，是政治学和行政学中的经典命题。实际上，随着中央政府监管手段的升级，地方政府的应对策略也在升级，但是空间被不断地压缩。

二是自上而下的贫困人口规模分解机制与精准识别的内在要求存在张力。虽然精准扶贫政策设计了严格的贫困户建档立卡流程，但是在具体的运行过程中却存在着政策要求之间的张力：一方面政策要求实事求是地按照标准来识别贫困户，另一方面究竟该识别多少贫困户又受到自上而下贫困人口规模分解的指标限制。贫困人口规模分解是中国扶贫管理体制的传统做法，在过去开发扶贫时期发挥着比较大的作用，其运作逻辑是统计部门通过抽样调查等形式对农村贫困状态进行评估和监测。国家依据此数据、财政实力及国际标准等多方面要素划定贫困线，确定贫困人口规模并将其作为反贫困的主要目标，然后再层层分解。在精准扶贫战略开始后，从中央到地方将贫困人口分解作为重要的任务。然而，贫困人口规模分解模式最大的问题就是分解到地方的贫困指标与地方实际情况并不完全契合，而扶贫信息系统的封闭式管理又限定了地方政府根据实际情况来修订数据，结果造成了贫困识别过程的机械化运作。

正如前文所分析，精准识别政策中贫困人口的规模分解主要依据的是国家统计局发布的 2013 年底全国农村贫困人口规模及其统计的各地贫困发生率，然而这些数据受到地方政府自利性及统计误差等因素影响，存在着一定的失真问题。而在此基础上作出的贫困人口规模分解，难免与基层的实际情况存在误差，甚至有的地方误差非常大。调研中，地方政府最不理解的就是既然要实事求是地识别贫困户，但是为何还要采取分指标的方式，尤其是指标分多了，必然会造成贫困户识别不精准的问题，但是又不能去缩减指标。

在笔者所调研的多个地区均存在类似的问题。以西北地区的宁夏回族自治区平县为例，在 2014 年建档立卡时，上级政府分配下来的贫困指标是重点贫困人口 6470 人，一般贫困人口 3880 人，政策要求传统移民吊庄村建档立卡人口规模按 12%控制，生态移民村建档立卡人口规模按 50%控制，插花移民（村）建档立卡人口规模按 50%控制。这些指标逐级分配到各个乡镇，最终由各个村庄的驻村工作队和村两委干部负责将这些指标落实到具体个人。然而，最大的问题在于这些自上而下分配的指标严重脱离了实际。例如湖村是当地的生态移民村，人口有 7025 人，分配到了 3519 个贫困人口指标。如果按照"两不愁三保障"的标准来识别的话，符合条件的甚至连 1000 人都不到，但是为了把指标分配下去，基层只能通过将收入倒排的方式将指标落实下去。"马山县事件"被大众得知的表象原因是富人冒领扶贫款，政策执行不严格。其实，更深层问题在于贫困人口指标过多。如果一定要按照指标分配，只能以收入标准从低往高倒排，以至于过多的指标覆盖到不符合标准的农户。这个逻辑和大学里的助学金类似，明明已经没有那么多符合助学金标准的学生，但是依然存在那么多的指标，结果肯定是"高个子里挑矮子"，不符合条件的学生领取了助学金。

三是规范化的贫困识别标准难以有效匹配复杂不规范的乡村社会。公共政策的执行需要相对客观的标准，否则自由裁量空间很大，容易造成基层政府不知所措或者乱作为的问题。而自由裁量空间过小也并不见得就毫无问题，尤其是在一线行政的过程中，往往存在这种具体情况超越了政策标准，需要基层政府进行裁量的现象。精准识别政策设定了较为清晰的标准，但是在基层实践过程中由于基层现实过于复杂，基层组织也面临着自由裁量的问题。作为扶贫工作的关键主体，农村基层组织和驻村工作队一方面要对接自上而下有着明确规则的国家行政系统，另一方面要对接形形色色而不规则的乡村社会。扶贫工作的成效既依赖于作为中间转化器的农村基层组织功能的发挥，也在一定程度上取决于乡土社会，而后者的特征是客观的，意味着依靠行政手段来改造乡村社会的成效取决于客观存在的发展规律。乡土社会的不规则主要表现在两个方面：

第一，从可计量性来看，无论是农民生活成本，还是收入来源，都存在着计量困难的问题。一方面农村的自给自足程度较高，另一方面农民的收入来源又有多样化、不稳定的特征，使这些数据难以被精确计算。多数农民也没有计算收支情况的习惯，作为贫困户识别依据的农民收支概况只能依靠其生产资料、劳动力概况进行大致估算。这些与追求工具理性为目标的国家贫困治理逻辑之间存在难以弥合的张力[1][2]。

第二，从农民的行动逻辑来看，政策的制定和执行讲究可操作性、公平性。一般为了避免人为因素给政策执行造成的不严肃问题，政策实施过程尽量采用规则化、标准化的流程。对于农民来讲，多数还是比较讲究实用性，因此当规则化、标准化的政策进村之后，农民基于实用主义的行动逻辑，会与政策发生各种各样的互动，这些互动行为其实已经超出了政策标准化的预期。例如，农民为了评贫困户而进行有计划的分户、合户行为，隐瞒收入和财产等行为都使得政策执行者头痛不已。除此之外，乡土社会中还有一些自我放弃型的好吃懒做、好酒嗜赌的农户，不管有多少财产都能挥霍一空。事实上，除了那些因灾因病的农户最需要帮助之外，就属这类人员最符合贫困户的标准。这些陋习难改的人本身就没有发展意愿，帮扶难度很大。对于这些群体的大力帮扶，往往让那些勤劳付出却没有成为贫困户的农民心中有不公平感，造成大多数农民的怨气较大。

除此之外，乡土社会还有非常多的不规则特征，这些都与讲究规则治理的国家行政之间存在诸多张力。正是这些张力，才造成了贫困治理政策的被动。很显然，希望在短期内改变这些问题，并且让农民按照国家治理的模式来行为是不现实的。往往越是贫困地区，这种不规则性就越高，治理难度就越大，而贫困治理的必要性其实也就越强。

四、精准识别的地方探索：广西壮族自治区贫困量表的启示

马山县的精准识别工作存在造假问题被曝光后，广西壮族自治区高度重视贫困户的建档立卡工作。时任自治区党委书记彭清华在 2015 年全区精准扶贫攻坚动员大会上专门指出："（马山县扶贫造假事件）不仅暴露了我们作风上不严不实的问题，也集中反映了我们扶贫工作不精不准、大而化之的缺陷。"在此之后，广西再次展开了自上而下的精准识别工作。

为了能够更加客观地识别出贫困户，地方政府设计了一项《精准识别入户评估表》，通过对农民的家庭生活进行综合性的评估而甄别出贫困户。为了避免过去在执行过程中村干部以及乡镇政府等人情因素的干扰，精准识别的评估工作主要是由下沉到基层的驻村工作队、第一书记等来负责走访调研和打分，而村干部的工作主要是协助工作组负责带路，在打分的过

---

① 李博，左停. 谁是贫困户？精准扶贫中精准识别的国家逻辑与乡土困境. 西北农林科技大学学报（社会科学版），2017（4）：1-7.

② 邢成举. 村庄视角的扶贫项目目标偏离与"内卷化"分析. 江汉学术，2015（5）：18-26.

程中，还需要进一步回避。这些政策设计可以尽可能将人为干扰因素降低，从而保证识别过程的客观性。

在《精准识别入户评估表》（以下简称《评估表》）的设计方面，根据贫困的发生要素及其内外表征，从住房、家电、农机等 14 个项目指标对农户进行综合性评估，每项指标又进一步细分为若干个小的项目，再根据这些指标对贫困的影响程度分别进行赋分，总分为 100 分（表 6-2）。由于这14 个项目指标是对农户家庭一般情况的调研，尽管设计已经非常细致，但还是不能有效反映出特殊变量对家庭经济情况的影响。因此，《评估表》还进一步设计了加分项目和减分项目。加分项目中考虑到了家庭装修情况、工资性收入等 17 类能够显著影响到家庭经济情况的指标，并进行了较高的赋分；在减分项目中考虑到了灾害、疾病、医疗、教育等能够显著降低家庭收入的指标，并进行了负分赋值。在贫困村，通过驻村工作队每家每户的全面调研，给全村农民家庭打分，从而以客观量表来识别出贫困户。而在非贫困村，主要是在农户申请的基础上，进行打分识别。

表 6-2 《精准识别入户评估表》指标设计

序号	指标	细分指标	每项细分指标赋分
1	住房	细分为房屋结构、装修情况、人均居住面积 3 类指标，每类指标再细分为 2～5 个小指标	0～18 分
2	家电	细分为是否有洗衣机、冰箱、电视机等 4 项指标	0～2 分
3	农机	细分为是否有或租用农用机械等 3 项指标	0～2 分
4	机动车	细分为是否有机动三轮车、摩托车或电动自行车等 2 项指标	0～2 分
5	饮水	细分为自来水、井水（自用水塔）、水柜（水窖）、取水困难等 4 项指标	0～4 分
6	用电	细分为已通电、未通电 2 项指标	0～3 分
7	自然村通路情况	细分为通沥青（水泥）路、砂石路、泥巴路、简易人行路 4 项指标	0～5 分
8	健康状况	细分为全家成员基本健康、有 1 人残障或患病（半年以上不能劳动）、有 2 人以上残障或患病（半年以上不能劳动）3 项指标	3～10 分
9	读书情况	细分为无在校生、有幼儿教育或九年义务教育在校生、有高中（中职）教育在校生、有大专以上在校生 4 项指标	0～8 分

序号	指标	细分指标	每项细分指标赋分
10	劳动力（16岁~60岁）	细分为占家庭成员50%（含）以上、占家庭成员20%（含）~50%、占家庭成员20%以下、无劳动力4项指标	0~8分
11	务工情况	细分为人数、务工人员的年平均务工时间2大类指标，每项指标又分为3~4个小指标	0~6分
12	人均土地面积	细分为水田 、旱地（坡地）、林地三大项，每项又根据面积细分为4个小项	0~3分
13	养殖业	根据饲养牛、马、猪等数量细分为3项指标	0~3分
14	种植业	根据种植农作物的面积细分为5项指标	0~6分
15	加分项	根据家庭装修、空调安装、工资性收入、经营性收入、在外务工、是否分户、子女受教育程度、机动车拥有数量、农业生产等多种情况，细分了17类指标	10~30分
16	减分项	根据遭受灾害影响的房屋状况、劳动力数量、重大疾病或残疾情况、孤儿或单亲家庭、正在接受高中或大专以上教育等多种情况细分了6项指标	10~20分

注：表格为笔者自制，相关指标来源于对广西壮族自治区《精准识别入户评估表》。

理论上，通过客观量表打分的方式能够精准地识别出贫困户。然而，即便地方政府尽可能将所认为的干扰因素减到最少，贫困户的识别过程仍然不可避免地遭遇了困境。影响贫困户识别最大的因素还是自上而下的贫困人口规模分解机制。在完成《精准识别入户评估表》后，各县根据分配到的指标来"录取"贫困户。之所以用"录取"一词，主要是因为这种模式与高考录取模式高度相似，就像高校根据招生指标按照学生分数从高到低录取一样，贫困户识别过程是地方政府根据分配到的贫困指标按照农户《评估表》分数，从低到高录取。由于精准扶贫是以县为基本单位，在贫困指标分解的过程中，各个县所分配到的指标差异较大。所以，不同县的贫困户"录取"分数差异也较大，有的县低于60分是贫困户，而有的县则是低于70分为贫困户。其中的问题在于，得分为60分的贫困户家庭生活水平基本上都能够高于贫困脱贫标准，更不用说那些得分为70分的家庭，他们的生活水平与国家贫困识别标准非常不符。与此同时，即便是得分为60分的家庭被识别为贫困户没有太大异议，那么得分为61分的家庭被排除出贫困户则不免有失公允。尽管《评估表》的设计尽量排除了主观因素的影响，但是作为《评估表》的打分者仍然是影响评估过程的重要主观变量。驻村工作队是以体制内干部为主体，虽然业务素养不容置疑，但是由于城乡生活经历、基层工作经验等差别，对贫困问题的认识和客观感知存在较大的差异。与此同时，由于村两委干部在打分过程中要进行回避，一些农户会刻意隐瞒家庭经济收入状况或者夸大家庭困难，这些都会影响最终得分。

调研中，广西壮族自治区扶贫办的一份领导讲话稿也印证了本研究的判断[①]：

系统人数与原定规模人数不符问题。自治区与中央签订的《脱贫攻坚责任书》，我区承诺建档立卡农村贫困人口 634 万人，自治区也是按 634 万人分解到各市、县的。而从本次建档立卡的数量看，全区录入系统的建档立卡人数只有 611 万人，相差 23 万人。今后全国的脱贫评估是由第三方负责，脱贫人口总数是按照 634 万评估的，系统中要真名实姓，搞不得假的。这个问题我们经请示自治区领导，明确各地系统数据与规模数有差额的，由各地自行补齐。这次补齐的人数平均到县，每个县也只有一到两千人，通过分数线调整不好把握，有些县调 1 分就多或少几千人。因此，我们研究后认为，通过"村报—乡核—县定"的简易程序，这 23 万人各地要优先选取扶贫移民搬迁户，争取凑足 100 万建档立卡搬迁户，才能快速补齐 2013 年、2014 年、2015 年度建档立卡贫困户数量。与此同时，各地要借这次机会，重点对被投诉或对贫困户识别有异议的农户家庭、一票否决错误的家庭、未纳入识别的残疾人家庭等进行核实，把符合贫困户标准的家庭纳入进来。

精准扶贫工作开始后，各个省、自治区、直辖市要和国家签订《脱贫攻坚责任书》，而责任书内的贫困人口就是中央和地方共同认可的建档立卡贫困户。事实上，这个数据存在很大泡沫。国家以统计监测贫困发生率为基础对贫困人口进行逐级分解，"由于县以下缺少精准的统计监测数据，贫困人口名额的分配也就难以做到准确"。因此，市县分解到镇、村的规模是指令性的。[②]从制度设计上讲，中央在严格执行精准扶贫政策之前，已经让地方实事求是地去识别贫困户、上报扶贫计划，并且通过和地方政府签订《脱贫攻坚责任书》的方式督促地方将脱贫工作履职到位。然而，由于地方政府在精准扶贫工作开始后并未充分理解中央政府扶贫理念的转型以及扶

---

① 材料来源于省扶贫办党组成员、外资中心主任在 2016 年 3 月 11 日面向全省的扶贫干部的培训讲话，根据讲话稿摘录。

② 檀学文，李静. 习近平精准扶贫思想的实践深化研究. 中国农村经济，2017（9）：2-16.

贫政策较以往的变化，一些地方继续通过虚报数据、数字脱贫等方式来违规套取项目资金，而伴随着精准扶贫工作的深入开展，这些数据又成了中央督促考核地方扶贫工作的主要依据，因此，这些泡沫化的数据指标又反过来给地方带来了较大的被动性。

作为一项已经完结的精准识别探索，虽然存在较多不足，但是对其启示意义的认识则更为重要。在相对贫困治理时期，探索更加常态化的贫困治理机制是地方政府需要努力的方向，而这种客观化的贫困量表则为常态化的贫困人口识别提供了重要借鉴。如何将贫困量表的指标设计得更加符合基层实践，并破除带有浓厚计划经济色彩的指标分解机制，将更多的客观数据纳入对贫困户家庭的综合性评估是未来贫困治理的重要方向。

第三节　精准扶贫中的帮扶政策

一、造血式扶贫与帮扶政策设计

造血式扶贫是扶贫工作中最理想的模式。实现贫困长效治理的关键在于赋予贫困者以自力更生的能力，从而通过个人劳动来实现家庭经济收入的积累，以应对满足家庭生活及发展的各项支出，并提高对不确定性风险的抵抗能力。然而，尽管政府和社会都能够充分认识到造血式扶贫的重要性，但是在过去反贫困政策设计中，造血式扶贫的相关支持政策往往是缺失的。一方面，过去的扶贫开发政策侧重于通过大规模的基础设施投入等方式来解决贫困地区的交通、饮水等基本保障问题，对于贫困户的支持政策较为有限；另一方面，低保、五保等民政社会救助政策侧重于对因病、因灾等影响家庭劳动力务工、开支剧增等问题的兜底保障，也缺乏对贫困户发展的支持政策。

针对贫困发生的多维性特征，国家不但注重对贫困地区的政策支持和资源投入力度，在扶贫政策设计方面也更为精细，从产业、教育、医疗、居住、生态、兜底保障等多个层面对贫困户和贫困地区进行支持。不仅注重外力的帮扶，而且也重视内生动力的激发过程。通过充分调动贫困地区干部、农民的积极性，增强了贫困地区的发展能力。根据国务院印发的《"十三五"脱贫攻坚规划》，既有的帮扶政策设计，主要是从以下几个方面展开：

一是产业发展脱贫。产业在农村经济发展中起到基础性的支撑作用，是实现贫困长效治理的关键。然而，传统的农业产业在市场经济中发展面临诸多瓶颈，尤其是粮食等大田作物的种植收益较低，越来越多的农民选择外出务工，通过参与二、三产业的劳动来实现家庭经济的积累，从而形成了以代际分工为基础的半工半耕家庭经济主要模式。贫困地区由于受到交通、市场区位、自然条件等多种因素的限制，农业产业发展存在较大的困难，因此农民的收入很难获得有效的积累。在此背景下，如果能够以市场为导向，立足于贫困地区的资源禀赋，开发适合区域发展的产业模式，就显得至关重要了。

从政策设计来看，国家充分认识到了产业在脱贫攻坚中的重要作用，通过多种政策工具来支持农村地区的产业发展。在产业扶贫方面，粮食主产区通过高标准农田建设等项目来提升粮食生产能力，而在非粮食主产区则进一步优化产业结构，发展高附加值的经济作物；在市场开拓方面，依托电商平台及企业带动作用，培育农村电商市场主体，同时在交通物流、冷链建设、网络平台等方面提供支持，探索电商平台服务农业产业的市场化渠道；在经营主体方面，积极培育农民专业合作社、家庭农场、种养大户、农业职业经理人等新型经营主体，并且通过政策鼓励并引导这些新型经营主体以土地流转或土地股份合作等模式与贫困村、贫困户建立结对帮扶机制；在产业融合方面，充分挖掘农村地区和农业产业的潜力，推动与农产品加工、旅游、养老等二、三产业的深度融合。政府在推动产业脱贫方面的政策工具如表6-3所示。

表6-3 产业发展脱贫的主要政策工具

产业扶贫工程	农林种养产业扶贫工程
	农村一二三产业融合发展试点示范工程
	贫困地区培训工程
旅游扶贫工程	旅游基础设施提升工程
	乡村旅游产品建设工程
	休闲农业和乡村旅游提升工程
	森林旅游扶贫工程
	乡村旅游后备箱工程
	乡村旅游扶贫培训宣传工程
电商扶贫工程	农村电商站、快递物流服务点
资产收益扶贫工程	光伏扶贫
	水库移民脱贫
	农村小水电脱贫

注：表格为笔者自制。

　　二是转移就业脱贫。伴随着农业机械化的深入发展，农业生产所需要的劳动力越来越少，而当前农业产业所吸纳的劳动力数量也较为有限。因此，农村劳动力的转移是增加家庭收入的重要渠道。对于一般农业型地区而言，农民收入的增加主要依靠家庭劳动力的非农就业，农业方面的收入占比很低。而一些深度贫困区，由于现代化的进程较慢，农民依旧保留着相对传统的耕作方式，不仅收入很低，而且占据了劳动力的大量时间。在此背景下，农村劳动力的转移就业就非常重要。

　　从政策设计来看，新时期的扶贫政策充分认识到了一些地区由于劳动力的非农就业不充分、劳动力技能难以适应现代工业和服务业的发展需求等问题，就通过一系列的政策来支持劳动力的充分就业（表6-4）。通过东西协作扶贫等方式，与发达地区劳动密集型企业进行对接；通过地区之间的劳务协作，实现贫困地区的劳动力到发达地区务工；除此之外，还有的通过产业转移的方式，即推动发达地区劳动密集型企业在欠发达地区投资办厂，实现劳动力的就近务工。为了提升劳动力的就业技能，地方政府通过组织多种形式的劳动技能培训班、夜校等方式提高劳动力的知识文化水平和职业素养；为了激活地区的内生性发展力量，地方政府也鼓励那些在外务工有所成就的农民返乡创业，通过项目资金支持等方式，充分发挥本地能人的带动作用，从而实现劳动力的充分就业。

表6-4　转移就业脱贫的主要政策工具

	劳务协作对接行动
	重点群体免费职业培训行动
就业扶贫行动	春潮行动
	促进建档立卡贫困劳动者就业
	返乡农民工创业培训行动
	技能脱贫千校行动

注：表格为笔者自制。

　　三是易地搬迁脱贫。一些地区之所以长期贫困，关键在于自然条件比较恶劣，发展条件严重不足。所谓"一方水土养不起一方人"，对于这些地区而言，就地实现农民的脱贫增收难度很大，因此政策上设置了专门的易地搬迁脱贫。例如，在宁夏的西海固地区，就曾被称为"贫瘠甲天下"，国家通过移民吊庄的形式，将不适宜生活的地区农民搬迁到条件更为优越的地方，从而实现了拔掉穷根的目标。尤其是对于自然条件比较恶劣的地区而言，易地搬迁脱贫所取得的效果是非常明显的，但是政策执行的难度以及所需要系统考虑的问题是非常多的。如何给安土重迁的农民做通思想工作，如何充分尊重农民的意愿，如何在搬迁后实现劳动力的可持续生计等问题都需要地方政府统筹考虑。按照"十三五"时期的目标，脱贫攻坚中需要易地扶贫搬迁的就有 981 万建档立卡贫困人口，涉及 1400 多个县（市、区），给农民建造好安置房并完善基础配套设施和公共服务，不仅需要地方政府的周密部署，更需要真金白银的资金投入。

四是教育脱贫。扶贫先扶智，教育是斩断穷根、防止贫困代际传递的重要手段。对于欠发达地区，尤其是深度贫困区而言，由于自然因素等影响，教育发展长期处于滞后状态。一方面教育资源相对薄弱，国家虽然以九年义务教育等方式解决了受教育的底线公平问题，但是教育质量不高，优质教育资源稀缺，从而导致欠发达地区的整体教育水平薄弱，在一定程度上甚至形成了恶性循环。另一方面，由于贫困地区的农民总体受教育水平不高，不仅自身人力资本不足，而且家庭对于教育也缺乏足够的重视，甚至受"读书无用论"等思潮影响，认为教育没有实际用处，无法改变命运，这种功利主义思潮使其子女也缺乏接受教育的兴趣。

从政策设计来看，为了解决贫困地区的教育问题，从幼儿园到高中等多个层面的教育环节均有相对应的政策支持：鼓励普惠性幼儿园的发展，重点支持中西部 1472 个区（县）农村适龄儿童入园；全面改善贫困地区义务教育薄弱学校的办学条件；增加高中阶段教育资源，并且推动未升入高中的农村学生进入中等职业学校接受教育；实施乡村教师支持计划，拓展乡村教师的补充渠道；支持特殊教育学校发展；逐步改善农村义务教育阶段学生的营养状况等。如表 6-5 所示。

表 6-5　教育扶贫的主要政策工具

教育扶贫工程	普惠性幼儿园建设
	全面改善贫困地区义务教育薄弱学校基本办学条件
	高中阶段教育普及攻坚计划
	乡村教师支持计划
	特殊教育发展
	农村义务教育学生营养改善计划

注：表格为笔者自制。

五是健康扶贫。因病致贫是影响贫困发生的重要因素。贫困地区由于经济发展薄弱、优质医疗资源短缺，农民的就医难、看病贵等问题较为显著。基础公共卫生服务资源的不足也使得农民对一些慢性病缺乏认识。久而久之，小病拖成大病，使得家庭经济面临巨额的医疗开支，从而造成贫困。健康扶贫是为农民的生命安全树立的一道重要保障，需要着力改善贫困地区医疗卫生条件，提升公共服务能力。

在政策设计方面，国家针对建档立卡贫困人口、低保对象等困难群体实行了倾斜性支持政策，降低其大病报销起付线，并提高大病保险报销比例；加强贫困人口大病慢性病救治措施；组织全国889家三级医院对口帮扶贫困地区县级医院，通过派驻医疗队、推广医疗技术、开展远程诊疗服务等多项措施提升贫困地区医院的救治能力；对贫困地区县乡村三级医疗服务体系进行达标建设；扩大重特大疾病医疗救助的对象范围，通过加大救助力度，阻断因病致贫返贫的影响因素。如表6-6所示。

表6-6　健康扶贫的主要政策工具

健康扶贫	城乡居民基本医疗保险和大病保险
	农村贫困人口大病慢性病救治
	全国三级医院与贫困县县级医院"一对一"帮扶行动
	贫困地区县乡村三级医疗卫生服务网络标准化建设工程
	重特大疾病医疗救助行动
	医疗救助与基本医疗保险、大病保险等"一站式"结算平台建设

注：表格为笔者自制。

六是生态保护扶贫。一些贫困地区的自然条件相对恶劣，生态环境相对脆弱，由于"一方水土无法养一方人"，对于地区的大力度开发不仅无法有效解决贫困问题，而且也会加剧对生态的破坏。因此，国家对于这些地区就采取了生态保护扶贫的主要策略。在政策设计方面，通过实施退耕还林还草、退牧还草、三江源生态保护、京津风沙源治理、天然林资源保护、三北防护林、水土保持、湿地保护等生态扶贫工程，从而遏制生态退化趋势，加强贫困地区的生态环境保护和治理修复（表6-7）。与此同时，伴随着这些项目的生态保护补偿以及增加的生态公益岗位可以为贫困地区农民增加收入。

表6-7　生态保护扶贫的主要政策工具

生态保护扶贫	退耕还林还草工程
	退牧还草工程
	青海三江源生态保护和建设二期工程
	京津风沙源治理工程
	天然林资源保护工程

生态保护扶贫	三北等防护林体系建设工程
	水土保持重点工程
	岩溶地区石漠化综合治理工程
	沙化土地封禁保护区建设工程
	湿地保护与恢复工程
	农牧交错带已垦草原综合治理工程

注：表格为笔者自制。

七是兜底保障。兜底保障是贫困治理中的最后一道防线。由于贫困的多维性特征，对于具有一定发展能力、有正常劳动力的家庭而言，提升人力资本、提供就业机会、发展地区产业等扶贫政策能够起到较好的治理绩效。而对于那些无法正常劳动的贫困者而言，就需要国家的兜底保障政策进行帮扶。精准扶贫政策开始之前，主要由民政系统负责的低保、五保政策来为这个群体服务。但是由于政策相对单一，且低保政策的发展时间相对较晚，执行过程中存在较多不规范问题。因此，在脱贫攻坚政策全面展开之后，扶贫开发与社会保障的有效衔接就成了更好服务于这部分贫困群体的政策探索。在政策设计方面，明确了省级政府要统筹制定农村低保标准的动态调整方案，从而确保所有农村地区的低保标准逐步达到国家扶贫标准，同时考虑到通货膨胀等物价影响因素，还要进一步完善农村低保标准与物价上涨挂钩联动机制。

二、产业帮扶政策的执行困境及其解释

作为系统性的政策设计，以造血式扶贫为核心的帮扶政策为脱贫攻坚任务的完成奠定了重要基础。然而，帮扶政策的执行也有很多值得反思的地方，本节主要以产业帮扶政策为例，讨论了在政策执行过程中遇到的问题，从而为以后政策的完善提供经验教训。从当前政府的扶贫措施上来看，为了激励贫困户发展产业，制定了一系列周密的政策，投入了巨额的资金保障政策的实施。这些产业政策始于造血式扶贫理念的深远影响。众所周知，在扶贫方面，输血式扶贫往往被诟病，而造血式扶贫被寄予厚望。这是由于造血式扶贫不仅能够改善贫困户的生活条件，还为其提供了一条可持续生计道路，自力更生本身也是劳动正义观的一种体现。然而，造血式扶贫的理念虽好，但是在具体实践中也面临着多重困境：

一是一些造血式扶贫设计变成了给贫困户直接发钱的输血式扶贫。产业帮扶政策的核心目的在于探索符合地方发展，有效对接市场，并实现农

民收入增加的产业模式。为此，精准扶贫政策设置了多项支持贫困户发展产业的政策：可以领取 5000 元的产业帮扶资金，申请三年不超过 5 万元的财政贴息贷款等。然而，由于农业产业的发展存在着投入大、风险高、收益不确定等因素，地方政府为了避免产业失败的风险，有的是直接将这5000 元发给贫困户，只要贫困户做一些种植养殖的事情就行。而事实上，即便是不发放这些产业帮扶资金，贫困户只要有劳动能力，家庭中基本上也都有种养殖业。地方政府将这些钱发下去之后，将贫困户原本就在做的事情进行统计、做材料留痕，实际上并没有起到产业帮扶的作用，变成了直接给贫困户发钱。由于发展农业产业存在的风险较高，有的地方则通过光伏发电的模式来给贫困户增加收益，即由地方政府通过财政资金、贷款等模式为乡村建立光伏发电站。在财政补贴情况下，光伏发电并入国家电网后卖电的收益作为村庄集体收入，然后再把这些钱发放给贫困户，从而增加贫困户的固定收益。除此之外，贫困户所对接的体制内帮扶责任人，有的会直接给贫困户现金或者实物用于其生活和发展产业。以上这些做法本质上都是将原来的造血式扶贫变成了输血式扶贫。虽然贫困户的收入得到了稳定性的增长，但是也产生了不公平问题，尤其是收入原本是就和贫困户相差不多的农民家庭，由于更加勤奋等原因收入稍多，没有被纳入扶贫对象,而对贫困户过多的发钱式的输血式扶贫方式更加刺激了非贫困户，从而产生怨气。

二是一些地方的扶贫资金使用效率及收益未达到预期目标。为了支持贫困地区产业发展，国家在脱贫攻坚中投入了大量的财政资源，尤其是产业扶贫资金占到扶贫资金总量的五到七成，这些财政资金的使用效率及收益关系到扶贫工作的成效。然而，在地方实践中却存在着扶贫资金长时期"趴账""滞留"等现象。例如，前文所讲述的广西壮族自治区马山县，在被国家审计署审计出来的问题就有财政扶贫资金专户结转结余过多的问题；甘肃省也出现过类似问题，2017 年 7 月，中央财政安排了 4000 多万元专项资金用于贫困革命老区扶贫开发，并标注了"特急"，但是甘肃省财政厅在收到通知后直到 2017 年 12 月份才完成专项资金的分配工作①，而造成这样的现象除了有地方政府官员作风不扎实、效率低下等原因之外，还有因为发展产业的风险较大，地方政府担心资金浪费等问题。例如，笔者在广西贺州某乡镇调研发现，基层政府会因为没有完成贫困户的贷款任

---

① 王彬. 对滞留"特急"扶贫款行为严惩不贷——甘肃省财政厅党组针对扶贫资金不落实问题积极整改. 中国纪检监察报，2018-12-16.

务而受到处罚。按照要求，贫困户可以享受不超过五万元的三年财政贴息贷款政策，但是在具体的执行过程中，一方面是农商行担心农户贷款后，经营产业失败没有钱来还款，从而造成坏账，影响银行业绩；另一方面是相对一部分农户对于贷款没有需求，他们也担心贷银行钱之后还不上，从而上了征信黑名单。贫困户的产业扶贫贷款又是扶贫工作中的一项重要指标，因此在层级政府的考核之中，基层会因为没有完成任务而受到处分。为了完成考核任务，在政府和银行动员下，很多没有贷款需求的贫困户贷了款，这是因为农民虽然在产业发展方面没有资金需求，但是在建房、娶媳妇等日常生活开支方面的资金需求还是有的。虽然这些贷款用途不符合产业发展的政策要求，政府和银行对其也只能"睁一只眼闭一只眼"。从实际工作中不同主体的行为逻辑来看，造成产业扶贫资金的使用效率不高问题的成因确实非常复杂。

事实上，这也反映出另外一个问题，即产业扶贫资金的使用绩效也面临较大问题。由于发展产业的失败风险较高，各方基于过去的经验教训都比较谨慎。例如在云南红河州调研发现，一些地方过去种植田七获得了较大收益，因此在精准扶贫政策开始之前，农民就大量贷款种植田七。但是由于田七的成长周期较长，且成本投入较高，农民大量种植之后造成了市场上的供过于求，田七价格暴跌，很多农民赔得血本无归，至于银行贷款就更是无法还上。这些作为遗留问题，对于云南一些地方的产业扶贫贷款也造成了影响。很多农民过去就已经贷款，由于没有按时还款上了银行征信黑名单，但是按照新的要求，银行还需要继续给其发放产业扶贫贷款，这使得地方陷入两难困境。从扶贫资金的使用来看，地方政府的一些探索也留下了很多遗憾，例如多数地区为了实现贫困户增收而发放"扶贫鸡""扶贫羊"等，从政策设计来看，确实是造血式扶贫的方式，但是在实际的运行中，则面临着鸡羊等被贫困户卖掉或吃掉等问题；还有的则是因为与过去雷同，进一步影响了市场供求关系，从而导致产业发展失败。

三是一些扶贫产业发展高度依赖政府项目扶持，可持续性较差。除了种养殖业是产业扶贫中的常规项目外，光伏发电扶贫在精准扶贫政策执行过程中也成了越来越多地方政府的选择。光伏发电扶贫的基本原理是政府通过扶贫项目资金或贷款购买光伏发电设备，依靠国家对新能源政策的支持，将光伏设备发的电卖给国家电网，从而获取收益。光伏发电收益主要来自国家对新能源政策的补贴，在收益分配方面，主要由村集体和贫困户共享，从而完成国家扶贫任务目标。然而，光伏扶贫的弊端非常明显——设备价格较高、发电收益较低。以笔者在河南东县某乡镇调研为例，地方政府通过产业扶贫贷款等项目，投资了 1520 万元，建设了 6 个村级光伏扶贫电站，其中，一个 400 千瓦电站、5 个 300 千瓦电站，合计 1900 千瓦，预计年发电量约 201 万千瓦时，可扶贫贫困户 380 户，每户每年收益 3000元。按照投资收益计算的话，不考虑折旧、维护、设备故障等因素，1900 千瓦的光伏设备，每年的收益为 114 万元，顺利运营 13 年才能够收回成本。这些光伏设备的理论寿命为 30 年左右，但是从笔者所调研的专业人士解答来看，能够有效运转 10 年就已经非常不错了，而且时间越久，设备的运行发电效率越低，考虑到折旧、维护等成本，能够在 18 年回本就已经是非常理想的状态了。[①]新华社记者在江苏盱眙县天泉湖镇调研发现，光伏发电也存在着较大的问题，当地西湖村 2016 年贷款 270 万发展光伏发电项目，设计装机规模是 317 千瓦，预计年发电量能达到 33 万千瓦时，预期年收益为 39 万元，其中村集体可以获得 14 万元净收益。然而，在光伏项目运行了两年之后发现，前两年年均发电量还有 20 万千瓦时，到了后面几年年均发电量已经不足 10 万千瓦时，年均收益还不足 10 万元。而当初贷款上马光伏发电项目，每年本息就有 25 万元。[②]而按照这个趋势，光伏发电的总收益还不够还 15 年贷款的利息，更无从归还本金了。光伏发电不仅没有实现贫困村致富的目标，反而让村庄更加贫困，背上了沉重的债务负担。而这样的案例并非个案，大多数发展光伏发电项目的村庄都面临着亏损的困境。与其他产业扶贫方式所面临的不确定性的市场风险不同，光伏发电项目的主要风险来自政策。光伏发电之所以能够在前期有一些收益，主要来自国家对新能源设备的补贴。然而，国家新能源政策也处于不断调整之中。2021 年国家发展和改革委员会就发布了《关于 2021 年新能源上网电价政策有关事项的通知》，明确中央财政不再补贴光伏新建项目。[③]以上表明，为了实现给贫困户每年发放的固定收益而投入巨额资金建设的光伏电站不仅回本遥遥无期，而且也面临着更现实的可持续性问题。

产业扶贫政策的运行困境还有很多其他层面的表现。由此可见，产业扶贫之路仍然任重而道远。产业发展不仅仅是政策支持、资金投入就可以有效解决的，需要妥善处理好政府、市场与社会的关系。从地方实践的经验来看，产业发展面临的困境的原因主要有以下几个方面。

其一，扶贫产业的同质性较强，短时期内大量产业项目上马使得市场

---

① 河南省东县调研，20170806—0815。

② 赵久龙，陆华东，秦华江. 光伏扶贫工程为何"晒太阳". 瞭望，2020（42）：2.

③ 关于 2021 年新能源上网电价政策有关事项的通知.国家发展和改革委员会. 2021-06-11.
https://www.ndrc.gov.cn/xwdt/tzgg/202106/t20210611_1283089.html?code=%20&state=123.

供求关系充满不确定性。从地方政府所选择的产业扶贫模式来看，主要分为以下三类：一是发展种养殖业，即规模化地种植经济作物，而经济作物的选择无非各种瓜果蔬菜、中草药等，例如脐橙、猕猴桃、辣椒、花椒、木耳、田七、板蓝根等，或者规模化的养殖牲畜，如猪、牛、羊、鸡、鸭、鹅等；二是积极拓展非农就业机会空间，引进劳动密集型企业在贫困地区投资建厂或者扶贫车间，释放剩余劳动力，从而进一步充分利用农村劳动力的时间，由于就业门槛不能太高，所以主要是一些较为低端的、可以计件分工的产业，比如衣服、编织等；三是借助光伏电站等短期收益相对稳定但是投资较大的产业项目，实现贫困户收益的稳定增加。第三类的政策风险前文已经分析讨论，对于前两类而言，最大的问题就是产业的同质性太强。在扶贫产业的选择方面，政府一般倾向于那些在当时能够赚钱的产业，主要是因为市场供给量和需求量之间有差额，因而能够保障供给者利润。然而，由于大多数地方都在进行产业扶贫，选择的产业尽管在地方政府看来具有一定的独特性和附加值，但是本质上雷同度仍然很高，这就在一定程度上给相对稳定的农产品市场注入了庞大的不可控因素，扰乱了供求关系的稳定性。当然也有一些产业对气候、地理环境要求很高，可复制性很弱，成功概率会更高一些。对于市场上需求比较大的产品来讲，过量供给虽然不至于出现严重过剩，但是却能摊薄行业利润，结果原来赚 10 元的现在赚 3 元。市场需求量较小的产品必然要经过严重过剩后的剧烈淘汰，尤其是中草药。最终的结果是，政府投入了大量的资源，农民投入了大量的时间和劳动，最后还是没有"致富"。

其二，部分贫困户参与扶贫产业的积极性不高，即便有帮扶政策和外力援助，但是内生动力明显不足。产业发展不仅需要政府能够协助农民有效对接市场，提供资金项目支持，还离不开农民自身能动性的发挥。归根结底，如果无法有效激发农民的内生动力，即便是选择了真正具有市场优势的产业，那么扶贫产业仍然存在较大风险。导致贫困户参与扶贫产业积极性不高的因素主要有两个方面：一是产业结构调整充满了很大的不确定性和风险性。从 20 世纪 80 年代开始，农村产业结构调整就成了地方政府促进地方发展的重要思路。有的地方过去政策执行过程会比较激进一些，比如强制农民种棉花、辣椒、西瓜等经济作物，结果由于政府干预过度，造成了供求关系失衡，农民经营失败。这种失败的经验经过了多年的积累，直到今天，产业扶贫的重心仍然是结构调整。农民对此缺乏信心，甚至认为越是政府号召种植什么，就越不能种植什么。事实上，从既往的经验来看，农民的这种想法不无道理。产业结构调来调去还不如外出打工赚钱多。

最后，产业结构调整完全成了政府和村两委的事情，村干部只能身先士卒。政府作为外部力量在努力地推动产业结构调整，农民作为内生力量，如果不积极配合，再怎么努力也是一个巴掌拍不响。二是对于一般农业型地区的贫困户而言，致贫因素大体可以分为两类：一类是病、灾、残疾等导致家庭劳动力无法正常参与社会劳动，收入来源少、开支大而造成的家庭贫困；另一类则是家庭劳动力能够正常劳动，但是缺乏发展动力、没有家庭责任感、不愿意奋斗等。对于前者而言，其发展的瓶颈是客观因素所导致，而后者则主要是主观意愿不足。尽管"扶贫先扶志"是贫困治理的共识，但是在明确了扶贫任务期限、明确了考核规则的情况下，地方政府为了保证完成扶贫任务，则只能通过"生拉硬拽"的方式将这些人拖过贫困线，产业扶贫的政策设计也很难在这些群体身上发挥有效作用。例如在产业扶贫实践过程中，经常会发现这些贫困户把政府发的扶贫鸡鸭羊等要么养死，要么卖掉或吃掉，使得政府的帮扶左右为难。

其三，部分企业、合作社等经营主体存在套取政府补贴、牟取高额利润的投机行为。作为市场经济中的重要的参与者，企业等经营主体在产业扶贫过程中发挥着重要作用，尤其是在分散的小农户与大市场对接的过程中，他们可以发挥流通中转等职能。从产业扶贫的模式设计上来看，为了解决农产品的市场销售问题，多数地区都是采用订单农业的模式，即公司+合作社+基地+农户等设计，实践却参差不齐。在扶贫政策的刺激下，相当一部分原本并不从事农业生产和流通的企业也参与到了这一过程中，其行为带有很强的投机性，有的就是为了套取国家补贴或扶贫贷款。由于国家对于合作社等农村新型经营主体有很多的支持政策，一些资本进入农村领域后，就以合作社的形式来进行经营，其本质完全是公司化的运作模式，与农民合作等毫无关联，在农业补贴、贷款支持、税收优惠等方面却享受合作社的优惠。这种投机行为在一定程度上也扰乱了农村产业扶贫的市场。调研中发现一些原本承诺通过订单农业对贫困地区进行产业带动的公司、合作社在获取一定的利润空间后，就开始"玩消失"；还有的轰轰烈烈地开局，浪费了基层大量的人力资源后，发现无利可图，就抽身离开。这些最终又给地方政府和农民留下了大量的社会治理问题。除此之外，有些企业是为了获取产业扶贫贷款而进入农村市场的。由于贫困户可以获得产业贷款扶持，但是他们的意愿不高，而民营企业在市场上获得贷款又比较困难，地方政府出于考核压力，也希望能够将这些贷款都发放下去。基于这些主体的动机，地方政府则倾向于选择一种所谓的共赢模式：政府出面选择一些比较有实力的民营企业，让贫困户和民营企业挂钩（有的要求企业要雇用一定数量的贫困户)，企业以贫困户的名义把钱贷出来用于发展，支付 8%到 10%的年利息给贫困户，到还款期限后由企业把钱以贫困户的名义还给银行。这样一来，既能让政府和银行完成了任务，企业也获得了贷款，贫困户还赚了利息。这看似一个多赢的结局，但风险始终存在。对于企业而言，可以保障在 2020 年任务完成之前给贫困户支付分红，但是至于后面的本金是否能够还上，则充满很大变数。甚至有的企业经营不利，不仅无法支付分红，本金更是遥遥无期。

现有的造血式扶贫归根结底还是没有把农民内在的主体性调动起来。其实，真正的造血式扶贫并不是政府为农民设计好了一套完善的家庭生计模式，农民只要在其中付出劳动就可以了，而是应当培育一种农民独立自主面对市场，有主体性地与市场打交道的能力。在这个过程中，农民必须学会面对市场风险，也只有这样，才能使之具备可持续发展的能力。

三、住房保障政策的执行困境及其解释

住房保障是贫困治理中的重点任务，涉及贫困户建房的政策工具主要是危房改造、易地搬迁。前者侧重于对既有房屋的改造提升，资金支持比较有限，一般最多两三万元/户；后者主要适用于生态恶劣区、地质灾害区、不适宜生活区等，资金支持力度很大，按照人均 2 万元左右配套资金。住房政策是落实居者有其屋的重要政策工具，国家也配套了大量的资金。然而，在实际运行中也是出现问题最多、引发农民讨论最激烈的政策。

一般农业区和深度贫困区在住房方面有明显差异。前者多数地区农村的房屋已经更新到第四代砖混结构楼房，而深度贫困户多数仍然停留在第一代土房。①存在大面积土房的村寨并不一定都是生态恶劣区或地质灾害区，反而有的各方面条件都还不错。如果仅衡量吃穿标准，这些村寨算不上贫困，但是如果以住房作参考标准，这些地区则是典型的深度贫困。在推进扶贫工作的过程中如何解决这些土房问题关系到地方的扶贫绩效。在农民没有很强的意愿和能力改造自身住房条件的情况下，政府只能承担住房改造的主体责任。

云南省在深度贫困治理方面面临着很大的压力。2016 年云南省政府推行了比较激进的住房保障政策：贫困户建房可获得 6 万元的政府补助；6万元的 20 年财政贴息贷款；贫困户再自筹一部分资金就可以获得一套由

---

① 并非深度贫困区内所有的农户都是如此，事实上即便是处于同一个乡镇，集镇周边的村庄住房一般都比较好，第三代、第四代房屋占据绝大多数。

政府帮忙建造的两层半楼房，面积一般在 100 平方米以上，有的达到了 200 多平方米，面积越大，农户自筹资金也越多。

这项政策成为当年最有含金量的扶贫政策，不仅得到了群众的热烈拥护，也使得群众对贫困户名额进行激烈的争夺。2016 年政策出台后，关于贫困户认定的上访量持续高涨。因为在一些贫困村寨，居住土房的农户很多，但是贫困户名额比较有限，农民之间的经济分化也不大。没有成为贫困户的农民可能勤奋一些，家庭情况稍好，但是这项政策意味着贫困户可以获得 10 多万元的财产，非贫困户怎么会没有意见呢？

海量的信访使得基层工作陷入了难题。地方政府既要平息非贫困户的怒气，还要想方设法把住房建设政策推行下去，因为扶贫工作中每一个环节都设置有严格的期限、都涉及最终的考核。结果确定为 2016 年脱贫的贫困户都获得了住房改善的飞跃上升，从土房直接过渡到现代化的砖混结构楼房。

事实上，有的省市在政策理解上存在偏差，擅自把易地搬迁的政策套用到农民原拆原建的住房建设政策上。同时在建房面积上没有限制，完全将扶贫政策变成了全民建房的普惠政策，很多农户都借着政策补助建造一两百平方米以上的楼房，人均住房面积远远超过了国家易地搬迁政策的人均住房面积 15 平方米的要求。既然农民都有能力建造超面积楼房，那怎么还是贫困户？更重要的是，基层社会滋生了强烈不满，勤劳苦干的农户因为不是贫困户还住在土房，懒惰、偷奸耍滑的农户混迹于贫困户之中住上了楼房，获得了国家政策各种支持。

这项政策受到了社会各界及中央的批评，导致 2017 年春天后，原来的政策被废止，新的住房建设政策严格按照标准实施：除了符合易地搬迁条件地区可以获得人均 2 万多元的补助政策外，其他地方的住房改善只能享受 2 万元/户的危房改造资金。地方扶贫工作很快陷入被动：政策大转折使得在不同年度脱贫的贫困户享受的政策差异很大，引起贫困户强烈不满，在少量资金支持下如何改造大规模的土房就成了问题。

以蒙市 2017 年住房政策为例，在 2 万元/户住房改造资金之外，地方政府又通过本级财政追加了 2 万元/户的补助。仅靠 4 万元/户的资金也很难给农民建造砖房，更不用说砖混结构的房屋。为了脱贫工作能够顺利进行，政府只能迎难而上，动员农民拿钱出来，拆老房、建新房。为了控制建房成本采用了很多变通形式：原来的标准都是建造砖混结构楼房，政策调整后为了让农民少出钱，提供了多种建房方案，既有砖混结构的平房（建筑成本是 1200 元/平方，价格根据运输条件上下波动），还有红砖结构的瓦房（建筑成本是 900 元/平方），并且尽量控制建房面积。笔者采用半挂职的形式参与了这轮建房的大多数工作，对于政府的无奈、群众的抱怨深有感触。住房政策的思路和执行比较混乱，在实践中也造成很多怪现象，令人深思。

一是中间凸起现象，即条件还可以的贫困户住上了砖混结构的楼房，而真正的贫困户和中等、中上条件的农户仍然住土房。如前文多次谈到的武县的古村，全村住房情况如表 6-8 所示。

表 6-8 古村住房概况

自然村	人口	住房概况
菁村	31 户, 130 人	砖混结构房子有六户，三户是贫困户，其余皆住土房
福村	62 户, 247 人	砖混结构房子有六户，五户是贫困户，其余皆住土房
胡村	96 户, 400 人	砖混结构房子有四户，三户是贫困户，其余皆住土房
桃村	143 户, 463 人	砖混结构房子有五户，四户是贫困户，其余皆住土房

注：表格为笔者自制。

多数村民、村干部对此都很有意见。"现在建起来房子的，都是有点能力，有点想法的（贫困户）"，而那些没有成为贫困户、勤劳苦干的人还是住土房。"那些真正很穷的人，条件很差的人，给他政策，都无法建起房子。"武县的扶贫力度相对较小，所以产生了这种中间凸起的怪现象。而在一些扶贫的重点区域，或者有重要领导挂点的地区，扶贫政策的实施显得有些不计成本，出现了很多贫困户不劳而得房的现象。扶贫虽然重要，但是也要尊重基本的劳动伦理。如果贫困户什么都不做，躺在家里等着政府来帮助就行，那么有谁还愿意劳动呢？政府的财力又能挥霍多久？在调研中接触到的这些地方政府没有一个不是高负债来做这些事情，一个乡镇负债三四千万都很正常。

在红水市的边县和阳县调研，随处可见政府建造的统一标准的像独栋别墅一样的两层楼房，这些楼房都归贫困户所有。笔者采访了其中一户住着两层半楼房的贫困户，户主李红昌家里有四口人：夫妻、两个小孩（一个读小学二年级，一个三四岁）。他们家原来住在寨脚的土房，2016 年享受到搬迁政策：政府补助 6 万，获得 6 万元 20 年的无息贷款，自筹一部分资金，建起了楼房。家里布置得很漂亮，铺好了地板砖，客厅摆放着一台60 英寸的液晶彩电……家庭经济来源是：养了七八头猪（政府扶贫项目补助了很多），2016 年卖了 6 头，赚了 1.5 万元（毛利润）；种了五六亩玉米，主要用来喂猪，还种了一些姜。妻子在家照顾小孩，李红昌从没到县城外的地方打过工，也不愿意出去，只是在附近，每年打零工的时间加起来就一个月左右。①

类似的情况还有很多，新闻媒体也时常报道，农民是如何感激政府，不用花钱就可以住到楼房。镜头前的农民充满了喜悦和感恩之情，但是又有谁关注镜头后那些没有评上贫困户农民的心情呢？

二是易地搬迁的扶贫房成了福利房。精准扶贫行动是在匆忙中开始的，以至于地方政府还没来得及准备，尽管在政策初期提出了"五个一批"的基本目标，但是并没有具体实施细则。精准扶贫政策都是在探索中不断完善，产生的问题就是政策经常性朝令夕改。其中也有地方政府对中央政策理解不到位、自利性的原因。在没有进行认真摸底和调研之前，中央就已经批准了地方政府上报的各项任务指标。这些指标又反过来作为中央严格考核地方的重要依据。调研中的很多地方都出现了指标严重脱离实际的情况。住房政策是这类情况最为集中的领域，牵扯到的资金量很大，引起的问题也较多。

在广西潇州的三个县市调研，三地都出现了凑不够搬迁户指标的难题。原本易地搬迁政策是国家给贫困户人均补助2万余元，在县城或者乡镇建造安置房，农民只交几万元就可以。花少量的钱就能在县城买一套房子对农民而言有着很大的吸引力，所以申请贫困户都非常积极。事实上，凡是能够出得起钱买房的农户，严格来讲都不符合贫困户标准。

川县扶贫指挥部的副主任说目前最头疼的问题是易地搬迁。"这个搬迁，很多人都愿搬迁啊！你政府补钱给我，有补助，2.4万一个人，我肯定愿意搬啊。我几万块钱就可以在县城买一套房子，我哪里不愿意搬，很多人还等不到这个。现在报名的太多，我们按照分数划线，都可以报名，但是57分以下可以搬迁。"由于有18000多人报名，最后采取划定分数线的办法来确定移民搬迁的农户。②

像云南省一样，广西对这项政策的理解也有偏差：易地搬迁主要指那些地质灾害区或者不适宜生活的地方，搬迁后要拆除旧房复垦。后来广西调整了宣传口径，凡是搬迁到新房的农户都要拆除村里老房，很多农民都不愿意。农民绝大多数在农村都有房子，建造的还是独栋楼房。地方政府此时又遇到了难题，原本上报的易地搬迁计划远远多于现实需求。

"我们申报易地搬迁是14663人，但是真正需要搬迁、没有稳固住房

---

① 李红昌-20170420-P，36岁，边县贫困户。
② 杨顺-20170321-A，广西川县扶贫攻坚指挥部副主任。

的也没有那么多，这个是上报了国扶办，签了责任状，必须要完成，其实我们的易地扶贫搬迁原来就是为了多点项目资金，刚开始申报是六七千人，每年增长 10%，为了要到项目资金，就报到了一万多，其实哪里有那么多。现在报上去了，上面要求你完成任务。"①

第四节　精准扶贫中的评估政策

精准扶贫政策作为系统性的反贫困政策，为了实现贫困治理的目标，在政策设计方面也更加完整，从而形成了闭环管理流程。精准扶贫工作成效考核是其中最后一道关口，是检验地方政府是否实现贫困人口脱贫、贫困县是否摘帽、是否解决区域性贫困的重要环节。

一、评估政策的设计

过去的扶贫开发都注重政策的制定和执行，对于政策执行效果的评估缺乏重视，并且往往都是通过上级部门对下级部门考核的方式来认定政策绩效。虽然能够起到一定作用，但是存在的不足之处难以有效打破层级政府之间的庇护体制。也正是因此，扶贫绩效在获得社会认可方面存在一定的难度，并且往往因为政策缺乏透明度，缺少社会的有效监督而受到质疑。在此背景下，精准扶贫政策也设计了严格的评估程序，脱贫摘帽必须要经过一系列的考核和评估。其中，国家层面出台了两个重要的参考文件，一是中共中央办公厅、国务院办公厅印发的《省级党委和政府扶贫开发工作成效考核办法》；二是中共中央办公厅、国务院办公厅印发的《关于建立贫困退出机制的意见的通知》。这两个文件是指导脱贫攻坚工作考核的重要文件，各省级政府在其指导精神下，又制定了更为细化的脱贫摘帽实施办法和考核要求。例如广西壮族自治区印发的《精准脱贫摘帽实施方案》、自治区人民政府办公厅印发的《关于进一步明确脱贫摘帽标准及认定程序有关问题的通知》等。

按照文件要求，脱贫攻坚的考核工作是从 2016 年至 2020 年，每年由国务院扶贫开发领导小组负责组织。在时间安排方面，一般是年底开始实施，到次年 2 月底之前完成。主要步骤见下表 6-9。

---

① 杨顺-20170321-A，广西川县扶贫攻坚指挥部副主任。

表 6-9　脱贫攻坚考核步骤

序号	步骤	具体解释
1	省级总结	各省（自治区、直辖市）党委和政府，对照国务院扶贫开发领导小组审定的年度减贫计划，就工作进展情况和取得成效形成总结报告，报送国务院扶贫开发领导小组
2	第三方评估	国务院扶贫开发领导小组委托有关科研机构和社会组织，采取专项调查、抽样调查和实地核查等方式，对相关考核指标进行评估
3	数据汇总	国务院扶贫办会同有关部门对建档立卡动态监测数据、国家农村贫困监测调查数据、第三方评估和财政专项扶贫资金绩效考评情况等进行汇总整理
4	综合评价	国务院扶贫办会同有关部门对汇总整理的数据和各省（自治区、直辖市）的总结报告进行综合分析，形成考核报告；考核报告应当反映基本情况、指标分析、存在问题等，作出综合评价，提出处理建议，经国务院扶贫开发领导小组审议后，报党中央、国务院审定
5	沟通反馈	国务院扶贫开发领导小组向各省（自治区、直辖市）专题反馈考核结果，并提出改进工作的意见建议

注：表格为笔者自制。

　　第三方评估是考核地方政府在精准识别、精准脱贫方面工作成效的主体。这种政策设计初衷在于避免政府在扶贫工作过程中"既当运动员，又当裁判员"。内部监督及绩效评估存在一定的可操作空间，并且过去扶贫工作成效的考核也缺乏外力的监督，导致政策执行的绩效没有达到预期。而采用第三方评估的做法，可以通过引入社会中高等院校、科研机构等力量，作为独立的第三方来客观评估地方的扶贫工作，从而倒逼地方政府将扶贫工作贯彻落实下去。省级党委和政府扶贫开发工作成效考核指标如表6-10所示。

表 6-10　省级党委和政府扶贫开发工作成效考核指标

考核内容		考核指标	数据来源
减贫成效	建档立卡贫困人口减少	计划完成情况	扶贫开发信息系统
	贫困县退出	计划完成情况	各省提供（退出计划、完成情况）
	贫困地区农村居民收入增长	贫困地区农村居民人均可支配收入增长率（%）	全国农村贫困监测

考核内容		考核指标	数据来源
精准识别	贫困人口识别	准确率（%）	第三方评估
	贫困人口退出		
精准帮扶	因村因户帮扶工作	群众满意度（%）	第三方评估
扶贫资金	使用管理成效	绩效考评结果	财政部、扶贫办

注：表格为笔者自制。

第三方评估机构一般以政府购买服务的形式，从具备一定资质的高等院校、科研机构中招投标产生。为了保障评估工作的独立性，评估机构在实地调查期间的交通、食宿等费用都是自理，各地也不能安排人员陪同。地方政府也明确发文，要求评估期间，各县级政府严格执行"中央八项规定"，不搞超标准接待，不安排与评估调查无关的活动。例如，根据安徽省人民政府办公厅发布的《安徽省脱贫攻坚第三方监测评估办法》，脱贫攻坚第三方监测评估领导小组负责组织协调监测评估工作，统筹解决监测评估工作中的重大问题。而领导小组的构成分别由省政府分管扶贫工作的副省长任组长，省扶贫办、省教育厅、团省委主要负责同志为副组长，省财政厅、省审计厅、省统计局、国家统计局安徽调查总队等相关部门负责人为成员。担任监测评估的人员主要由教师、学生干部、在校研究生和高年级本科生组成，其中教师比例原则上不低于10%，监测评估人员实行先培训后上岗。同时，对于监测评估人员的纪律性和保密性也有较高要求，例如不得提前向调查对象透漏调查信息，不得接受被检测评估地方的宴请等，对于监测评估过程中获得的文件、材料等要做好保密工作，不得公开、未经同意就接受采访等。

第三方评估机构依据国家及各省制定的脱贫摘帽标准和考核要求进行评估。评估工作主要围绕着精准识别和精准帮扶措施，具体指标为贫困人员识别的准确率、贫困人口退出准确率、因村因户帮扶工作的满意度。

具体做法如表 6-11 所示。

表 6-11　第三方评估的主要步骤

序号	步骤	具体做法
1	抽选评估对象	评估组赴各省前，由国务院扶贫办随机抽选 X 个贫困县，每个县抽查 X 个乡镇，每个乡镇各抽选一个贫困村，每个村按 X：1 的比例，随机抽选贫困户和脱贫户作为评估对象
2	听取工作汇报	评估组到达抽选县后，听取该县脱贫攻坚工作情况汇报，并进行评估工作对接
3	入户开展评估	评估主要采取问卷法（封闭式收集信息，各省陪同人员不在场）、访谈法、观察法三种 1.与贫困村干部访谈：主要了解贫困村的基本情况，包括人口、土地面积、路、产业发展情况；精准扶贫成效、致贫原因、贫困户确定方法、驻村工作队帮扶情况、国家惠农政策落实情况等 2.与贫困户访谈：了解贫困户家庭基本情况，包括人口、身体状况、读书、劳力、住房、致贫原因、生活条件、享受惠农政策情况；驻村工作队精准帮扶成效情况；贫困户的收入和开支情况 3.与脱贫户访谈：了解脱贫户家庭基本情况、脱贫前后收入、住房等对比情况
4	采集登记信息	评估组采用 GPS 确定评估对象户的位置并进行编号拍照，对房屋室内外结构、家具、卧室、厨房、牲畜进行拍照或录像，对身份证、户口本、扶贫手册、银行存折等相关材料进行核实登记，随后对该户从帮扶到脱贫，进行 1 至 2 年全过程跟踪监测
5	信息录入处理	评估组当天将调查获得的信息及时录入系统，传回北京作信息分析处理，最后每个省区市形成一个评估报告

注：表格为笔者自制。

在评估工作完成后，第三方团队的评估报告会反馈给地方政府，然后地方政府根据评估意见对照整改相关问题。由于评估报告事关脱贫成效，地方政府都高度重视。针对第三方提出的意见，都会召开专门的会议，部署整改工作，并制定整改方案。

二、第三方评估政策的执行困境

第三方评估旨在通过强化社会监督的方式来倒逼扶贫工作的贯彻落

实，从而避免"数字脱贫"等问题。在政策设计方面，围绕着如何进行评估，以及保障评估的公正性与客观性均进行了周密的部署。然而，在具体的执行过程中，第三方评估政策也遭遇了不少质疑，与最初的政策设计存在一定张力。2018 年，由《人民日报》海外网主办的微信公众号"侠客岛"发表了《县长被逼当场落泪，到底怎么回事？》一文，文章出来后引起了巨大热议，并且获得了重要领导的批示。这篇文章主要讲的是在中部某贫困县的第三方评估检查中，评估组找到了一个疑似漏评户，反馈到县里后，县长亲自到现场核查，由于证据确凿，县长当场落泪，"这个我们认了"。而之所以会出现这样的结果，是因为上级政府规定根据第三方评估的分数来对各县脱贫攻坚工作进行排名，并且在干部提拔依据中占比达 70%。在脱贫攻坚期间，为了督促干部尽职履职，2016 年中共中央办公厅、国务院办公厅印发了《脱贫攻坚责任制实施办法》，规定保持贫困县党政正职稳定，做到不脱贫不调整、不摘帽不调离。[①]由此可见，第三方评估对于将脱贫攻坚政策贯彻落实具有重要的推动作用，但与此同时也使得基层政府面临巨大的考核压力。

1. 地方政府和第三方评估团队陷入了"猫鼠游戏"

第三方评估指标是决定地方脱贫工作成效的重要依据，也是决定地方主官政治前途的重要依据。基于脱贫压力，地方政府高度重视第三方评估工作，一方面扎实做好本职工作，另一方面又不断地来想方设法应对第三方评估这一不确定性因素带来的风险。主要做法有两种：第一种是地方政府组织相关力量展开模拟评估。在河南东县调研时，地方政府为了迎接2018 年的脱贫攻坚第三方评估，在 2017 年先是组织了由全县中学教师和部分行政人员为主体的评估团队对脱贫攻坚情况展开了模拟评估，后面又邀请了专门从事第三方评估工作的省内某高校按照真实流程进行了预评估。地方政府对模拟评估中发现的问题再进行逐一排查和化解，从而在2018 年顺利通过了国家第三方评估。事实上，这种做法就像为了考试达标而不断地进行模拟考试一样，虽然并不违规，但是为了达标而不断组织测试，浪费了大量的行政成本。以东县组织的高校专家为主体的第三方预评估为例，需要支付给第三方团队评估费用 100 万元。第二种做法是地方政府对第三方评估团队"严防死守"，即通过各种方式掌握第三方团队的动态，在不直接干扰第三方评估团队工作的前提下，将风险因素化解至最小，

---

① 参见 http://www.gov.cn/xinwen/2016-10/17/content_5120354.htm.

从而保障工作不出差错。在广西平县调研时，地方政府就通过多种手段掌握第三方评估组的动态，并提醒乡镇政府如何应对，"第三方评估暗访组于今日到川县进行暗访，预估将在近日到我县进行暗访"。为了应对好评估工作，地方政府专门向乡镇传达了重要指示：暗访组检查的对象重点是未脱贫的贫困户以及上一年度脱贫的贫困户；第三方评估组一般关注的问题是第一书记、驻村工作组（扶贫工作队）是否正常下村，每月下村入户有多少次；询问贫困户享受了哪些扶贫惠民政策，如农村危房改造补助、扶贫小额信贷、产业帮扶补助、教育扶持等；看《帮扶手册》，询问贫困户里面填写的信息、数据是否真实，合适脱贫户是否达到脱贫标准，询问贫困户对帮扶工作是否满意。

而关于第三方评估组的工作模式以及乡镇政府如何应对，地方政府也做了周密部署。第三方评估组到村后会直接电话通知一名村两委干部带路，各乡镇要及时培训好村干部，使村干部熟悉情况，引导贫困户做好回答，并及时纠正贫困户说错的内容。各村有关村干部接到暗访组电话后或遇到暗访组入村后，要第一时间向乡镇领导汇报，乡镇领导要及时向县委、县政府分管领导和县扶贫办汇报，并及时将暗访的内容和出现的问题向县扶贫办反馈。

为此，地方政府反复动员提醒各乡镇党委、政府务必要高度重视，主要领导务必要亲自部署落实，及时布置迎检工作，培训好村干部。由此可见，即便是遵守纪律要求（第三方评估团队必须要独立行动，不得接受地方政府宴请），面对第三方评估这一"不可控因素"的压力下，地方政府进入了高度紧张的"备战"状态，通过各种方式来掌握第三方评估团队的动态，并做好准备预案。

2. 评估人员的综合业务水平直接影响评估结果

尽管精准脱贫有一系列较为明确的指标，但是由于贫困本身的复杂性，作为评估者的第三方团队业务素质也是影响评估结果的重要变量。脱贫攻坚中从事第三方评估的主要是高校等科研院所，虽然从整体资质上来看，来自这些单位的专家对于贫困问题的认识以及治理之道等均有所研究，应该可以胜任相关的评估工作。但是由于脱贫攻坚的时间紧、任务重，评估的工作量比较大，事实上，大多数参与的评估团队都是专业教师+学生的模式，而参与的学生不仅有博士生、硕士生，还有相当大体量的本科生。

例如，安徽省第三方评估的团队要求中，地方政府明确教师比例原则上不低于 10%，其实这也从侧面表明，在评估团队中的主体仍然是学生。当然，这并不表明学生在评估方面存在较大不足。虽然，关于精准脱贫评估有相对客观的标准和问卷，理论上经过培训后的学生能够胜任这些工作，但是由于贫困本身的多维性特征，以及基于利益的考量、农民与政府之间复杂微妙的博弈关系，在天然的信息不对称背景下，作为外来者的评估人员很难在短时期内掌握真实情况。

以笔者在云南省红河州的调研为例，第三方评估组在芷兰镇抽检了100 户，其中建档立卡贫困户 90 户，非建档立卡贫困户 10 户。经过调研评估，第三方评估组认为有 19 户已经脱贫的贫困户因为住房、收入等不达标而被错退，错退率竟然高达 21%；抽检的非建档立卡贫困户中有 4 户被认定为漏评户，漏评率达到了 40%。这样的数据事实上是对芷兰镇扶贫工作的全盘否定。地方政府认为非常"冤枉"，又认真进行了核查，并将第三方评估组与核查后的数据进行了比对（表 6-12、表 6-13）。经过基层政府的反复核对与入户调查，发现被认定为错退的 19 户贫困户中，其中 18 户在 2016 年新建了砖混结构的住房，平均每户补助了 6 万元的建房资金；另一户的住房安全牢固，家庭人均收入也超过了脱贫当年的贫困线。而被认定为漏评的 4 户贫困户，也都有安全稳固的住房，人均收入也超过了贫困线。造成第三方评估结果与地方政府核查结果巨大差异的原因有三个方面：

一是第三方评估工作人员访问问题不全面。例如，编号为 11 的贫困户反映调查评估人员仅询问了他粮食生产收入情况，未询问经济作物种植及收入情况，所以就没有主动陈述种植烤烟 10 亩的情况，导致该农户收入评估结果低。

二是评估组成员评判标准存在不统一的情况。例如，有 5 户贫困户，已经建了新房未入住，评估报告就反馈其居住条件差，但其他村组评估人员看到该类农户就认定为居住安居房，未提"住房条件差"的问题。

三是有部分农户存在不愿退出或争贫的心态，在评估组访问农户时存在农户陈述不真实或诉苦夸大困难的情况，导致所采集的数据不真实、不全面，如编号 1、编号 5、编号 13 等贫困户夸大欠债，第三方评估反馈每户欠债 5 万元～7 万元，经调查核实后，实际每户欠债 1 万元～3 万元。

表 6-12　对第三方评估"错退户"调查核实情况表

贫困户编号	第三方评估农户主要问题	第三方评估人均纯收入（元）	调查核实情况	调查核实人均纯收入（元）
1	户籍人口4人；主要收入来源种植、养殖，家庭人均纯收入低于3100元，住房条件差，欠债6万余元	895	1. 户籍人口4人；种植玉米10亩，收入11250元，支出2000元，纯收入9250元；种植姜3亩，收入7500元，支出1500元，纯收入6000元；养牛一条，价值15000元，购买牛犊6000元，增值9000元 2. 总收入33750元，总支出9500元，纯收入24250元，人均纯收入6062.5元，已达脱贫标准 3. 住房情况：新房已建好，已入住新房 4. 欠债情况：实际欠债3万元	6062.5
2	户籍人口4人，1个小孩；主要收入来源种植、养殖，家庭人均纯收入低于3100元，住房条件差，欠债4万余元	2287	1. 户籍人口4人；种植玉米10亩，收入8800元，支出2000元，纯收入6800元；外出务工1人，收入25000元，支出5000元，纯收入20000元 2. 总收入33800元，总支出7000元，纯收入26800元，人均纯收入6700元，已达脱贫标准 3. 住房情况：新房已建好，已入住新房 4. 欠债情况：实际欠债2万元	6700
3	户籍人口4人；主要收入来源种植、养殖，家庭人均纯收入低于3100元，住房条件差，欠债0.8万余元	2000	1. 户籍人口4人；夫妇两人外出上海打工，月平均收入5000元，年总收入60000元，支出25000元，纯收入35000元；出租土地4亩，每年租金6000元；2016年纯收入41000元，人均纯收入10250元，已达脱贫标准 2. 住房情况：新房已建好，已入住新房 3. 欠债情况：实际欠债0.8万元	10250

贫困户编号	第三方评估农户主要问题	第三方评估人均纯收入（元）	调查核实情况	调查核实人均纯收入（元）
4	户籍人口5人，1个老人，1个小孩；主要收入来源种植、养殖，家庭人均纯收入低于3100元，住房条件差，欠债6万余元	2079	1. 户籍人口5人；种植玉米9亩，收入10125元，支出1800元，纯收入8325元；养牛一条，价值15000元，购买牛犊5000元，增值10000元；养肥猪3头，收入22500元，支出10000元，纯收入12500元；在冶炼厂打工1人，年收入24000元，支出10000元，纯收入14000元 2. 总收入71625元，总支出26800元，纯收入44825元，人均纯收入8965元，已达脱贫标准 3. 住房情况：新房已建好，已入住新房 4. 欠债情况：实际欠债2万元	8965
5	户籍人口5人，1个老人，1个小孩；主要收入来源种植、务工，家庭人均纯收入低于3100元，欠债7万余元	2000	1. 户籍人口5人；种植玉米29亩，收入32625元，支出5800元，纯收入26825元；养牛一条，价值15000元，购买牛10000元，增值5000元；养肥猪1头，收入2500元，支出1000元，纯收入1500元；在冶炼厂打工1人，年收入30000元，支出10000元，纯收入20000元，在市广电网络公司打工1人，年收入25000元，支出10000元，纯收入15000元 2. 总收入105125元，总支出36800元，纯收入68325元，人均纯收入13665元，已达脱贫标准 3. 住房情况：新房已建好，已入住新房 4. 欠债情况：实际欠债1万	13665
6	户籍人口4人，2个小孩；主要收入来源种植、养殖，家庭人均纯收入低于3100元	1825	1. 户籍人口4人；种植玉米10亩，收入11250元，支出2000元，纯收入9125元；养肥猪10头，收入25000元，支出10000元，纯收入15000元；养鸡40只，收入1600元，支出400元，纯收入1200元 2. 总收入37850元，总支出12400元，纯收入25450元，人均纯收入6362.5元，已达脱贫标准 3. 住房情况：新房已建好，已入住新房	6362.5

续表

贫困户编号	第三方评估农户主要问题	第三方评估人均纯收入（元）	调查核实情况	调查核实人均纯收入（元）
7	户籍人口5人，1个老人，1个小孩；主要收入来源种植、务工，家庭人均纯收入低于3100元	2466	1. 户籍人口5人；种植玉米10亩，收入11250元，支出2000元，纯收入9125元；种植烤烟7亩，收入23671.41元，支出8000元，纯收入15671.41元；养肥猪3头，收入12500元，支出6000元，纯收入6500元 2. 总收入47421.41元，总支出16000元，纯收入31421.41元，人均纯收入6284.3元，已达脱贫标准 3. 住房情况：新房已建好，已入住新房	6284.3
8	户籍人口5人，1个老人，1个小孩；主要收入来源种植、养殖，家庭人均纯收入低于3100元，欠债2万元	1622	1. 户籍人口5人，该户为2015年退出户；种植玉米3亩，收入2400元，支出400元，纯收入2000元；种植水稻1亩，收入2592元，支出300元，纯收入2292元，种植蔬菜2亩，一年种植3季，收入10000元，支出2000元，纯收入8000元；养牛一条，价值15000元，购买牛犊5000元，纯价值10000元；有农用运输车一辆，年收入10000元，支出2000元，纯收入8000元 2. 总收入39992元，总支出9700元，纯收入30292元，人均纯收入6058.4元，已达脱贫标准 3. 住房情况：建有110平方米砖混结构住房一栋 4. 欠债情况：实际欠债2万元	6058.4

贫困户编号	第三方评估农户主要问题	第三方评估人均纯收入（元）	调查核实情况	调查核实人均纯收入（元）
9	户籍人口6人，1个老人，2个小孩；家庭成员中有糖尿病、高血压、精神病等慢性病人；主要收入来源种植、养殖；家庭人均纯收入低于3100元，欠债2万余元	2000	1. 户籍人口6人；种植玉米2亩，收入2250元，支出400元，纯收入1850元；种植水稻2亩，收入5184元，支出500元，纯收入4684元；种植烤烟5亩，收入16500元，支出5500元，纯收入11000元；养猪5头，收入8000元，支出4500元，纯收入3500元；养牛1条，收入12600元，支出5000元，纯收入7600元 2. 总收入44534元，总支出15900元，纯收入28634元，人均纯收入4772.3元，已达脱贫标准 3. 住房情况：新房已建好，已入住新房 4. 欠债情况：实际贷款2万元 5. 生病情况：王国良患糖尿病、其父亲患高血压、妻子患精神病，全年全家看病需要支出6000元	4772.3
10	户籍人口3人，1个老人，家中成员有慢性病人；主要收入来源种植、养殖，人均纯收入虽超过3100元，但仍住危房，且收入结构单一，欠债3.5万余元	2079	1. 户籍人口3人；种植玉米7亩，收入7875元，支出1500元，纯收入6375元；种植水稻3亩，收入7776元，支出500元，纯收入7276元；种植万寿菊6亩，收入9000元，支出2000元，纯收入7000元；养牛2条，价值27000元，购买牛犊12800元，增值5200元 2. 总收入42651元，总支出16800元，纯收入25851元，人均纯收入8617元，已达脱贫标准 3. 住房情况：新房已建好，已入住新房 4. 欠债情况：实际贷款3万元 5. 生病情况：王金忠母亲患子宫疾病，2016年看病支出10000元，新农合报销6600元，个人支出3400元	8617

续表

贫困户编号	第三方评估农户主要问题	第三方评估人均纯收入（元）	调查核实情况	调查核实人均纯收入（元）
11	户籍人口5人，2个小孩；主要收入来源种植、养殖，家庭人均纯收入低于3100，欠债1万余元	2000	1. 户籍人口5人；种植玉米3亩，收入3375元，支出600元，纯收入2775元；种植水稻2亩，收入5184元，支出500元，纯收入4684元；种植烤烟10亩，因冰雹灾害受损，收入19000元，支出4000元，纯收入15000；养猪2头，收入4000元，支出1800元，纯收入2200元 2. 总收入31559元，总支出6900元，纯收入24659元，人均纯收入4931.8元，已达脱贫标准 3. 住房情况：新房已建好，已入住新房 4. 欠债情况：实际欠债8000元	4931.8
12	户籍人口5人，1个小孩；主要收入来源种植、养殖，经济负担重；家庭人均纯收入低于3100元	1825	1. 实际调查户籍人口7人；种植玉米1亩，收入1125元，支出200元，纯收入925元；养猪2头，收入4000元，支出2000元，纯收入2000元。两人外出务工，收入30000元，支出4000，纯收入26000元 2. 总收入35125元，总支出6200元，纯收入28925元，人均纯收入4132.1元，已达到脱贫标准 3. 住房情况：新房已建好，正在装修中	4132.1
13	户籍人口2人，主要收入来源种植、养殖，家庭人均纯收入低于3100元，住房条件差，欠债5.5万元	2466	1. 实际调查户籍人口4人；种植玉米2亩，收入2250元，支出400元，纯收入1850元；小猪2头，收入3100元，支出1800元，增值1300元；两人外出务工，收入48000元，支出13500，纯收入34500元 2. 总收入53350元，总支出15700元，纯收入37650元，人均纯收入9412.5元，已达脱贫标准 3. 住房情况：新房已建好，已入住新房 4. 欠债情况：实际贷款3万元	9412.5

贫困户编号	第三方评估农户主要问题	第三方评估人均纯收入（元）	调查核实情况	调查核实人均纯收入（元）
14	户籍人口3人；主要收入来源种植，家庭人均纯收入低于3100元。欠债3万余元	1825	1. 实际调查户籍人口4人；种植玉米3亩，收入3375元，支出600元，纯收入2775元；种植烤烟10亩，因冰雹灾害受损，收入15000元，支出4800元，纯收入10200元；种植水稻3亩，收入7776元，支出900元，纯收入6876元；养肥猪1头，收入3200元，支出2000元，纯收入1200元；两人外出务工，收入8000元，支出2000元，纯收入6000元 2. 总收入37351元，总支出10300元，纯收入27051元，人均纯收入6762.75元，已达脱贫标准 3. 住房情况：新房已建好，正在装修中 4. 欠债情况：实际贷款3万元	6762.75
15	户籍人口5人，1个老人，1个小孩；家庭成员中有慢性病人，主要收入来源种植，家庭人均纯收入低于3100元	2466	1. 户籍人口5人；种植玉米10亩，收入11250元，支出2000元，纯收入9250元；种植水稻6亩，收入15552元，支出2700元，纯收入12852元；种植蔬菜2亩，收入9000元，支出2000元，纯收入7000元；养猪4头，收入8000元，支出3200元，纯收入4800；养牛1头，价值13600元，购买支出12500，增值1100元，土地使用权转让3亩收入6000元 2. 总收入63402元，总支出22400元，纯收入41002元，人均纯收入8200.4元，已达脱贫标准 3. 住房情况：新房已建好，正在装修中 4. 生病情况：李交龙患有慢性病腰痛病，2016年看病支出5000元	8200.4

续表

贫困户编号	第三方评估农户主要问题	第三方评估人均纯收入（元）	调查核实情况	调查核实人均纯收入（元）
16	户籍人口5人，1个小孩；家中成员有慢性病人；主要收入来源种植，经济负担重；家庭人均纯收入低于3100元。欠债4万余元	1825	1. 户籍人口5人；种植玉米5亩，收入5625元，支出1000元，纯收入4625元；种植万寿菊4亩，收入8000元，支出2000元，纯收入6000元；养肥猪2头，收入4500元，支出2200元，纯收入2300元；一人外出务工，收入18000元，支出5500元，纯收入12500元 2. 总收入36125元，总支出10700元，纯收入25425元，人均纯收入5085元，已达脱贫标准 3. 住房情况：新房已建好，已入住新房 4. 欠债情况：实际贷款2万元 5. 生病情况：经核实，该农户无人生病	5085
17	户籍人口4人，2个小孩；家庭成员中有膀胱结石、肾结石等慢性病人；主要收入来源种植、养殖；家庭人均纯收入低于3100元，欠债5.8万余元	1815	1. 户籍人口4人；种植玉米4亩，收入3408元，支出800元，纯收入2608元；种植烤烟5亩，因冰雹灾害受损，收入8000元，支出3000元，纯收入5000元；种植水稻3亩，收入7776元，支出900元，纯收入6876元；养牛1头，价值13500元，购买牛犊6000元，纯价值7500元；养猪4头，价值8000元，购买小猪4000元，纯增值4000元 2. 总收入40684元，总支出14700元，纯收入25984元，人均纯收入6496元，已达脱贫标准 3. 住房情况：新房已建好，已入住新房 4. 欠债情况：实际贷款3万元 5. 生病情况：王金元患膀胱结石、肾结石病，2016年看病支出12000元，新农合报销8400元，个人支出3600元	6496

贫困户编号	第三方评估农户主要问题	第三方评估人均纯收入（元）	调查核实情况	调查核实人均纯收入（元）
18	户籍人口5人，3个小孩；主要收入来源种植，家庭人均纯收入低于3100元，欠债3.4万余元	2268	1. 户籍人口5人；种植玉米4亩，收入4500元，支出800元，纯收入3700元；种植烤烟7亩，收入27500元，支出10000元，纯收入17500元；种植水稻2亩，收入5184元，支出500元，纯收入4684元；养猪7头，价值7336元，购买猪犊5320元，纯价值2016元 2. 总收入44520元，总支出16620元，纯收入27900元，人均纯收入5580元，已达脱贫标准 3. 住房情况：新房已建好，已入住新房 4. 欠债情况：实际贷款3万元	5580
19	户籍人口5人，2个小孩；主要收入来源种植、养殖，经济负担重，家庭人均纯收入低于3100元	1815	1. 户籍人口5人；种植玉米8亩，收入9000元，支出1600元，纯收入7400元；种植水稻3亩，收入7200元，支出1200元，纯收入6000元；种植蔬菜5亩，收入17500元，支出3000元，纯收入14500元；养猪1头，价值1900元，购买猪800元，纯价值1100元 2. 总收入35600元，总支出6600元，纯收入29000元，人均纯收入5800元，已达脱贫标准 3. 住房情况：新房已建好，正在装修中	5800

表 6-13　对第三方评估"漏评户"调查核实情况表

农户序号	第三方评估农户主要问题	第三方评估人均纯收入	调查核实情况	调查核实人均纯收入（元）
20	户籍人口 10 人，家中人口多，收入低，导致人均收入低，因建房等欠债 4 万元，家庭人均纯收入低于 3100 元	2689	1. 户籍人口 10 人；劳力 6 人，其中 4 人外出浙江打工，在工厂里做袜子，平均每人每月 2000 元，4 人每月 8000 元，一年总收入 80000 元（打工 10 个月），支出 26000 元，纯收入 54000 元；2 人在芷村镇上打零工，一年总收入 12800 元，支出 5000 元，纯收入 7800 元；种植松树 1 亩，收入 300 元，支出 50 元，纯收入 250 元 2. 总收入 93100 元，总支出 31050 元，纯收入 62050 元，人均纯收入 6205 元，不符合建档立卡贫困户标准 3. 住房情况：2014 年住房进行了提升改造 4. 欠债情况：经核实无欠债	6205
21	户籍人口 1 人，无技术，无文化，不会赚钱，人均纯收入低于 3100 元	3030	户籍人口 1 人，小学文化，该户长期在浙江打工，年收入 30000 元，支出 12000 元，纯收入 18000 元，人均纯收入 18000 元，不符合建档立卡贫困户标准	18000
22	户籍人口 4 人，2 个小孩，家庭成员有肺炎，务农是最主要经济来源，欠债 1.5 万元，人均纯收入低于 3100 元	1829.95	1. 户籍人口 4 人；种植烤烟 10 亩，收入 30205.2 元，支出 10000 元，纯收入 20205.2 元；种植玉米 10 亩，收入 8000 元，支出 1000 元，纯收入 7000 元；养猪 4 头，其中自食 1 头，出售 3 头，收入 12300 元，支出 4500 元，纯收入 7800 元；鸡 20 只，收入 1400 元，支出 400 元，纯收入 1000元 2. 生病情况：2014 年查出肺炎，每年住院 1 次，2016 年住院 7 天，住院费用 1000 元，新农合报销 830 元，个人支付 170 元 3. 总收入 519055.2 元，总支出 16070 元，纯收入 35835.2 元，人均纯收入 8958.8 元，不符合建档立卡贫困户标准 4. 欠债情况：实际欠债 1 万元	8958.8

农户序号	第三方评估农户主要问题	第三方评估人均纯收入	调查核实情况	调查核实人均纯收入（元）
23	户籍人口6人，家庭成员得脑血栓，收入来源单一，家庭人均纯收入低于3100元	1176.67	1. 户籍人口6人；种植玉米6亩，收入3600元，支出1200元，纯收入2400元；种植橘子3亩（2亩未挂果），收入2300元，支出300元，纯收入2000元；种植姜2.5亩，收入2200元，支出600元，纯收入1600元；种植甜柿子1亩，收入4000元，支出1000元，纯收入3000元；养牛2条，价值12000元，购买牛犊6000元，纯价值6000元；卖猪5头，收入7500元，支出6000元，纯收入1500元；1人在矿冶公司打工，年收入24000元，支出6000元，纯收入18000元 2. 总收入，55600元（包括医疗报销3000元），总支出21100元（包括医疗支出8000元），纯收入34500元，人均纯收入5750元，不符合建档立卡贫困户标准	5750

三、第三方评估政策执行的启示

上文主要是从地方政府与第三方评估团队的关系展示了脱贫攻坚时期比较突出的一些矛盾，第三方评估政策的运行困境并不限于上述讨论。当然，积极引入社会力量参与对政府工作的评估是当前公共政策发展中较大的进步，但是如何对政府脱贫攻坚工作进行客观科学的评价仍然是需要不断讨论的话题。

第三方评估是否能够做到真正的中立、科学、客观？从实践经验来看，情况并没有那么乐观。一方面，如果评估分量过重，对地方政府影响过大的话，地方政府会通过各种形式对评估过程及结果进行"干预"，双方则会陷入了"猫鼠游戏"困境。正如上文所展示的案例，地方政府通过组织模拟评估的方式来尽量压缩真实评估过程中出现风险的空间。对于一般的农民而言，他们并不熟悉整个脱贫攻坚政策运作流程，多数也不清楚这些评估对于地方政府意味着什么。因此，尽管有一些农民基于怨气或者谋利等其他因素，会出现对地方政府的抱怨等不满情绪的表达，但是在模拟评估中，这些潜在的不稳定因素就能够被地方政府所发现，进而通过做工作等多种形式进行有效治理，从而逐步化解了这些潜在的"不利"因素。在一轮又一轮的模拟评估过程中，农民也难免会出现倦怠感，并且也就更加无法判断这些评估者的动机，以至于在面对真实的评估时，绝大多数都会按照官方所设想的结果去发展。除此之外，地方政府也会利用财政资源、人脉关系等多种形式对第三方评估形成干扰。虽然国家对于第三方评估的纪律有着更加严格的要求，但是其中仍然有可以运作的灰色空间。事实上，一些地方聘请专业的第三方评估团队来提前做预评估，也是一种运作的方式。

另一方面，第三方评估团队本身也存在着不足。正如上文所分析的云南红河州的评估案例一样，对于贫困问题的把握很难被简单机械的问答以及标准化的问卷所掌握。尤其是涉及情绪、利益等复杂变量后，农民、地方政府、第三方评估团队会陷入一种复杂的博弈关系。基于平时对村两委或基层政府不满的情绪，或者基于继续享受贫困政策、获得额外利益的动机，一些村民会通过"诉苦"的形式来向第三方评估团队表达不满；而上级政府为了更加真实地掌握扶贫情况，也为了避免下级政府在汇报过程中的"阳奉阴违"，更倾向于通过第三方评估的视角来获取所谓的客观评价。因此，第三方评估团队的流程设计在很大程度上都是要尽量减少地方政府的干扰，从而保障评估的独立性。事实上，经过脱贫攻坚过程中驻村帮扶、挂包贫困户等多种形式，地方政府对于农民的真实情况多数都是了如指掌的。最开始农民或许有遮掩、藏富等行为，但是在长时期的互动过程中，这些信息不对称的因素很快被消解掉，从而更加深刻全面地了解彼此，尤其是在熟人社会，一旦融入其中，就会发现很少有秘密存在。对于第三方评估团队而言，要想保证农民认真且毫无保留地回答每一个问题，并且即便是提问者有所遗漏，农民也能够及时补充信息，除非农村调研经验非常丰富，能够通过细致入微的观察、眼神的交流、由表及里的互动与反复印证信息掌握真实情况。否则在短时期内，仅凭大量的信息输出与记录过程，资深调查者也很难判断这些信息的真实性、客观性与全面性，更别提调研经验和社会阅历较少的学生了。

除此之外，造成农民、地方政府与第三方评估团队陷入复杂博弈状态的另一个关键因素在于精准扶贫政策中的内在结构性矛盾。从政策初衷来讲，贫困户的识别当然是越精准越好，但是正如笔者在前文分析那样，从贫困发生的场域来看，一般农业区和深度贫困区的贫困发生机理有很大不同。对于前者而言，容易出现个别性的因病因灾等贫困现象，而后者则容易出现集中大面积的贫困。前者所在的地区，真正的贫困者与非贫困者之间的分化或者差异较大，而后者所在的地区，社会分化较小。在社会分化较大的地区，在没有指标限制的情况下，识别出来真正的贫困户并不困难。而在社会分化较小的地区，无论有没有指标限制，识别贫困户都会面临较大的难题。精准扶贫政策一方面需要基层实事求是地按照绝对贫困的标准来识别贫困户，但是另一方面又通过层层下指标的方式将这些指标分配下去，无论是一般农业区还是深度贫困区都不可避免地遭遇到了困难。而在第三方评估的压力之下，地方政府则容易陷入进退失据的困境。例如，在一般农业区，第三方评估团队很容易发现不符合标准的贫困户被纳入建档立卡贫困对象，毕竟在指标过多且必须分配完的情况下，很容易覆盖到不符合标准的贫困户。而在深度贫困区，由于大多数农民的家庭条件相差不多，但是贫困指标又是有限的，必然会产生家庭条件相差不多的农户"有的是贫困户、有的不是贫困户"的现象。由于精准扶贫政策所提供的各项"福利"非常多，也就产生了农民争当贫困户的问题，以至于在第三方团队评估的时候，抱怨、不满、打小报告、上访等问题就出现了。

从完善第三方评估政策视角来看，在当前第三方评估团队及相关规范政策还不成熟的情况下，要避免赋予第三方评估结果"一锤定音"等过重的权能。对于第三方评估团队所反馈的结果，要给予地方政府适度解释并提供相应调查证据来证明"清白"的空间，从而实现对评估结果的纠偏。在此基础上，可以形成第三方评估准确率的相关数据，并以此作为对第三方评估的考核，这些也可以形成对第三方评估团队完善自身及评估机制的有效推动作用，从而能够更加科学、合理地服务于政府决策。

第七章　相对贫困治理：后扶贫时代的任务与挑战

经历了 8 年的持续奋斗，中国如期完成了脱贫攻坚的任务，实现了全面建成小康社会的目标。中国贫困治理的力度之大、规模之广、影响之深远，确实是前所未有。仅从 8 年来的资金投入方面来看，中央、省、市县财政专项扶贫资金累计投入达 1.6 万亿；土地增减挂钩指标跨省域调剂以及省域内流转资金达 4400 多亿；扶贫小额信贷累计发放资金 7100 多亿、扶贫再贷款累计发放 6688 亿、金融精准扶贫贷款发放 9.2 万亿；东部 9 省市累计向扶贫协作地区投入财政支持和社会帮扶资金 1005 亿；东部地区一起向扶贫协作地区累计投资 1 万多亿……在贫困治理方面如此大的资金投入是前所未有的，为完成贫困治理任务提供了坚实的资金保障。

在发展不均衡、不充分的矛盾背景下，中国共产党为了完成全面建设小康社会的庄严承诺，将打赢脱贫攻坚战上升到国家战略的高度，对其的重视程度前所未有，在世界反贫困历史上也是罕见的。在几十年迅速发展过程中，中国贫困的性质已经悄然发生了变化，以温饱为主要焦点的贫困时代已经远去，而以发展为焦点的反贫困行动成为新时期社会治理的主要议程。习近平在全国脱贫攻坚总结表彰大会上指出："脱贫攻坚战的全面胜利，标志着我们党在团结带领人民创造美好生活、实现共同富裕的道路上迈出了坚实的一大步。同时，脱贫摘帽不是终点，而是新生活、新奋斗的起点。解决发展不平衡不充分问题、缩小城乡区域发展差距、实现人的全面发展和全体人民共同富裕仍然任重道远。"[①]由此可见，党和国家对于未来的相对贫困治理充满了清醒和理性的认识。

本章将聚焦 2020 年后的贫困治理问题。首先，归纳并总结精准扶贫的重要意义，当然对于这一问题的认识，目前来总结确实还存在一定的历史

---

① 习近平. 在全国脱贫攻坚总结表彰大会上的讲话. 人民日报，2021-02-26（002）.

局限性，也很难完全客观、全面地评价这一重要政策的历史意义，更多是从研究者在当下所能够感知到的进行归纳；其次，分析了脱贫攻坚和乡村振兴战略衔接的问题，更多侧重于从政策文本的角度进行解读，尽管乡村振兴战略已经提出了好几年，并在 2021 年全面开局，但是究竟该如何来做，当下还尚未呈现出清晰的思路；再次，本研究讨论了在相对贫困治理时期，贫困治理所面临的挑战，最后基于精准扶贫时期的经验教训，为未来贫困治理提供了一些可以参考的建议。

第一节　精准扶贫的重要意义

中国正处于前所未有的大发展时代，中国人民一百多年来的国家富强、民族复兴理想已望到了曙光。中国的贫困治理"凝聚了国家的政治意愿和人民的政治认同，减贫事业在国家层面具有权威性，更多地体现了政府责任"。[①]

一、彰显了社会主义制度集中力量办大事的政治优势

中国的减贫为世界提供了诸多可以参考借鉴的经验，树立了反贫困的中国样板。中国的减贫不仅仅依靠反贫困政策，坚持改革道路，保持开放合作，腾飞的经济与稳定的政治社会环境，为农村劳动力转移和就业创造了巨大的空间；国家通过土地制度保障了耕者有其田、居者有其屋；通过取消农业税费、完善农村合作医疗和养老保障制度体系，为农民的生存和发展构筑了稳固的保障线。这些都是中国发展的重要经验，也是解决贫困问题的根本手段。

在扶贫政策设计方面，中国政府善于从以往的政策执行中汲取经验，敢于大胆地改革，破除过去政策碎片化的问题，利用体制机制创新与科技进步，服务于政策的精准执行，建立起了完善周密的扶贫政策体系。以精准扶贫为代表的新时代反贫困战略更加注重对贫困人口的精确瞄准，其核心目的为"找到'贫根'，对症下药，靶向治疗"。本轮贫困治理将教育脱贫、医疗保险和救助、最低生活保障等纳入反贫困战略，形成了将社会救助包含在内的大扶贫体系，进一步弥合以往社会救助与扶贫开发两套相对

---

① 胡鞍钢,童旭光. 中国减贫理论与实践——青海视角. 清华大学学报(哲学社会科学版),2010(4):106-112+125+161.

独立运行的政策系统之间的裂隙，从更深层次提升贫困治理绩效。从这个意义上来讲，精准扶贫不仅是综合性的反贫困政策，也是解决转型期中国社会矛盾的重要社会政策。

中国的政治体制便于通过动员各界力量来集中精力办大事，精准扶贫就充分体现了这一点：

其一，强化了中央统筹、省负总责、市县抓落实的联动工作机制，实行脱贫攻坚一把手负责制，中西部22个省份主要领导向中央签署责任状，明确各地脱贫攻坚任务，并且贫困县实行"不脱贫不脱钩"的组织保障机制，从而确保扶贫政策的稳定性。

其二，通过政治动员，发挥先富带后富的优势。2016年，中共中央办公厅、国务院办公厅发布《关于进一步加强东西部扶贫协作工作的指导意见》，以东西部协作扶贫强化对欠发达地区的资源输入力度（表7-1）。

表7-1　东西部扶贫协作结对省市

序号	帮扶省市	被帮扶省市
1	北京市	内蒙古自治区、河北省张家口市和保定市
2	天津市	甘肃省、河北省承德市
3	辽宁省大连市	贵州省六盘水市
4	上海市	云南省、贵州省遵义市
5	江苏省	陕西省、青海省西宁市和海东市
	苏州市	贵州省铜仁市
6	浙江省	四川省
	杭州市	湖北省恩施土家族苗族自治州、贵州省黔东南苗族侗族自治州
	宁波市	吉林省延边朝鲜族自治州、贵州省黔西南布依族苗族自治州
7	福建省	宁夏回族自治区
	福州市	甘肃省定西市
	厦门市	甘肃省临夏回族自治州
8	山东省	重庆市
	济南市	湖南省湘西土家族苗族自治州
	青岛市	贵州省安顺市、甘肃省陇南市
9	广东省	广西壮族自治区、四川省甘孜藏族自治州
	广州市	贵州省黔南布依族苗族自治州和毕节市
	佛山市	四川省凉山彝族自治州
	中山市和东莞市	云南省昭通市
	珠海市	云南省怒江傈僳族自治州

注：表格为笔者自制。

其三，通过行政动员，选派了 25.5 万个驻村工作队、300 多万名第一书记和驻村干部下沉到基层，与近 200 万名乡镇干部、数百万名村干部共同参与一线的反贫困工作，强化了基层治理能力。

其四，通过广泛社会动员，发挥企业、社会组织等的自身优势，参与农村反贫困。国资委和 97 家中央企业先后结对帮扶了 248 个国家贫困县，承担了 11000 多项结对帮扶任务，累计派出了 1 万余名扶贫干部，投入了近千亿资金。

这是中国特色反贫困的重要经验，国家通过一系列动员手段及政策组合迅速强化了农村地区的治理能力，让精准扶贫政策落地有了一定基础。在政策实践中，由于精准扶贫是中西部地区各级政府的中心工作，不仅能够集中较多的人力资源和政策资源，而且在一定程度上享有特事特办、优先解决问题的权利，这些都保障了在政策贯彻过程中发现的问题能够得到及时回应，同时也便于政策灵活调整以适应复杂的基层实践。让最先进的治理理念在贫困地区落地，这一看似不可能完成的任务通过政治体制的充分动员而变得可能，充分证明了中国政治体制能够集中力量办大事的优越性。

二、加强了贫困地区农村基层政权建设，探索了基层治理现代化的路径

在政权建设和基层稳定方面，贫困治理也有着非常积极的意义。新民主主义革命时期，中国共产党通过在农村进行土地革命，让广大贫下中农翻了身，实现了当家作主，充分将农民的革命热情调动起来，为农村包围城市道路的胜利奠定了坚实的基础。在这一时期，中国共产党通过践行群众路线，将支部建在连队上，充分发挥党员的先锋带头作用，及时回应广大群众的诉求，得到了拥护和支持。因此即便是中国共产党政权建立之后，依然需要强化和群众的联系，加强基层政权建设。事实上，当前基层政权建设面临的挑战还有很多，经济分层带来的社会分化越来越大，底层群体的不满和怨恨情绪需要得到及时疏导，共产党作为执政党，既要创造稳定、讲究效率的发展环境，也要兼顾公平，尤其是城乡之间的公平，社会各阶层之间的公平。

人民公社解体后，党对于基层社会的控制实际上不断收缩，这既是创造良好宽松环境、发展市场经济的需要，也是走向流动社会的必然选择。对于农村社会来讲，大量的农村精英到城市务工经商，村庄面临着人才流失的困境。在农业税费取消前，基层社会因为税费收取激起了极大的矛盾，计划生育等国策方针的实施使得农村干部越来越难做，精英向外寻找发展

空间是一个必然选择。基层政府为了完成自上而下的硬任务，不得已选择一些村落社会中的灰黑势力做村干部，更激起了基层社会的矛盾。

尽管后来农业税费取消、计划生育政策执行越来越柔化，但是一个不可避免的现实就是在快速城镇化进程中，农民选择外出务工经商、成为市民已经是时代绝对的主流。多数中西部地区的村庄成了农民要离开的地方，在农业劳动力去过密化的同时，村庄也越来越空壳化了。以土地为代表的集体资源在分田到户的过程中，不断被国家政策固化为个人利益，即便土地在宪法秩序上仍然是集体所有制，但是集体很难再统筹调配土地等集体资源，缺乏可以支配的集体资源，集体经济也就无从谈起。村干部作为传统意义上的兼业型干部，面对着人才不断流失的村庄，本身亦无资源可支配，更加难以实现自治任务。

脱贫攻坚期间，体制内干部以第一书记、驻村工作队的形式下沉到乡村工作，极大地弥补了乡村治理力量的不足。除了脱贫攻坚任务，如何加强基层政权建设也是第一书记的重点工作内容。一方面，他们与农村干部相互配合、相互影响，在思想引领、政策水平等方面提升农村干部的综合能力。除此之外，他们在村庄工作也能够起到对村干部的监督作用，尤其是在资金监管、党员发展等方面，能够避免村干部"一言堂"、徇私舞弊等违规行为。另一方面，他们通过走村串户、深入基层，进一步了解乡村治理的症结所在，及时与上级政府沟通以解决乡村治理中的痛点和难点，起到政府与社会的沟通桥梁作用，也能够及时发掘乡村能人，将其吸纳进农村治理体系中来，从而加强基层治理能力。

从基层政权建设的视角来看，第一书记等体制内干部象征着国家力量在乡村社会的持续在场，不仅能够从多个方面来弥补乡村内生治理能力的不足，而且也加强了国家与社会的沟通与联系，从而为国家政策、项目资源等在乡村社会的落地奠定了重要的组织基础，也能够有效避免乡村自治组织因为缺乏监管而形成的寡头治理格局，为推动基层政治的民主化提供了重要保障。除此之外，以精准扶贫为代表的公共政策在国家治理现代化的背景下设计得越来越系统，这些对乡村干部的能力要求也越来越高。这一现实也形成了欠发达地区治理要求与治理能力之间的悖论关系，即复杂系统的政策与较为薄弱的乡村干部能力之间形成了巨大的张力。如果没有第一书记等干部的参与，那么政策将要面临着悬浮、无法落地的困境。也正是因此，第一书记、驻村工作队的参与，为提升农村干部能力、保障政策落地、探索乡村治理现代化路径作出了重要贡献。

三、激发了社会发展的内生动力，为抑制阶层固化促进社会流动增加活力

以中国共产党为执政核心的国家治理是以实现人类的共同富裕、共产主义为根本目标，这也是传统中国一以贯之的天下大同思想的根本要义。暂且不论是否具有实现可能，其实现的过程如何艰辛，作为一个政党追求民族富强、人民生活安康的治理理念，本身无可厚非。中华人民共和国成立后，人民公社制度可以说是共产主义理念在国家治理中的初步尝试，结果由于难以激发人民的生产积极性，以解体告终。以家庭联产承包为基础的土地制度改革则被认为充分提高了农民的生产效率，所以才取得了较大的成就。改革开放过程中，中国始终以充分激发劳动力的生产热情的市场经济改革为核心，而原本的共同富裕理念则被概括为先富带后富、共走富裕路。市场经济本质上是一个讲究竞争淘汰、注重效率的经济形态，也是需要个体能力、资本、努力等多种要素的经济体。市场经济改革伴随着中国的现代化进程，在摆脱了过去的政策束缚后，大量农民涌向城市，寻求发展的道路。

中国的社会分化也在此刻拉开了大幕。过去由于城乡二元体制限制，在农村无法施展个人才干和抱负的精英在城市中可以大有作为，过去在农村中面朝黄土背朝天辛勤耕作的农民在城市中寻找到了经济机会，当然，农村中一些三教九流也在市场经济的大潮中各显神通。20 世纪八九十年代是中国经济转轨的时期，也是社会规范发生巨变的时期，由于市场经济规则的不明晰，在大发展过程中涌现出的种种机会，使得当时兴起了"下海潮"，城乡之间各个领域的人都有很强烈的冲动到改革的前沿地区放手一搏，寻找发展机遇。这是最好的创业时期。

由于没有形成稳定的利益格局，中国的城市化和工业化又在迅速扩张，精英在市场经济中弄潮遇上了前所未有的好机会，当这些群体在市场中激烈搏杀的时候，国家在市场经济的转轨中逐步探索出了新的管理方式，建立起了各行各业的规则，法律和制度在不断完善，钻国家法律空子获取利润的非正规渠道越来越少。而在早期市场中搏杀出来的群体，在获得了丰富的原始积累后，也配合国家制度走向正规化。

从改革开放到现在，40 多年的时间，中国已经建立起了完善的市场经济和配套的各项法规制度，市场经济体也在不断竞争和淘汰中走向了规模化、正规化、垄断化。当各行各业的利益边界逐步清晰后，市场上的经济机会越来越固定了。创业英雄的草莽时代一去不复返，这是任何社会发展都不可避免的规律。40 多年的发展，早期在市场经济上搏杀的一代已经逐

渐退出了历史舞台，现在是他们的二代、三代发光发热的时期。

各方面利益边界相对清晰的时候，事实上也是社会阶层逐步形成并固化的时候。阶层固化意味着阶层之间的流动受阻，当然主要是自下而上的流动越来越困难，门槛越来越高。与此同时，社会不同阶层之间的分化和差距也在越拉越大，以至于身处底层的人根本无法想象最上层的人是如何生活的。当社会阶层逐渐封闭、流动性减小，社会发展活力会逐步丧失。长此以往，如果社会的底层看不到发展的希望，那么在绝望、悲观情绪之下更容易成为社会动荡不安的火药桶，从而对整个社会秩序构成威胁。

就像很多欧美国家目前面临的困境一样，社会阶层的固化使得发展的活力和动力不足，庞大的底层群体成了政府治理的难点，作为稳定器的中产阶层其实也面临着越来越大的焦虑，或许还有相对体面的生活，但是压力越来越大，存款越来越少，获得感越来越低。而处于顶端的富人群体虽然人数很少，但是掌握了绝大多数的社会财富，进一步染指政治，成为政权背后的利益团体，影响着方方面面的社会政策。阶层利益的调整对于国家政权来讲变得难上加难，执政党最后成了某个阶层的利益代言人，从而难以撼动整个社会的发展格局。

中国的社会阶层还没有完全固化，阶层之间还有一定的流动性，阶层之间流动的驱动力转向以教育为核心。在中国经济由大国向强国的转型过程中，一方面，产业升级需要技术创新，技术创新需要大量的人才，人才是驱动社会发展的关键力量；另一方面，社会各行各业的发展在步入正规化、现代化后，对于劳动力素质的要求也越来越高，随着整个社会教育水平的不断提高，知识、学历成了进入行业的基本门槛。无论贫富，在市场经济中生存都需要现代知识和能力的支撑，都需要在现代社会中接受必要的教育。

与此同时，教育也越来越系统化，随着社会分工的精细化，与之相匹配的教育也走向了更广阔、更纵深的领域。个体在现代社会实现社会化的基本前提就是接受现代教育，教育是实现个体能力发展、价值展现及获取生活资料的必备要素。接受更好的职业教育、高等教育是个体获得稳定、体面收入的前提，也是从底层走向中产的必由之路。从中国目前的教育格局来看，虽然以分数取材的应试教育方式不是最好的，但在现阶段是最为公平和公正的，身处各个阶层的群体都可以依靠教育获得个体进入社会的敲门砖。农村学生仍然可以通过努力读书考上更好的大学，实现自身命运的改变和家庭阶层位置的晋升。

从这个意义上来讲，教育的作用至关重要。当然，通过教育改变命运的道路同样面临着种种挑战——在充分认识到教育改变命运的基本事实后，社会中上层群体不断加大对子女教育的投入，当前城乡之间教育差距扩大化成为不争的事实，这条阶层上升的道路对于底层来讲变得弥足珍贵。如果不尽快缩小城乡之间的教育差距，如果社会底层不能清醒地认识到教育的重要性和意义，底层改变命运的道路也将越来越狭窄，社会利益的调整会更加困难。

市场经济是一个非常讲究效率的经济形态，在竞争的过程中，弱者难以跟上发展的步伐或者被淘汰是难免的，这是任何一个社会都会遇到的难题。政府不仅要保障效率，还要兼顾公平。公平就在于给市场上的弱者提供基本保障，使其能够渡过生活的难关，能够通过调整家庭经济结构来跟上发展的步伐。

社会发展是一个有先有后、有快有慢的过程，由此产生地区发展不平衡、阶层发展不平衡是难免的，但是如果弱者恒弱、强者恒强，恐怕不是一个社会良性发展的特质，并且，当一个社会持续地生产贫困阶层时，就不仅仅是一个公平问题了，还关系到社会秩序的崩溃和政权的稳定。对于社会贫困阶层的重视是必要的，也是必需的，尤其要认识到贫困治理的阶层意义。

四、推动了贫困地区的经济发展，维护欠发达地区的社会稳定

贫困治理的更深层意义在于，通过对贫困地区和人口的全面帮扶，使其能够融入现代化的发展，从而在实质上缩小贫困地区的差距。虽然贫困地区农民的生计并不存在很大问题，但是过大的贫困差距使得贫困地区农民产生了相对剥夺感，这种剥夺感的累积事实上能够积攒成一种强烈的负面情绪，在一些外部事件的刺激下，容易对既有的社会秩序产生威胁。

深度贫困区多是老、少、边、穷地区，这些地方经济较落后，政府治理相对薄弱，而且这些地方因为相对封闭，受现代主流社会文化的影响要少一些，区域性的地方社会文化支配着人们的行动逻辑。一些宗教组织和别有用心的势力将这些地方看作传播影响的重要区域，从而展开各种活动，其面对的各种政治风险也会小很多。

在宗教方面，改革开放后宽松的宗教政策使得基督教、伊斯兰教等传播极其迅速，在发展和稳定的大局前，地方政府长期以来都没有将此作为重要的治理对象，甚至很长一段时间都缺乏警惕。基督教在中国社会传播非常迅猛，尤其是在农村社会。在中西部多数农村地区，市场经济的激烈竞争给农民生活带来了巨大的压力，同时一些传统价值规范的迅速变迁也

使得农民在价值认同上出现了混乱，再加上现代社会各种病症名目繁多、层出不穷，农村社会对此缺乏抵抗力。中老年人为了家庭能够集聚发展资源，对于自身的病痛是能忍则忍，小病蔓延成了大病，大病又容易演化成不治之症，等到万不得已要送医时，要么面临着巨额的医药费，要么已经无可救药。

面对现实社会的种种困境，农民不得已在宗教中寻求解脱，而宗教提供的一些虚幻的理想给绝境中的农民以精神慰藉，虽然这种慰藉对于病痛治疗本身没有什么帮助，但是一些虚妄的描述却给了慌乱中的农民以镇定。在农村中调研时，总能遇到很多因病致信的基督教徒，有的会将宗教对病痛的治疗描绘得神乎其神，虽然有的不可避免地走向了死亡，但是走得平静安详。这些因病致信的基督教徒成了宗教的坚决守护者和传播者。

从传播手段上来讲，基督教本身也在不断升级手段，虚幻的信仰上往往穿着科学的外衣，同时无微不至地关怀农民生活。有的会定期为农民组织义诊、派发药品，甚至还有进口药；有的专门在寒暑假办辅导班，一边给学生补习课外知识，一边传教；困难时给教徒送上温暖，基督教倡导的薄葬也给农民苦不堪言的高昂葬礼开支送去一缕清风……类似在小事上关怀农民、传播宗教的手段还有很多。事实证明，这些手段也都起到了非常不错的效果。

但这些对基层政权建设敲响了警钟。中国共产党是通过紧密联系群众，能够把小事做好得到了民心，获得了政权。办小事的能力是党的一个重要法宝，但是在农村社会，宗教悄悄地成了给群众办小事的主体，收获民心。在河南周口农村调研发现了一个非常值得探讨的现象：地方政府为了整治环境卫生，让村干部发动农民打扫卫生，很难得到农民回应，而基督教负责人很容易将群众动员起来。政府为给群众办事情向农民收一些钱非常困难，但是基督教可以轻松做到。甚至地方政府做很多事情都要给基督教堂的负责人打招呼，让其出面协调。在云南一个海拔 2300 多米的苗族寨子，农民住房破落，但村庄内高耸的十字架、建造精美的教堂显得格外扎眼，教堂修建的资金一半来自农民捐款，每户出 1000 元左右。政府对深度贫困区投入了大量资金用于改善基础设施，农民一边颇有怨言、抱怨投入得还不够，一边将家中有限的收入拿出来修建教堂。晚清以来，随着滇越铁路的修建，外国传教士沿着铁路到处传教，很多民族地区居民都皈依了基督教。这些散落在高山大川之间的村寨原本文化落后，宗教以自然神信仰为主，但是基督教的传播直接嫁接于其既有的文化基础之上，并在百余年历史中不断强化。类似的案例在农村社会不胜枚举，基督教给农民的小恩小惠远远比不上国家对于农民的投入，但是农民对于宗教给的小恩小惠感恩戴德，对国家的巨额付出却无动于衷，这些现象值得深思。

一些宗教组织的背后有外国势力在活动，不仅仅是基督教，伊斯兰教近年来也受到了国外原教旨主义抬头的影响，以至于笔者在宁夏调研发现，有的伊斯兰教徒以到阿拉伯朝圣为荣，即便是家庭条件一般，也要凑足几万元朝圣的费用。有的地方《古兰经》的诵读甚至以阿拉伯语为标准，阿訇培养也更加注重外国语的训练。我们要警惕境外宗教分裂势力和防范境外媒体传播特定的宗教观点或偏见，对社会稳定的影响。笔者在宁夏生态移民安置区调研，恰好遇到了《纽约时报》抹黑政府扶贫政策、制造民族矛盾的报道。由此可见，深度贫困区的贫困治理是一项非常重要的综合治理，不仅为了提升农民的经济文化水平，还为了社会的长治久安。精准扶贫的重要意义在于国家通过政策支持、资源投入以及人员下沉等多种方式来解决贫困地区的发展问题，不仅探索适合贫困地区的发展道路、产业模式，而且还注重人力资本的提升，通过对教育的长期投入来实现斩断穷根的目标。对于生态条件恶劣、确实不适合发展的地方，则通过易地搬迁来彻底解决制约农民发展的根本要素，这些不仅充分体现了社会主义的制度优势，而且也表明了执政党立党为公、执政为民的理念。

第二节　脱贫攻坚与乡村振兴战略的衔接

与贫困做斗争伴随着人类社会发展历史，虽然中国的绝对贫困治理已经取得了关键性胜利，但是并不意味着已经彻底解决了贫困问题。从贫困的发生机制来看，疾病灾害等致贫因素仍然存在，而且一些地区由于历史地理的复杂性，仍然存在着返贫风险。巩固拓展脱贫攻坚成果，防止规模性返贫，是"十四五"时期必须守住的底线任务，因此，2020 年后处理好乡村振兴战略与巩固拓展脱贫攻坚成果的关系至关重要。

一、衔接政策的顶层设计

脱贫摘帽不是终点，而是新生活、新奋斗的起点。在脱贫攻坚工作完成之后，2021 年初，中共中央、国务院发布了《关于实现巩固拓展脱贫攻坚成果同乡村振兴有效衔接的意见》，明确指出："打赢脱贫攻坚战、全面建成小康社会后，要在巩固拓展脱贫攻坚成果的基础上，做好乡村振兴这篇大文章，接续推进脱贫地区发展和群众生活改善。"为了避免在脱贫攻坚任务完成后，政策上出现断档、"急刹车"等问题，国家设置了5年过渡期，保持主要帮扶政策的总体稳定性，即在摘掉贫困帽子以后"不摘责任、不摘政策、不摘帮扶、不摘监管"，同时在财政支持政策方面，保留并调整优化原财政专项扶贫资金，聚焦脱贫地区的可持续发展。除此之外，健全防止返贫的动态监测和帮扶机制也非常重要，一方面国家在完善防止返贫大数据监测平台，推动部门数据共享，以脱贫攻坚普查结果为依据，完善基础数据库；另一方面建立了农户申请—部门信息比对—基层干部定期跟踪回访相结合的易返贫致贫人口发现和核查机制，从而实现对帮扶对象的动态化管理。

《关于实现巩固拓展脱贫攻坚成果同乡村振兴有效衔接的意见》为2020年后相对贫困的治理提供了重要指导。除此之外，近年来多个中央会议和文件均关注了脱贫攻坚如何与乡村振兴战略衔接，以及在完成脱贫攻坚任务后该如何有效地解决返贫风险并巩固脱贫攻坚的成果问题。这些文件表明，中央政府高度关注政策的衔接性以及构建贫困治理的长效机制。笔者将2020年以来的相关文件和会议做了梳理，如表7-2所示。

表7-2　2020年以来关于巩固脱贫攻坚成果的重要文件及会议

序号	时间	文件/会议核心内容
1	2020年	中央一号文件：脱贫攻坚任务完成后，我国贫困状况将发生重大变化，扶贫工作重心转向解决相对贫困，扶贫工作方式由集中作战调整为常态推进；要研究建立解决相对贫困的长效机制，推动减贫战略和工作体系平稳转型；加强解决相对贫困问题顶层设计，纳入实施乡村振兴战略统筹安排；抓紧研究制定脱贫攻坚与实施乡村振兴战略有机衔接的意见
2	2020年	党的十九届五中全会审议通过了《中共中央关于制定国民经济和社会发展第十四个五年规划和二〇三五年远景目标的建议》，首次明确提出"实现巩固拓展脱贫攻坚成果同乡村振兴有效衔接"
3	2021年	中央一号文件：实现巩固拓展脱贫攻坚成果同乡村振兴有效衔接；设立衔接过渡期，脱贫攻坚目标任务完成后，对摆脱贫困的县，从脱贫之日起设立5年过渡期；持续巩固拓展脱贫攻坚成果，健全防止返贫动态监测和帮扶机制，对易返贫致贫人口及时发现、及时帮扶，守住防止规模性返贫底线；接续推进脱贫地区乡村振兴，实施脱贫地区特色种养业提升行动，广泛开展农产品产销对接活动，深化拓展消费帮扶；加强农村低收入人口常态化帮扶，开展农村低收入人口动态监测，实行分层分类帮扶

续表

序号	时间	文件/会议核心内容
4	2021年	中共中央、国务院发布了《关于实现巩固拓展脱贫攻坚成果同乡村振兴有效衔接的意见》，文件围绕着建立健全巩固拓展脱贫攻坚成果长效机制、聚力做好脱贫地区巩固拓展脱贫攻坚成果同乡村振兴有效衔接重点工作、健全农村低收入人口常态化帮扶机制、着力提升脱贫地区整体发展水平、加强脱贫攻坚与乡村振兴政策有效衔接、全面加强党的集中统一领导等方面提出了较为细致的意见
5	2022年	中央一号文件，围绕着"坚决守住不发生规模性返贫底线"，在完善监测帮扶机制、促进脱贫人口持续增收、加大对乡村振兴重点帮扶县和易地搬迁集中安置区支持力度、推动脱贫地区帮扶政策落地见效等方面均提出了相关意见

注：表格为笔者自制。

在具体的政策支持方面，中央农村工作领导小组研究确定了财政、税收、金融、土地、医疗、教育、住房。饮水、产业、就业等 33 项政策的衔接；确定了 160 个国家乡村振兴重点帮扶县，并出台了 14 个方面的倾斜政策，整体支持西藏、新疆脱贫地区发展；调整完善东西部协作结对关系，由 8 个东部省市结对帮扶西部 10 个省市，互派 2.3 万名干部，投入财政援助资金 228.7 亿元。①这些表明，中央政府高度重视完成 2020 年脱贫攻坚任务后对贫困的长效治理机制。同时，这些衔接政策的不断出台也反映出政策设计越来越注重连贯性，从而能够持续发力，更加有效地解决贫困问题。

二、陕西洛南脱贫摘帽造假事件

在 2021 年 4 月 23 日，央视《经济半小时》栏目以"掺假的脱贫摘帽"为题，报道了陕西省洛南县两个村庄在脱贫攻坚中的问题，记者通过在村庄及相关部门采访调研，通过视频的形式曝光了地方在脱贫攻坚中饮用水配套设施不到位，从而导致村民要花高昂代价外出拉水，五保户安置点却居住的并不是五保户，真正的五保户住在亲戚家破旧的小砖房等现象。并且记者在到相关部门采访的时候，不仅部门表现出敷衍塞责、不愿答复等态度，而且还抢夺记者手机、出言不逊。这些问题在经过央视报道以后，引起了轩然大波。

饮用水安全是脱贫摘帽的一项重要指标。洛南县是国家级贫困县，人

---

① 脱贫攻坚战全面胜利，中国开启乡村振兴新篇章. 中国网，2022-10-22. https://t.m.china.com.cn/convert/c_BCBREsnn.html.

口有 46 万，其中原有贫困村 143 个，建档立卡贫困户 2.99 万户 10.24 万人，2020 年 2 月份才退出贫困县。然而在洛南县整体脱贫摘帽之后，仍然会有一些群众通过人民网"领导留言板"等网站对饮水困难进行投诉。在央视报道之前，也有村民投诉饮水问题："洛南县城关镇腰庄村峡口组人民饮水问题得不到保障，每到冬天，年轻人员在外务工，家里 60 岁以上老人冒着雨、雪、路面结冰的情况下跑接近 1 公里的地方去挑没有经过检验的水进行饮用。"由此可见，洛南县脱贫攻坚的成效有所不足。

由于在当年 2 月 25 日，国家才召开了脱贫攻坚表彰大会，洛南县扶贫开发局局长还被评为"全国脱贫攻坚先进个人"，洛南县财政局获得了"全国脱贫攻坚先进集体"的荣誉称号，而不到两个月，洛南县就被央视曝光了这些问题，这种强烈的反差使得这一事件产生了极强的舆论传播效应，并引起了一些人对脱贫工作成果的质疑。

事件发生后，陕西省委和政府高度重视，新闻报道的当晚就派出工作组核查，经过多方调研，地方政府发布了调查说明："通过几天的实地核查，报道中反映两个村的五保户，均已于摘帽退出前，落实了集中供养或分散供养政策措施，涉及人员通过投靠亲友、危房改造的方式解决了住房安全问题，两个村的饮水安全问题是通过自来水、水井、水窖等方式解决的。两个脱贫村及脱贫户的脱贫退出，达到了国家和陕西省关于'两不愁三保障'的标准，退出程序符合要求。但安全饮水保障水平不高、季节性缺水、管护水平不高、干部作风不严不实等问题确实存在。我省将做好后续工作并以此次接受媒体监督为契机，进一步举一反三，改进工作作风，不断巩固脱贫攻坚成果。"[1]

从脱贫攻坚的考核以及评估程序来看，经过多年的发展，地方政府整体弄虚作假的可能性很小，这件事情有可能就是小概率事件的，而且在时间紧、任务重、贫困治理难度大的背景下，妥善解决好方方面面的问题确实存在较大挑战，但是这也表明巩固脱贫攻坚成果刻不容缓。从事件发展的余波来看，不仅陕西省委、省政府要彻底排查相关问题，其他省市也要举一反三，排查脱贫攻坚领域中存在着的工作不扎实的地方，做好整改工作，这次事件还直接影响了后面对巩固脱贫攻坚成果的考核评估政策。

三、巩固拓展脱贫攻坚成果同乡村振兴有效衔接考核评估

贫困问题的多维性与复杂性客观上需要系统性的长期治理。在脱贫攻

---

[1] 参见 http://www.shaanxi.gov.cn/xw/ldx/ds/202104/t20210427_2161466.html.

坚期间，由于中央政府的高度重视并将其作为一项政治任务，通过压实责任、强化监督等多种方式来调动地方政府解决贫困问题的积极性和主动性。而完成了脱贫攻坚任务之后，如果缺乏进一步的评估政策和衔接政策，地方政府则可能在诸多的治理任务中转移注意力，导致政策的连贯性不足，部分地区由于重复建设造成财政资源浪费等问题，或者一些地区长期得不到关注而面临发展投入不足等困境。上文所讲述的"陕西洛南脱贫摘帽造假事件"事实上就是一个重要的警醒，尽管在脱贫攻坚期间，地方政府都非常辛苦，而且也倾注了大量的资源和注意力，但仍然还有一些工作需要查缺补漏。因此，完善评估考核机制是督促地方政府将责任履行到位的重要手段。

为了确保不发生规模性返贫问题，并督促地方推动巩固拓展脱贫攻坚成果同乡村振兴有效衔接，中央农村工作领导小组办公室、国家乡村振兴局在 2021 年 11 月印发了《巩固脱贫成果后评估办法》，规定由中央农村工作领导小组统一组织，由国家乡村振兴局和相关部门组成评估工作组，从 2021 至 2025 年，每年展开一次评估，评估从每年的 11 月份启动，至次年 2 月底之前结束，最终在 2025 年的年度评估基础上，再统筹开展过渡期巩固拓展脱贫攻坚成果的总体性评估。评估主要内容如表 7-3 所示。

表 7-3　巩固脱贫成果后的主要评估内容

序号	评估项目	主要内容
1	责任落实情况	主要评估巩固拓展脱贫攻坚成果责任持续压紧压实情况，重点关注各级党委和政府主体责任、部门分工责任、帮扶责任和监管责任等落实情况
2	政策落实情况	主要评估过渡期主要政策保持总体稳定情况，重点关注"三保障"及饮水安全、产业、就业、兜底保障等政策调整优化和有效衔接情况
3	工作落实情况	主要评估巩固拓展脱贫攻坚成果同乡村振兴有效衔接重点工作接续推进情况，重点关注防止返贫动态监测和帮扶机制，农村低收入人口常态化帮扶机制，易地搬迁后续扶持，脱贫人口就业，脱贫地区乡村特色产业、基础设施和公共服务等
4	巩固成效情况	主要评估"两不愁三保障"及饮水安全状况、脱贫人口和防止返贫监测户收入支出变化、巩固脱贫成果认可度等，重点关注因责任、政策、工作落实不到位导致的返贫致贫问题和风险

注：表格为笔者自制。

各省市根据《巩固脱贫成果后评估办法》也制定了更为详细的标准，以云南省为例，采取了将年终第三方评估与交叉抽查考评相结合、实地考评与平时工作评价相结合、客观成效与群众评价相结合、定量分析与定性分析相结合的方式，并将考核评估结果纳入市县党政领导班子和领导干部推进乡村振兴战略的实绩考核范围，作为综合考核评价的重要参考。评估的具体流程如表 7-4 所示。

表 7-4　云南省巩固脱贫成果后考核评估流程内容

序号	流程	主要内容
1	总结自评	州（市）党委和政府总结分析年度巩固拓展脱贫攻坚成果推进乡村振兴的进展情况、取得成效、问题意见和改进措施，形成报告报送省巩固脱贫攻坚推进乡村振兴领导小组
2	实地考评	由省巩固脱贫攻坚推进乡村振兴领导小组统筹组建考核组、行业专家组和委托第三方机构评估等，组织开展实地考核评估；通过科学抽样、实地调查、数据分析和资金绩效评价相结合的方式，对巩固拓展脱贫攻坚成果情况进行考核评估
3	平时评价	省级"两不愁三保障"行业主责部门通过对州（市）、县（市、区）平时推进巩固拓展脱贫成果责任落实、政策落实和工作落实、监督检查和改进措施落实情况等进行评价，收集汇总对州（市）监测对象的动态监测、国家农村低收入人口监测调查、云南农村居民收入和生活状况调查、财政衔接推进乡村振兴补助资金绩效等情况
4	抽考核实	考核评估工作组在州（市）总结自评和州（市）对所辖县（市、区）评价的基础上，省级对县（市、区）进行抽考
5	综合评价	考核评估工作组结合实地考核、平时掌握情况和第三方评估等，进行综合分析，形成考核评估报告，提出考核评估结果建议，经省巩固脱贫攻坚推进乡村振兴领导小组审议通过后，报省委、省政府审定
6	考评反馈	省巩固脱贫攻坚推进乡村振兴领导小组向各州（市）党委和政府反馈考核评估情况，并提出改进工作意见建议；督促认真整改问题，整改情况纳入乡村振兴监督检查

注：表格为笔者自制。

对考核评估工作的重视是近年来公共政策科学化的重要转向，不仅有利于工作的推动落实，而且以结果为导向的考核也有利于解决行政系统内形式主义、官僚主义等问题。巩固脱贫成果后的评估办法正处于初次实施阶段，其中的问题仍然有待实践检验。

第三节　相对贫困治理的挑战

中国经济的高速发展为绝对贫困治理奠定了重要基础，一方面通过发展来减贫仍然是贫困治理中最有效的模式，另一方面经济增长是国家财政收入增加的关键前提，通过转移支付等手段，国家能够有强的实力来支持欠发达地区的发展，从而在就业、教育、医疗、住房等多个层面解决绝对贫困问题。相对贫困治理是乡村振兴战略实施时期的重要任务，相较于绝对贫困问题显性化的特征，相对贫困的问题呈现则更加复杂。在相对贫困时代，人们对于贫困的认识和界定更加多元，意味着对国家贫困治理提出了更高的要求。对于中国这样的巨型国家而言，东中西部、南北中部差异都很大，发展不平衡不充分是基本矛盾。扶贫作为国家行动，既要解决兜底问题，也要解决发展问题；既要考虑区域差异，也要统筹兼顾。尽管中国这些年来发展迅猛，已经成了世界第二大经济体，人民生活水平有了明显的改善，但不可否认的是，一些地区的基础保障还有较大的提升空间。在 2020 年后，相对贫困治理面临如下挑战。

一、脱贫攻坚时期扶贫产业的持续发展

产业是地方发展的重要依托，在脱贫攻坚时期，大量的财政资金和扶贫政策用于支持贫困地区的产业发展，为贫困地区发展和贫困户脱贫作出了重要贡献，然而当前脱贫时期发展起来的产业主要面临着两大方面的风险：

一是扶贫产业发展模式能否持续有效应对市场风险。产业与市场的关系问题是影响贫困治理长效机制的关键。尤其是高投入、高风险的农业产业，前期较为可观的收益并不意味着能高枕无忧，如不谨慎应对和及时调整发展方向，难免会产生路径依赖背景下的产业风险——市场供应过量易造成收益锐减、地区竞争所带来的产业优胜劣汰、自然灾害及气候变化所造成的成本损失等，这些问题均有可能造成农民前期大量投入无法获得有效收益，从而增大重新返贫风险。对于相当一部分地区扶贫产业而言，由于政策性过强，前期政府或企业通过托底的形式来助力其发展，例如在扶持贫困地区发展农业产业后，企业通过托底回购的形式来帮助解决销路问

题，而贫困地区并未发展起独立面对市场并承担风险的能力，尤其是一些农业产业投入较大，但是产品的品质却不高，而且还高于市场价格。脱贫攻坚时期政府或企业为了完成任务，不得不忽略这些问题，但是在完成脱贫攻坚任务后，伴随着支持力度的下降或者相关责任主体的撤出，农村地区的产业则面临着无法有效应对市场的问题，从而面临着产业失败的风险。

二是一些经营失败的产业如何妥善处理好相关资产，避免财政资金浪费。由于产业失败的风险不可避免，且前期由于时间紧、任务重，相当一部分产业的发展模式较为粗糙，在脱贫攻坚任务完成后，这些产业则很快就"原形毕露"，宣告失败，所以如何处理好这些失败后的产业遗留资产至关重要。笔者在贵州调研发现，不少扶贫车间就面临着经营失败停产的问题。以贵阳市一个从事苗绣等非遗生产的扶贫车间为例，2019 年底为了给易地搬迁人员提供就业岗位，地方政府引进了苗绣等非遗生产的企业开办扶贫车间，并给予了 900 万左右的财政资金支持，其中企业用于设备采购就花费了 780 万元。然而，在 2020 年完成脱贫攻坚任务后，企业就逐渐发不出工人工资，车间陷入了停摆状况。地方政府又引进了另外一家企业来接手，企业发现机器设备存在较大问题无法正常生产。地方政府调研发现，早期的企业存在两大问题：一是在机器设备购买时存在围标、串标等违规行为，不仅招投标程序不合规，而且相关材料也明显不足；二是企业存在套补行为，购买的机器设备不仅高于市场价格且存在明显缺陷，无法用于正常生产。因此，地方政府对扶贫车间采取一封了之的办法，但是这也并非解决问题的长久之计，如何盘活这些资产使其发挥应有的作用，是促进扶贫产业可持续发展不得不面对的重要问题。根据国家审计署发布的《关于 2021 年度中央预算执行和其他财政收支的审计工作报告》显示，有41 个县投入的 472 个项目效益较差，涉及金额达到了 17.6 亿元，而其中有206 个项目建成后就闲置或者被废弃。[1]由此可见，在 2020 年后加强产业就业项目的监管、及时盘活资产，是维护人民群众切身利益、保护国家资产的重要路径。

二、农村基层治理能力的现代化建设

农业税费取消后，虽然国家以项目制的形式不断加大对农村的资源输入力度，但由于项目的基本发包和管理单位在县级和乡村两级的自主权极

---

① 关于2021年度中央预算执行和其他财政收支的审计工作报告. 中华人民共和国审计署,2022-06-21. https://www.audit.gov.cn/n4/n19/c10252052/content.html.

小，产生了政权悬浮的困境。与此同时，随着中央政府新时期治理目标和手段的升级，行政体系内部自上而下的监督和管理体制越来越严格，治理任务越来越多，这些最终都依靠基层组织来落实。乡镇作为最低一级政权，由于话语权很弱，缺乏和上级的谈判空间，承接了很多远远超出本身能力之外的工作，只能将这些转嫁给农村基层组织。在这个过程中，基层社会面临着两重难题：

一是对于那些村组干部有战斗力的村庄来讲，因为具有治理能力，能够将上级自上而下的任务落实下去，这些人在获得资源等方面能够有一些便利条件，但是其承担的治理任务也越来越重，并且很多任务往往形式化严重，不得不做，做了又很难产生实际效果，反而浪费了有限的治理资源和时间。国家治理任务的延伸使得行政村越来越像乡镇政府的派出机构，虽然这些干部的本质身份仍然是农民，是兼业干部，但是实际上已经是坐班的全职干部，工作内容和压力完全不比政府正式工作人员少，但是待遇很低，仅能拿到一些补贴，还没有其他保障性收入。基层政府为了完成任务，调动村干部的工作热情，不得不默许这些人有一些灰色的利益，或者在其他方面给予适度补偿。

二是对于那些软弱涣散基层组织来讲，因为没有精英愿意做村干部，村庄的治理能力很弱，仅能够有限地完成一些自上而下的任务，村庄也往往是维持型的，而非发展型。乡镇只能依靠有限的力量来实现自上而下任务的完成，而过量的任务使得基层社会疲于应对，只能以造假、形式化的变通等途径来应对。

农村基层组织所面临的问题远远不止这些，以党的建设为例。在中西部多数农村地区，党的基层组织建设面临多重困境：

一是党员年龄结构严重老化。多数党员是在人民公社时期或者后来通过入伍参军入党，这些党员的党性一般比较高，但是年龄越来越大；村庄中青壮年群体很早就开始外出务工，在市场经济的洗礼下，对于入党、农村工作缺乏积极性。党员年龄结构断层使得基层治理缺乏核心的人员，即便农村中培养了青壮年党员，但是在生活压力下，他们也不得不选择外出务工经商来获取家庭发展的基本经济收入，党员外流依然造成村庄治理困境。

二是在一些地区，基层党组织的家族化、亲信化非常严重。村干部培养党员优先考虑到宗族姓氏等方面利益，往往选择家族内成员作为培养对象，排斥其他群体，形成了对村级权力的垄断。

三是党员缺乏坚定的共产主义理想，信教现象突出，从外部环境上来讲，在物质相对丰富的时代，人们有了更多精神文化上的追求，这些都容易被带有超越性的、神秘性的宗教所引导，从而导致党的意识形态有失去基层群众和社会基础的风险。尤其是在长期的地方行政中，由于政策落实等问题不可避免地引起的干群矛盾加深了党组织和群众之间的隔阂，即便是国家极力地给农村基层输入资源、为人民生活水平提高谋福祉，也挡不住一些宗教组织或社会组织用小恩小惠，或者用其他更具有魅惑力的话语甚至教义来笼络人心。

脱贫攻坚时期，国家通过政治动员，大量干部下沉到基层参与扶贫实践，不仅锻炼了干部，拉近了与群众的距离，而且干部下乡在一定程度上弥补了地方治理能力不足的困境，但是从长远来看，如果地方治理能力无法得到有效提升，那么终究很难解决诸多发展难题。在乡村振兴时期，以农村基层党组织建设为抓手，地方政府通过发现或动员能人返乡的方式，选好基层发展的带头人，完善小微权力的监督机制，这才是实现农村基层治理现代化的重要保障。

三、住房、教育等基础保障的巩固提升

住房、教育、医疗等基础保障是脱贫攻坚时期的重要目标，虽然从总体上完成了目标，但是政策执行中存在一些不到位的问题，导致了这些基础保障仍然存在着巩固提升的空间。

从住房安全有保障的基本要求来看，当前比较突出的问题是一些地方为了完成脱贫任务，突击建设安居房，导致房屋质量问题较多。例如，2018年贵州省通报的速成房问题，从选址到群众入住新房，仅八天时间；而前段时间媒体所报道的河南渑池县豆腐渣房亦是此类问题。造成突击建房的原因也非常复杂，除了形式主义等问题外，地方财政预算执行也是关键原因。比如在云南省调研时，基层干部就普遍反映，易地扶贫搬迁资金下拨时间过于滞后，有时七八月才下拨资金，而当地下半年又逢雨季，年底房屋还要验收，为了完成任务，不得不突击建房。除此之外，一些地区基层治理问题与住房建设问题相互交织，导致矛盾激化、住房建设成为烂尾工程。由于易地搬迁涉及多方利益博弈，贫困地区的安居房建设外化为基层治理问题，即要处理好基层政府、村两委、贫困户与非贫困户之间的关系。贫困户建房获得的政策支持力度较大，其产生的悬崖效应容易造成非贫困户的不满，导致在土地协调、拆旧房时激化矛盾，项目无法落地。

在义务教育有保障方面，当前农村教育所面临的真正问题并不是上不起学的问题，而是城乡教育差距不断扩大化的问题，是深度贫困区农民教

育观念薄弱的问题，是农村学生在读书过程中难以获得有效引导的问题。这些问题的产生是多方面共同作用的结果，既有社会责任的问题，也有农民的观念问题，还有教育体制的改革问题。"再穷不能穷教育"，这是在物质匮乏时代教育发展的一句重要口号，而今天中国的乡村教育问题恐怕不是一个"穷"字能够解释清楚的。近几十年来，国家在解决教育均衡方面投入了大量的资源，对乡村教育的发展不可谓不重视。然而，笔者在全国一些农村地区调研发现，国家在农村教育中投入的大量资源并没有得到有效的利用。

虽然国家在农村义务教育阶段给予了大量的优惠政策，农民子女上学可以说不仅不用拿钱，还能够额外获得很多方面的补贴，对于贫困家庭的子女来讲，获得的各项政策优惠甚至会更多。但是，义务教育中的突出问题不得不引起重视：一是一些农民宁可读高价的私立学校，也不愿意读免费的公立学校；二是"读书无用论"在乡村社会蔓延，农村学生缺乏有效引导。当下的农村教育现状对于农民来讲，出现了截然不同的应对策略。如果家长非常重视教育的话就会想方设法把子女送到教育质量高的学校去，因此就有了私立学校的发展空间。而有的地区农民对于子女的教育不重视，就用一种顺其自然的态度：读不读书是子女的事情，家长只要责任尽到了就行。然而在父母外出打工的背景下，子女的教育就几乎成了一种完全自由的状态。缺乏有效的引导，农村的很多孩子更容易在现代社会的种种诱惑中迷失自我。在深度贫困区，受制于观念影响，一些农民对子女教育不重视，而地广人稀的地理环境又使得辍学在家的学生很难被及时发现。

四、立志扶智思想观念转变的长期引领

"幸福都是奋斗出来的。"习近平总书记在 2018 年元旦讲话中这样提到。二战后，中国能够从众多的发展中国家脱颖而出，创造东亚奇迹，成为世界第二大经济体，所取得的发展成就不是一蹴而就的，更不是空中楼阁，而是在中国人民的艰苦奋斗过程中逐步实现的。对处于转型期的中国而言，各行各业都要坚持这种奋斗精神。贫困治理不仅是国家任务，也是社会责任，更是贫困者自身义不容辞的义务。贫困治理并非易事，即便国家在迅速发展过程中积攒了大量的社会财富，如果不能充分调动起贫困者改变自身命运的主观能动性，那么贫困治理就会陷入被动局面。

当前的扶贫政策赋予了贫困者前所未有的发展机遇和空间，而这一切归根结底还需要贫困者自身能够充分发挥主观能动性。如果贫困户自力更

生艰苦奋斗的意识不强，没有脱贫志向，宁愿穷等也不愿苦干，"靠着墙根晒太阳，等着别人送小康"。那么，旧的思想意识仍会源源不断地滋生贫困的文化土壤。扶贫的根本在于立志扶智，激发农民积极向上的奋斗精神，树立正确的发展观念。扶贫不是单纯的自上而下发资源、送政策的问题，也不是单纯转变从输血到造血的思路问题。政府各级部门在扶贫工作中，不能一味以救济式的心态发资源、送政策，要以此为契机加强公民义务教育。农民脱贫的关键在于自身能够拥有自立自强、勤奋踏实的奋斗品格，任何外力帮扶都只能起到锦上添花的作用，无法代替根本。

深度贫困区仍然存在着较高的返贫风险，很大程度上与地方保守的思想观念、发育相对缓慢的社会文化紧密相关。深度贫困的长效治理需要硬投入与软建设均衡发展。从硬投入层面来看，国家在统筹对贫困地区资源和人力投入等方面已出台多项举措，在东西部扶贫协作、中央单位定点扶贫、社会扶贫等多种扶贫方式共同努力下，深度贫困区的人居环境、基础设施、产业发展、文化教育、医疗卫生等方面均取得了较好的成绩，扶贫成就也获得了国内外社会的认可。

从软建设层面来讲，要彻底拔掉穷根，归根结底仍然离不开农民自身主观能动性的充分发挥。内因是解决问题的根本，只有充分激发农民的内生动力，才能真正实现造血式扶贫。当前脱贫攻坚面临最棘手的难题就是相当一部分农民并未意识到自身的贫困，对于未来的发展没有规划和目标，缺乏持续发展的动力，以至于外在的帮扶力量得不到内在的有力支撑。

冰冻三尺非一日之寒。相对封闭的自然社会环境造成了深度贫困区农民的家庭生计模式脆弱、思想观念相对传统，不仅难以适应现代市场经济的种种规则，也很难适应扶贫政策的发展内核，使得政策绩效不得不打折扣。在深度贫困区调研发现，一些地区外出务工（包含本县务工）的劳动力还达不到人口总量的10%，大量青壮年劳动力留在家中从事农业生产，并没有将自身的劳动力价值充分发挥出来。这些年轻人对未来缺乏规划和目标，不愿外出务工主要有两方面理由：一是觉得没有文化，不敢出去，害怕被骗；二是不喜欢被约束，也不想吃苦。

深度贫困治理作为综合性、系统性、长期性贫困治理，需要硬投入与软建设均衡发展。在解决了硬投入问题后，软建设是深度贫困治理的关键。软建设很难取得立竿见影的效果，需要久久为功。软建设不仅要关注人，也要关注文化，即如何充分发挥深度贫困区农民的主体性，从"要我脱贫"向"我要脱贫"转变；大力发展文化教育，解决精神贫困，阻隔贫困代际传递；移风易俗，改变制约社会发展的陈规陋习；引导农民在文化比较和反思中重新审视过去的生活模式与未来的发展愿景。

五、数字乡村建设的效能与限度

当前乡村发展的数字化进程不断加速，如何在推进乡村数字化建设过程中服务于相对贫困的长效治理，以及数字化应用的技术限度有哪些是乡村振兴时期需要着力考虑的问题。贫困治理理念的转型对国家治理能力提出了更高的要求，尤其是国家的认证能力。国家强大的财力支撑、技术治理在诸多领域的应用、监督和管理环节的精细设计都使得贫困治理的精准性成为可能。

精准扶贫的技术基础在于对贫困户的数字管理，即能够精准地掌握贫困户的人口、田地、房屋、工作、车辆、工商、存款、社保、医疗、教育等收支及财产情况，并以此为基础准确地判断出谁是贫困户、如何帮扶。而精准扶贫的重要意义在于打破了过去由各个部门条块掌握的信息孤岛格局，通过统筹整合，地方建立起了包含工商、税务、社保、交通、公安等部门信息的财产检索系统，从而在贫困户的甄别筛选过程中发挥了较大作用。

然而，以国家扶贫开发信息管理系统、财产检索系统为代表的技术治理手段虽然能够提升贫困治理的效能，但是其发挥作用的关键在于信息的收集。而关于贫困户识别的相关信息，不仅需要整合好政府条块部门内信息，还有大量信息需要到村庄社会内调研，这些信息产生的过程叫作数字在地化生产。这些数字信息都是实现技术治理的有效前提，有学者认为这些数字应该触及深层的乡村社会权力结构和社会生活生产过程，但实际上目前的数字都是悬浮于基层社会之上，因而产生了诸多困扰。[①]提高贫困户识别的精准度需要更多的政策执行者参与贫困治理过程，收集和核对基础信息，进行评估和政策监督，毫无疑问，这些不仅极大地增加了行政成本，[②]还与社会政策的简约性内在要求存在诸多矛盾，执行者在权衡过程中只能以牺牲精准为代价。

数字在地化生产遇到的另外一个难题就是农民的自主空间极大，可以在和政府周旋的过程中选择性地展示有利于自身的信息。因此，在面对扶贫工作时，农民都会选择把自己描述得更加穷困，不仅如此，还会采用多种手段对信息收集者进行误导。农村的数字在地化生产面临多重困难：如

---

① 王雨磊. 数字下乡：农村精准扶贫中的技术治理. 社会学研究，2016（6）：119-142+244.

② 李棉管. 技术难题、政治过程与文化结果——"瞄准偏差"的三种研究视角及其对中国"精准扶贫"的启示. 社会学研究，2017（1）：217-241+246.

果让村干部作为主要的信息收集者，虽然熟悉村庄基本情况，但是其容易受到人情等因素的干扰，公信力难免不足，多数地区的村干部文化程度也难以适应现代化的信息收集方式（填问卷、录信息）；如果让政府工作人员去做，虽然能力能够胜任，公信力也能保证，但是对村庄信息不熟悉，很容易被农民欺骗、误导。乡土社会中信息的在地化生产对于国家能够有效地判断基层社会概况，采取有针对性的治理措施至关重要，但是信息在地化生产的过程对于基层组织及其治理能力也提出了更高的要求，这些对于相对贫困治理来说是更大的挑战。

第四节　相对贫困治理的建议

一、处理好政府、市场与社会的关系

贫困治理是综合性、系统性工作。在脱贫攻坚任务完成后，李小云认为农村的贫困治理需要实现由"扶贫战略"调整为"以防贫为主"的战略，即更加注重通过逐步实现城乡社会服务均等化等手段来逐步解决不平等问题。①以往的扶贫战略都带有较为浓厚的运动式色彩，通过设定目标，加大政策和资源投入，动员各层级政府履职尽责来实现一定阶段内的治理目标。这种治理模式由于聚焦了特定目标而容易产生不均衡问题。从这个意义上来看，相对贫困治理，需要妥善处理好政府、市场与社会之间的关系。

（一）政府之间关系

精准扶贫反复识别不精准的关键点在于带有强烈计划经济思维的指标作祟，就像地方政府在生产总值数据中注水一样，过去地方政府的自利性动机、治理能力不足等多重原因造成了贫困户指标注水严重，而这些泡沫化的指标又成了地方政府和中央签订的脱贫责任书的目标任务，导致了指标化的思维指导实践、强行改造实践的行政悖论。因此，当前的精准扶贫工作亟须破除计划思维，实事求是地认定和帮扶贫困户，而不是反复玩数字游戏，让行政空转。具体而言，政府应该作出以下调整：

一是放下数字包袱、挤出数字泡沫，建立长效的容错纠错机制。通过精准扶贫，地方政府已经充分认识到了国家治理转型背景下完成政治任务

① 李小云，苑军军，于乐荣. 论 2020 后农村减贫战略与政策：从"扶贫"向"防贫"的转变. 农业经济问题，2020（2）：15-22.

的严肃性，过去"纸面扶贫""数字扶贫"等问题已经得到有效遏制。由于中央政府考核方式的升级，地方政府如果继续过去的数字造假游戏、不断圆谎的行为最终将得不偿失。然而，制约地方政府挤出数字水分的结构性因素在于自上而下的指标控制，由于技术治理手段的升级和应用，地方政府的贫困指标均被纳入了国务院扶贫办的信息管理系统，凡是纳入系统内的贫困户无论是贫困识别还是最终脱贫，都有一系列严格的认定程序。

技术治理的应用原本是为了更好地监督地方政府的扶贫工作，过于严格的程序又成了地方政府挤出数字泡沫的障碍。在政策换挡期，地方政府难免基于制度惯性而错判形势，作出一些违规行为，但是不能因此而堵住地方改错的道路，从而使得一错再错、错上加错。当然，并不是所有的地方政府都有勇气主动承认数字造假，容错纠错机制的引入有利于及时调整由于政策执行过于刚性、刻板等所带来的与基层事实脱节的弊端，也避免了地方政府担心追责而一味用谎言来掩盖事实的错误行为。对于国务院扶贫办来讲，需要择机释放信号，给地方政府以空间去挤出数字泡沫，在结果上可以强化考核扶贫绩效。

二是处理好政府间关系，克服"四风"问题顽疾。2017 年习近平就新华社《形式主义、官僚主义新表现值得警惕》一文曾作出批示：文章反映的情况，看似新表现，实则老问题，再次表明"四风"问题具有顽固性反复性。[1]形式主义、官僚主义在精准扶贫工作中表现突出，基层政府感到苦不堪言。尽管媒体时常报道，中央多个部门屡次严令解决扶贫工作中的形式主义等问题，最终效果都不大。

贫困治理不仅是对国家治理贫困能力的考验，也是对政府能力的一场检视，处理好政府间关系（不仅是央地关系，还有地方政府上下级间的关系）尤为重要。尽管当前中央的政策传达和监督能力非常强，但是政策的落实都需要基层政府去做，由于地方政府上下级之间的不对等关系，处于

---

① 新华社的文章反映，党的十八大以来，从制定和执行中央八项规定开始，全党上下纠正"四风"取得重大成效，但形式主义、官僚主义在一定程度上仍然存在，如：一些领导干部调研走过场，搞形式主义，调研现场成了"秀场"；一些单位"门好进、脸好看"，就是"事难办"；一些地方注重打造领导"可视范围"内的项目工程，"不怕群众不满意，就怕领导不注意"；有的地方层层重复开会，用会议落实会议；部分地区写材料、制文件机械照抄，出台制度决策"依葫芦画瓢"；一些干部办事拖沓敷衍、懒政庸政怠政，把责任往上推；一些地方不重实效重包装，把精力放在"材料美化"上，搞"材料出政绩"；有的领导干部热衷于将责任下移，"履责"变"推责"；有的干部知情不报、听之任之，态度漠然；有的干部说一套做一套、台上台下两样样。参见习近平近日作出重要指示强调：纠正"四风"不能止步 作风建设永远在路上. 新华网, 2017-12-11. http://www.xinhuanet.com/politics/2017/12/11/c_1122091241.htm.

最基层的政府往往面临着权责利不匹配的难题。在扶贫工作中，层层布置任务、立军令状，层层监督，但还得靠基层政府去执行。基层政府既要负责把政策落实下去，和群众打交道，应对各种突发问题，还要面对上级政府的监督考核，处于政府和农民的夹层之中，着实为难。而精准扶贫涉及大量的精细数据、材料、报表等填写上报工作，由于中央又比较重视，使得一些地方在给基层布置任务的时候提出了不切实际的要求，比如复杂的贫困户档卡材料（一般都是几十页，涉及上千项数据）只能手写、不能有一处涂改等；有的地方在扶贫工作中大搞形式主义，拿着扶贫款搞刷墙运动，如中部某省扶贫时将村庄内房屋墙壁都刷成白色，每户大概要花5000元。除此之外，文山会海更是层出不穷，这些极大地透支了基层真扶贫的人力与精力。在全面推进乡村振兴战略时期，地方政府要加强对一线干部的关注，其想法和心声需要得到及时倾听、传递，积极营造敢于讲真话、讲实话的政治氛围，完善自下而上的问题反馈机制。

（二）政府与市场关系

贫困治理既是发展问题，也是经济问题，因此扶贫政策要妥善处理好政府和市场的关系。贫困地区发展的确需要一系列经济政策，而经济政策能否起到效果取决于市场，毕竟政府行政能力很难左右市场发展的客观规律。现代交通和通信工具的巨大进步使中国乃至全球都形成了一个联系紧密的市场，市场的资源配置能力得到了前所未有的强化和提升。在近几十年的市场经济发展过程中，中国形成了多个专业化的市场体系，比如全国劳动力市场、农产品市场等，这些都和农村发展息息相关。

当前的产业扶贫政策初衷在于通过产业培育、增强贫困地区造血能力，但是产业发展受到多方面要素的影响：市场供求关系、道路交通、种植和经营能力、气候变化、国际关系等。近年来各地都在大力做产业扶贫，而产业雷同性又比较高，由于我国的扶贫开发主要以县域为单位，县域之间、省之间缺乏统筹使得农产品市场出现了高度的不确定性，风险极大。调研的多个地方都在种植果树，挂果周期长、投入大、见效慢，未来几年内风险很高；在广东北部某市调研，尽管当地已经有多年的蔬菜种植历史，农民具有较强的市场应对能力，但是随着一条湖南到广东高速公路的开通，湖南更加便宜优质的蔬菜得以进军广东市场，粤北地区的菜农不得不经受巨大损失；在云南南部地区，香蕉种植比较普遍，前几年和菲律宾关系比较紧张，因而国内的蕉农利润得以保持，但是随着中菲关系改善，菲律宾香蕉大量进口，云南的蕉农就不得不承受较大损失；南美传入的玛咖虽然在初期赚钱，但是在资本炒作下，大量农民上马项目后就面临着巨亏的局面……类似的案例还有很多，影响农产品价格的因素多且复杂，单靠行政命令，一味蛮干上项目，对于贫困地区来讲，不仅难以脱贫，反而可能因此遭受损失而变得更加贫困。

市场发展自有其规律，政府的最佳定位在于监督并完善市场规则、适度进行调控，而非直接带着农民强闯市场。农民参与市场的路径是多种多样的，深度贫困区的农民尚未建立起对现代市场经济的认识，缺乏直接参与市场的能力，通过外出打工来认识外部世界不仅对农民家庭有经济意义，也有文化意义。因此，可以尝试通过政府间的定向合作来支持一部分农民走出去，做好服务保障工作是必要的。农民有了见识和能力，才能更好地创业和发展产业。

（三）政府与社会关系

扶贫是民心工作，工作实效关系到民心向背。农民既是一种职业身份，也是一种政治身份。中国共产党从成立之初就和农民建立了坚强的联系。作为传统农业大国，农民是社会的基石，共产党正是在依靠和发动农民的过程中，走上了执政党的道路；在1949年以后的社会主义建设中，农民又成了中国工业化的坚实支持者，工农剪刀差使得中国的工业发展得以积累原始资本、建设完备的工业体系；在改革开放的历程中又是农村的率先变革拉开了中国改革的帷幕……然而，尽管中国的工业化和城市化进程取得了标志性的进步，但是贫困差距、社会阶层分化都在不断地扩大，中西部农村地区成了发展的洼地。无论是从平衡区域发展，还是政治承诺的视角来讲贫困治理都是必需的。尽管贫困治理有着充分的必要性，但也应充分地认识到这是一项长期性、系统性工程，不可能一蹴而就。因此，扶贫一定要实事求是，在宣传上要适度，切忌为了夸大炫耀政绩而盲目宣传，吊高了群众胃口而无所作为，还要警惕为了完成任务而敷衍了事、开空头支票的官僚主义行为，否则会激起民怨和不满，事与愿违。

农民身份的政治意涵在一定程度上影响着扶贫实践，这种影响来自政府和农民的双向形塑。一方面在当前的扶贫实践中已经出现了政府大包大揽、过度宣传的倾向，一些地区不顾地方实际盲目向农民夸下海口，一味讲究政府应该给予农民哪些权利，形塑了农民强烈的权利意识，但是缺乏履行承诺的能力和实力，这些行为加剧了农民对政府的不信任；另一方面农民在政府权利意识的形塑下，更加注重对利益的争夺，带有政治色彩的农民身份又成为争夺利益的盾牌，以至于有些地方的农民为了谋利而一味胡搅蛮缠，政府却没有任何治理手段。农民权利意识觉醒的同时其义务体系又不断瓦解，以至于越来越多的人只讲权利不讲义务，权利—义务关系失衡所带来的后果是人人都讲究权利，将享受到政府帮助看作理所应当，缺乏感恩心态，稍有不满就会苛责，缺乏包容。在推进乡村振兴战略过程中，地方政府要避免以救济式的心态发资源、送政策，要以此为契机加强公民义务教育。农民脱贫的关键在于能够有自立自强、勤奋踏实的奋斗品格，任何外力帮扶都只能起到锦上添花的作用，无法代替根本。巩固脱贫成果需要持续激发农民积极向上的奋斗精神，树立正确的发展观念。

除此之外，在脱贫攻坚过程中，社会组织等作为更加灵活的治理力量也参与了扶贫实践并发挥了重要作用。与政府作为贫困治理的主导力量相比，更加多元化的社会力量不仅能够在一定程度上弥补政府力量的不足，也是实现公民责任感的重要路径。在国家主导的精准扶贫运动中，企业、学校、公益组织、爱心团体等也在积极发挥专长、贡献力量。相比大而全、面面俱到的政府力量，这些社会组织能够提供更加具有针对性、业务性更强的帮扶手段。同时，因为这些组织往往小而精，善于发现政府帮扶政策的盲区，从而灵活应对。因此，政府应该积极鼓励并支持这些社会力量参与扶贫行动，为其提供必要的支持和帮助。在此基础上，政府还应该做好统筹规划和衔接服务，为社会组织参与扶贫提供政策支持和指导建议，避免由于资源的重复投入和分配不均而造成社会问题。

二、分类治理：不同区域要实施有差别、有重点的反贫困政策

深度贫困区和一般农业区的贫困发生机理存在一些差异，贫困治理重点、难度也均有不同，因此不适宜用一刀切的方式来对实践作出硬指导，政策设计应该充分考虑到这些，进行分类治理。

（一）深度贫困区

应该破除两种认识：一是深度贫困区都非常贫困，二是深度贫困区农民挣扎在温饱线。这两种认识都带有较强的想象色彩，与现实存在一定的差距。深度贫困区内的发展差异也很大，民族、区位、地方文化等都会对农民的生计样态造成影响，但是关键的一点在于中国的土地制度对于保障农民生存底线起到了决定性作用，除此之外，国家社会保障体系的完善虽然不能全方位地解决农民发展中的问题，但是对于解决基本的温饱以及医疗、住房、教育等都没有问题。因此，已经完全接受了现代文明洗礼的城市人用悲天悯人的思想去看待深度贫困区的农民生活时往往会因为截然不同的文化模式而产生很多误判。深度贫困区的农民吃穿并不愁，相当一部分地区民族文化活动很多，农民的幸福指数还比较高，但是在2020年后这些农民是否真正具有独立自主参与市场经济活动的能力、是否形成了可持

续的生计模式依然存在较大疑问。

深度贫困治理是一项综合性、系统性、长期性的治理，宜缓不宜急。针对区域差异，贫困治理应该坚持分类处理、因地制宜的原则。考虑到西南、西北边疆民族地区地广人稀、贫困面广且程度较深、地方治理能力相对较弱等基本现实，不能一刀切地用考核中部地区或者平原区的标准去监督或考核边疆地区的贫困治理绩效，要将工作侧重点转移到培育农民独立自主、通过务工或经商等手段参与市场经济的能力。即使在深度贫困区，也有很多相对富裕的农户，这些人往往都是早期勇敢闯向市场的农民，充分证明深度贫困区并不必然产生贫困，思想上开放、勇敢，行动上积极、主动，才是战胜贫困的最大法宝。

要积极引导农民走出去，通过外出务工、教育等途径，走出落后、封闭的环境，真正认识到自身与外界的差距，从而为进一步发展寻找动力。深度贫困区农民面临的问题是过去从来没有外出过，对于自身和外界的差距缺乏认识。由于文化水平等限制，等到想外出务工的时候，缺乏勇气和社会关系。政府应该在组织劳务输出等方面着力思考，给农民提供一条相对稳定、有保障的劳务输出路径，培养一批懂得市场的劳务输出经理人，通过他们将本地富裕的劳动力转变为经济发展的优势；地方政府应该积极与东部地区对接，一方面积极承接劳动密集型产业的转移，另一方面推动本地农民向外走出去，树立劳动致富典型，形成示范带动作用。同时，对于农民来讲，外出务工不仅是家庭收入的增加途径，也是适应现代社会和学习市场经济规则的重要渠道。即便将来不愿意在外发展，想回乡创业，也会因为见识的增长、对外交往能力的提升而作出更好的选择。

大力加强移风易俗，改变制约社会发展的陈规陋习。"扶贫先扶智、治贫先治愚"，边疆少数民族区由于封闭落后，一些习俗在一定程度上制约了社会发展，比如早婚、赌博、嗜酒等。地方社会规范的变革需要农民能够树立文化比较的视野，在比较中反思自省。这不仅需要农民能够主动走出去、接触现代文化，也需要适当的外力刺激，否则很难打破强大的文化惯性。精准扶贫不仅是实现地方社会均衡发展的重要政策工具，也是现代力量进入乡村社会的重要渠道。因此，扶贫就不仅仅是要从物质层面解决农民的贫困问题，更重要的是激发农民内生发展的动力，精神文化层面的贫困问题解决需要时间和过程。政府可以通过适当地组织深度贫困区农民外出参观、交流，或者以定向劳务输出的形式增加农民与外界沟通、交流的渠道，同时也可以通过开群众会、谈心会等形式加强和群众沟通联系，解决其思想困惑，做好沟通工作，告别陈规陋习，树立积极健康向上的文化氛围。

（二）一般农业区

现代社会以发展为导向，人们的生活总在无形中被一层又一层目标所环绕，这些目标构成了发展的动力。对于接受了现代发展观念的农民来讲，其生活轨迹很难逃脱这些无形目标的支配，否则就是自绝于现代社会，成为另外一种"贫困"。从经验来看，中西部多数地区的农民已经认识并深度参与到现代社会的发展浪潮中，并在不同地区形成了不同的、符合当地经济社会条件的家庭生计模式，农民更加关注的是如何能够高质量地完成家庭发展目标。因此，对于发展资源、发展机会、发展环境也更为关注，承担的思想压力自然也就越来越大。

持续不断地完善农村社会救助制度、建立健全农村医疗保障体系、帮助农民树立正确的风险防范意识是贫困治理的根本保障。不管处于何种社会形态，人类总是无法避免疾病、意外事故、自然灾害等对家庭带来的伤害，这些社会发展中无法规避的问题总会不断地制造出农民家庭开支过大、收入来源缩小的经济困境，现代社会虽然无法摆脱风险社会的命运，但是总要通过一系列的保障制度建设实现对困难群体的救助和兜底。考察社会发展程度的标准之一在于社会保障制度能够在多大程度上抵御风险带来的危害。因病致贫是当前中西部农村致贫的重要原因之一，对于这个问题需要从两个层面认识：一是农民既有的家庭生计结构面对现代社会风险仍然比较脆弱，农村的社会保障制度建设仍然需要不断完善；二是因病致贫的背后还有重要的文化因素，对于疾病的恐慌情绪在家庭发展压力下被放大，"小病挨、大病拖"，等到最后往往要付出更大的代价，治疗还是放弃终归是两难的选择。

积极完善老年人的权益保障，倡导良好家风与家庭伦理。在紧张的发展压力下，家庭内部由于资源有限往往选择牺牲老年人的利益，当然也包括老年人主动性地自我剥削。例如在当前高额的婚姻成本压力下，农民为了完成人生任务不仅耗光家中积蓄，还要背负债务，有的子女成家后还要与父代家庭经济关系进行切割，这种剥削式的家庭经济结构更容易使父代堕入贫困。这种结构带来的老年贫困问题虽然是真问题，但由于隐蔽性强而难以获得社会关注。公共政策很难直接干预农民的家庭策略与选择，积极完善并明晰老年人权益维护渠道，培育社会内生力量建设老年人协会、进行移风易俗降低婚姻成本、倡导良好家风等都可以在一定程度上缓解这些问题。

（三）大力发展文化教育，促进人力资本提升

无论是哪类地区，大力发展文化教育，多维并举提升农民人力资本是反贫困的根本举措，人才的培养是阻隔贫困代际传递的最有效方法。现代社会发展对于人力资本的要求越来越高，劳动密集型产业的优势也正在被机械化、自动化、智能化手段所替代，因此对劳动力的客观要求也在逐步升高。对于那些至今尚未参与到全国劳动力市场的农民而言，其面临的压力和客观环境都不容乐观，如果不能尽快顺应时代发展要求实现家庭生计模式转型，那么摆脱贫困的难度会越来越大。

当务之急是政府应该引导农民树立正确的教育观和人才观，破除"读书无用论"等对农村社会的错误干扰，通过摆事实、讲道理、列数据等手段帮助农民辨析社会形势。只有农民在观念上重视教育、认同教育，子女的教育发展才会有希望。尽管国家在义务教育和农村教育方面投入了大量资源，客观上也不存在上不起学的问题，但是事实上还是有不少学生主动辍学，除了教育质量等其他方面原因，还在于对教育缺乏清晰的认识。而缺乏有效的引导，农村的很多孩子更容易在现代社会的种种诱惑中迷失自我。

探索有效的教育改革，树立良好的教育环境。首先，政府应该充分正视城乡教育差距的现状，实施有差别、有针对性的城乡教育管理政策，不能再搞一刀切。其次，要深化义务教育体制改革，全民保障性的义务教育已经难以满足农民对于更高教育质量的需求，教育部门应该积极转变思路，探索将全民保障性的义务教育转化为高质量的义务教育，可以尝试政府拨款—社会资助—家庭缴费等多元一体的义务教育办学经费保障机制。最后，要积极推进体制改革，为农村学校选拔留住一批优秀的教师，优良的教师队伍是提升农村教育质量的关键，既要在制度上为教师更好地管理学生做好改革，又要进一步理顺教师管理体制。

深度贫困区的教育发展尤为重要，地方政府要善于打破常规、积极探索。云南省阳县有 40 多万人口，教育非常落后。全县 2015 年高考达到一本线的人数不足 10 人。为此阳县举全县之力发展教育，和云南民族大学展开深度合作，民大附中在阳县挂牌基地学校，学校每年安排专家团队到基地学校开展示范教学、培训指导、讲座提升；每年为阳县选派的骨干教师开展跟班培养计划；合作期内民大附中为元阳中学生提供优质教育资源，阳县每年选送 30 名优秀学生到民大附中共享小班精英教育机会。当然，这仅仅是一个教育落后县域的探索，深度贫困区要想实现发展的根本逆转，必须改革教育落后现状。

三、处理好资源分配中效率与公平的关系

扶贫资源分配既要讲究公平公正，又要讲究策略。在扶贫过程中，一味地做老好人，把重心放在如何给群众分发更多的扶贫资源是失之偏颇的，尤其要警惕一些干部拿部门资源做慈善而不顾及后果。脱贫攻坚进入到关键阶段时，各个部门为此都投入了非常大的人力、物力和财力。越是到关键阶段，就越要保持清醒理性的头脑。千万不能为了完成脱贫攻坚任务而盲目供给资源，要深刻认识到中国当前仍然是发展中国家，切莫现在就以发达国家福利社会的高标准来建设基层。对于基层来讲，"斗米养恩，担米养仇"，扶贫资源不是越多越好，贫困户和低保名额也不是越多越好，必须要让群众认识到脱贫的关键在自身而非外力。

由于脱贫攻坚的政治压力，资源过度集中在贫困村，从而造成贫困村能够获得较多的基础设施建设项目，而非贫困村获得项目的难度则相对较大，出现了非贫困村比贫困村的基础设施更加落后等悖论现象。在相当一部分地区，贫困村和非贫困村之间原本差别并不大，过去由于考核不严格及政府的自利性等原因，贫困村上报的工作过程中存在比较多问题。

贫困村不仅是对农村经济发展情况的综合性评定，同时也是国家财政资源支农惠农的重要依据。地方政府往往根据村庄的综合经济情况，按照轻重缓急进行排序，通过分批申报、按阶段建设的方式支持农村地区的基础设施建设和经济发展。然而，由于不同时期对贫困村的支持力度不同，且政策上基于公平考虑，一般不会对同一村庄在不同时期均进行重点支持。因此，一些村庄在"十一五""十二五"时期获得了支持且已经脱贫，就无法在"十三五"时期继续享受对贫困村的支持政策。但问题在于过去的扶贫力度很小，村庄得到的资源比较少，而精准扶贫时期给予村庄的资源非常多，造成了贫困村和非贫困村之间的巨大差别；还有就是地方政府在上报贫困村的过程中，考虑的主要因素是村两委班子的能力、项目资源的落地效果等因素而非经济要素，造成那些"好村"往往能够得到贫困村帽子，相反一些真正的差村就被忽略了；对于多数地区来讲，同一区域内的差异往往并不是很大，贫困村指标作为一项资源又不得不分配下去，就产生了同样的条件有的是贫困村，有的不是贫困村的问题。由于国家对贫困户、贫困村的高度重视，地方政府为了完成任务，造成了资源分配过于集中的不平衡问题，以至于出现了贫困村比非贫困村更加富裕的怪现象。

除此之外，在精准扶贫时期，围绕贫困户脱贫等设计的扶贫政策过于完整、周密，一定程度上造成贫困户特权化现象。贫困户不仅能够享受到

较多的扶贫政策，而且在教育、医疗等方面也能得到一路开绿灯的照顾，但是在村庄社会经济分化不大的背景下造成了非贫困户心里不平衡，非贫困户普遍存在着一种相对剥夺感，进一步影响脱贫验收时的群众满意度以及干群关系。同时，在基层扶贫行动中普遍存在贫困户内生动力不足、等靠要思想和消极畏难情绪严重。一些贫困户自力更生艰苦奋斗的意识不强，没有脱贫志向，宁愿穷等也不愿苦干，"靠着墙根晒太阳，等着别人送小康"。这些现象的存在在一定程度上破坏了地方的劳动伦理，造成了贫困户与非贫困户之间的矛盾和隔阂，以及非贫困户对国家扶贫行动的不满。在经济社会分化不大的地区，要注重普惠性项目的投入。对于贫困户的帮扶要适度，不仅要帮助贫困户脱贫，还要兼顾到非贫困户的获得感和满意度。对于那些内生动力不足的贫困户，改变思想观念是扶贫的前提和基础，要善于发动群众、动员群众，通过群众监督、干部教育、政策帮扶等多种渠道，改变其等靠要思想。因此，在推进乡村振兴战略过程中，项目资源分配要统筹考虑，不能偏废，尤其是基础设施等普惠性项目，要让更多的群众有获得感。

第八章　结论与讨论

中国农村贫困问题的焦点随着国家现代化进程的变化而变化，不平衡、不充分发展构成了当代中国的基本国情，精准扶贫作为解决这一深刻矛盾的基本抓手，被赋予了重要的政治意涵和时代意义。有效的反贫困政策离不开对转型期中国农村贫困性质的基本判断和认识。本研究以区域发展不平衡为主轴，以村庄社会为参照，以农民家庭为核心，构建认识转型期中国农村贫困性质的三层分析模型，以此为基础对反贫困政策实践进行反思。

第一节　转型期中国农村的贫困性质

"邦有道，贫且贱焉，耻也。邦无道，富且贵焉，耻也。"[①]

转型性贫困是对当前农村贫困性质的基本概括，在既有的制度环境下，农村贫困治理的焦点逐渐从温饱意义上的绝对贫困转向了发展意义上的相对贫困，这不仅因为发展的不平衡、不充分，还因为社会转型的不同步、不均质。[②]本研究通过对当前贫困区域进行理想类型划分，将农民家庭置于区域环境中，探讨环境、制度以及农民主体性之间的互动。在具体操作方面，文章从经济——农民家庭生计模式、文化——农民现代化观念、价值——农民发展动力三个层面来认识深度贫困区和一般农业区贫困的发生机制。

---

① 出自《论语·泰伯篇》，大意是说如果国家有道而自己贫贱，是耻辱；如果国家无道而自己富贵，也是耻辱。

② 刘成良. 转型性贫困、多维贫困问题与中国的扶贫能力转型. 东方学刊，2020（1）：10-20.

一、中国农村的贫困治理伴随着国家的现代化进程

扶贫是现代社会以发展主义为内核的政策话语，现代国家将贫困治理作为保障人民生存权和发展权的重要政策工具。农耕文明时期的生产力水平使得政权只能做到维持型统治，而工业文明时期的生产力水平的质变使得国家能够在深层次上着眼于人民生活水平的提升。以工业化、城市化为代表的现代化建设成为二战后国际社会的主流发展方向，中国作为曾经最大的农业型国家、最大的发展中国家，农村反贫困历程伴随着国家的现代化进程。当前，在国际竞争的紧要关头，中国能否顺利走出中等收入陷阱，对于持续减贫至关重要。农村劳动力要尽快抓住机遇、努力提升素质以适应时代变化，否则将在现代化进程中面临更加被动的局面。

中国农村的贫困问题随着发展阶段的变化而变化，在国家发展的整体脉络中，贫困问题受制度和政策的影响非常大。中国共产党领导的土地革命让广大贫下中农分到了土地，改变了被压迫、被奴役的命运；大集体时期为了建设完备的工业体系，采取了严格的户籍制度，控制农村人口向城市流动，通过工农剪刀差来支持工业和城市发展，形成了较为僵化的城乡二元结构。农村发展在 1949 年后的 30 年中受到多重限制，再加上人民公社制度难以调动起农民的生产热情，因此以往农村的贫困问题首先聚焦于温饱问题，其次才是发展问题。

到了 20 世纪末期，随着市场经济的发展、国家支农惠农政策的加强以及制度变革，原本塑造出城乡二元结构的不平等制度体系不断瓦解。"中国城乡二元结构的'剥削性'不断弱化，而'保护性'的功能不断增强。维持'保护型'的城乡二元结构，使广大农民在市场经济中'进可攻退可守'，不仅对农民的利益保障意义重大，而且有利于维护社会结构的弹性，对农村的社会稳定和国家的经济发展具有战略性的价值。"[①]城市化作为国家发展的战略成为促进中国经济强劲增长、人民生活水平提升、国家现代化转型的重要动力。中国的城市化进程除了有独特的城乡互动结构保驾护航之外，更重要的是得益于近几十年来经济的持续增长，逐步形成了统一的劳动力市场，让农民拥有更多的就业机会，为其进城目标奠定坚实的经济基础。

经济持续稳健的增长使中国成了世界第二大经济体，国家对农村发

---

① 林辉煌，贺雪峰. 中国城乡二元结构：从"剥削型"到"保护型". 北京工业大学学报（社会科学版），2016（6）：1-10.

展、贫困治理的支持力度更是达到了前所未有的高度。随着生产力的飞速发展、物质生活的极大丰富,中国农村的贫困问题性质已经发生了根本变化。我国土地制度的宪法秩序保障了农民土地承包经营权、宅基地使用权;在税收制度上废除了农业税费,强化了对"三农"的反哺力度;不断完善农村合作医疗、养老保障制度体系,为农民的生存和发展构筑了一道又一道保障线和安全阀。在外部市场机会方面,我国独立完整、门类齐全的工业体系对劳动力也提出了更多样化的需求,农民可以自由地在全国劳动力市场择业,为农村劳动力转移、收入增加提供了机会和空间。在我国独特的城乡二元结构背景下,农民在城乡之间双向流动和通过代际接力方式进城的过程形成了中国特色的渐进城镇化道路,避免了发展中国家在现代化进程中普遍出现的"贫民窟"和政治社会动荡等问题。[①]

二、深度贫困的现代化转型

深度贫困区是国家贫困治理的核心区域。虽然从贫困的表征上看,深度贫困区表现出贫困面积广、程度较深、致贫原因复杂、脱贫难度大等基本特征,但是这些现代意义上的概括往往忽视了深度贫困区致贫的真正机理,也忽视了农民选择的主观能动性,用病态的眼光来认识这些地区的贫困问题,导致了公共政策在执行过程中难以有效调动起农民主动性的难题。

深度贫困区农民的家庭生计模式普遍表现为自循环型的小农经济,这是由外在的资源环境刺激和农民内在主动策略性选择双重因素相互作用而形成。农民家庭在农业生产上耗费了巨大的时间和精力,但是没有产生经济收益;农业种植多数是为了糊口或饲养牲畜,饲养牲畜是为了农业耕作和换取一些现金以应对生活开支;家庭自给自足程度非常高,参与市场流通和变现的又极少;大量劳动力处于过密化状态,价值没有发挥出来;因为难以产生更多的货币收入而使得农民家庭始终处于温饱有余、小康不足的状态。自循环型小农经济的本质是传统小农经济在现代社会的延伸,本身并没有汲取时代特色、与时俱进。

从观念和认识层次来看,深度贫困区农民家庭行为和策略与现代社会的主流形态存在较大差异:对文化教育缺乏重视,整体文化水平偏低;不喜欢被约束,缺乏现代社会中的规则意识;对以打工等方式接触外部世界存在着担忧、畏惧、拒斥情绪;安于现状,容易满足,发展动力不足;经济意识薄弱,缺乏成本—收益的核算意识、储蓄—投资的理财意识等。这

---

① 夏柱智,贺雪峰. 半工半耕与中国渐进城镇化模式. 中国社会科学,2017(12):117-137+207-208.

些都是向现代社会转型准备不足的具体表现，可以说是现代伦理的缺失。

现代社会文化正在从不同层面影响着深度贫困区，农民生活中的现代消费主义元素越来越多，家庭经济支出压力越来越大，生计结构脆弱，抗风险能力很差。深度贫困区成了现代社会危机转嫁机制的承接点。生育政策干预下的人口性别结构急剧转型给当前的光棍危机埋下了伏笔，传统的通婚圈被打破后，区域性的婚姻市场失去了平衡，深度贫困区表现出结婚难度大、光棍密集产生等现象。对于那些将传宗接代视为重要人生任务的农民来讲，婚姻危机正在严重威胁着农民的人生价值，价值的迷失无疑是对家庭发展动力的一种毁灭性打击。与此同时由于部分地区重量轻质的生育观念，更容易使家庭堕入贫困陷阱，加剧贫困问题。

深度贫困区的现代化转型远远比单纯的贫困治理更为重要，或者说深度贫困区更需要综合治理。不仅要解决基础设施落后、公共服务不足、社会保障薄弱等关键要素，还要充分激发农民发展的主观能动性，在思想文化上积极向现代社会靠拢，而这是渐进式过程。深度贫困区正在发生的变化表明，农民在接受教育、外出务工等过程中更容易树立文化比较的意识，从而接受并认可现代社会观念，实现现代化转型。作为国家力量的扶贫行动不断刺激乡土社会的保守文化，将现代性伦理输入乡村。不过，为了刻意追求某种效果而设立时间节点的做法不仅让地方社会陷入被动，也在一定程度上滋生了深度贫困区农民等靠要的想法。发展不平衡、不充分的基本国情决定了深度贫困区的现代化转型需要时间和空间。

三、一般农业区的现代化转型

一般农业区农民的家庭生计模式普遍表现为发展型小农经济。农民家庭面向市场，基于发展理性，根据家庭劳动力的数量、能力以及既有的资源进行优化配置，使家庭经济达到较为合理的水平，形成了以代际分工为基础的半工半耕模式。城市既是农民获得打工机会的主要场所，也是家庭发展的重要目标。农业在多数以粮食种植为基础的地区仅是家庭经济的一小部分补充，但起着至关重要的作用。

因为家庭发展有了更高的目标，就需要更多的资源来支撑目标达成。一旦家庭的主要劳动力无法在市场上获得收入，家庭就容易因为发展目标的迟滞而陷入危机。一般农业区虽然很难产生大面积贫困问题，但是个体贫困现象比较突出，比如因病致贫。村庄中的底层，尤其是贫困户普遍表现出严重的焦虑感。在发展主义的刺激下，地方社会滋生出了较为强烈的消费攀比文化；农民基于发展压力，劳动力的变现欲望很强，部分地区蔓延着"读书无用论";由于资源有限,农民家庭现代化过程中形成了内部危机转嫁机制,老年贫困现象突出。当前的婚姻危机使得农民完成人生任务所要支付的婚姻成本越来越高,给农民的人生价值实现带来了诸多困扰,进一步造成代际关系的紧张。村庄中无法完成人生任务的农民在激烈的竞争和发展压力下面临着价值崩溃、动力缺失的困境,精神面貌也随之消沉、颓废。

一般农业区农民虽然在观念上认同并内化了现代价值理念,但是在转型过程中由于地方文化以及思想认识等层面上的差异,农民并不必然具备和发展目标相匹配的经济能力。现代社会是建立在高度社会分工基础上的复杂社会,与传统乡土社会相比,对农民家庭及个体能力均提出了较高的要求。手段和目标之间的差距让农民经受着转型之困。

四、家庭是理解中国农村发展与反贫困的关键

家庭是中国农民的信仰,农民生活轨迹和人生意义在相当大程度上都围绕家庭再生产展开。家庭也是贫困治理的基本单位,有效的扶贫政策离不开对农民家庭的深刻理解。中国的现代化之所以能够取得今天的发展成就,核心奥秘不仅在于国家的制度优势、正确的发展方向和道路,也在于一个个农民家庭。在一定程度上,也是小农理性造就了中国奇迹。[①]贫困治理往往是站在为何贫困的视角发问,但是往往最容易忽略了绝大多数农民为何不贫困。小农理性的本质其实是家庭理性,农民勤劳、节俭等一系列理性行为是为家庭服务的,不仅要实现生物意义上的家庭再生产,还要实现家庭的发展目标。

也正是因此,中国农民的家庭具有强大的韧性,为了实现目标,家庭内部可以形成紧密的合力,甚至父代愿意通过自我剥削来为子代提供资源。中国的现代化进程为农民实现家庭目标提供道路选择,为农民的阶层流动提供了大量的机会和空间。绝大多数农民就是在这个过程中通过努力奋斗来实现家庭资源的积累,摆脱了贫困。农民为何愿意和家人分居并进城务工?为何愿意坚守在苦累的工作岗位?支撑着这一切的最重要的是家庭,

---

① 徐勇. 农民理性的扩张:"中国奇迹"的创造主体分析——对既有理论的挑战及新的分析进路的提出. 中国社会科学, 2010(1):103-118+223. 徐勇在论述中将农民理性概括为八个关键词,即勤劳、勤俭、算计、互惠、人情、好学、忍耐、求稳,认为是农民理性的扩张成就了"中国奇迹"。笔者也认同这些特点的概括,这些特点虽然重要,但是缺了最关键的家庭视野,即农民之所以具备这些特点,究竟是为了什么?其终极意义是什么?又是什么形塑了农民的这些特征?而徐勇并没有对这些问题作出进一步解释。

是农民能够看得到的可预期的发展前景。事实上，这才是中国发展和减贫奇迹最根本、最深层的动力。

家庭既是农民展开经济社会活动的重要单元，同时也是支撑其不断发展的重要动力，完成家庭的再生产并在城镇化进程中实现家庭发展目标的跃迁成为转型期中国现代化进程中的重要图景。中国绝大多数的农村地区并不是通过国家的专项减贫政策而走向致富道路的，这些地区的农民也不是经历了专门和严格的岗前培训才走向城市工作岗位，村社内部的生存压力、外部改革的发展机遇，双向的推拉作用将农民引上了现代化道路。绝大多数农民可以做到的，深度贫困区农民当然也可以做到，事实上他们中的一部分人已经做到了。只是要打破传统的文化和生活模式，仍然需要时间。与此同时，当前的反贫困政策也需要适当给予农民空间，如果农民没有树立起文化比较的视野，如果没有亲身感受并设置发展的参照对象，那么又如何能够走上有主体性的发展道路呢？

在既有的发展环境下，除了因病、因残（包含智力缺陷）等致贫因素，多数地区的农村贫困问题并不一定是收入不足，而是农民缺乏积累意识；贫困也不一定是农民的能力不足，而是缺乏付出和奋斗的精神；贫困也不一定是缺乏脱贫的手段，而是缺乏发展的目标。即便外在条件再完美无缺，内因终究是解决问题的根本，关键是农民家庭要有发展目标、发展动力和意愿。

第二节　国家扶贫理念转型与反贫困政策设计

一、精准扶贫的政策实践及其反思

从贫困治理的政策设计来看，精准扶贫是国家治理现代化在扶贫领域中的一次深刻实践。为了克服以往扶贫过程中政策粗放执行等问题，国家在贫困治理方面的政策设计也不断科学化、规划化、精细化，基本上实现了对贫困人口从认定、帮扶、脱贫，再到最终评估等环节的全过程控制。为此，不仅自上而下重构了反贫困政策体系，而且也将更多的行政监督、绩效评估、技术治理等手段纳入了政策执行过程，从而实现精准治理的目标。国家通过精准扶贫这一代表着现代化力量的政策工具深入地方社会时，就难免要和地方社会的保守文化发生碰撞。结果，政策之间的矛盾、地方政府自利性、技术治理有限性、基层组织困境以及乡村社会不规则等交织导致的政策实践偏离初衷现象比较突出。

精准扶贫是一项系统性工程，是国家治理现代化理念在贫困治理中的一次尝试。由于地方政府在精准扶贫初期对国家扶贫理念转型的认识不足，自利性动机使其利用信息不对称、政策漏洞等在贫困数据的识别、上报等方面存在诸多问题，造成了贫困户指标的泡沫化。为了应对地方政府对中央硬政策软执行的问题，中央在与地方的政策互动中不断升级治理手段，运用技术治理、巡查暗访、第三方评估等制度约束地方行为。在扶贫高压形势下，地方政府基于政治性考虑难以挤出贫困户的数字泡沫，实事求是地去识别贫困户，只能在既有的指标约束下进行精准识别，从而使扶贫工作陷入了怪圈——反复识别，仍难做到精准。基层行政也陷入了空转态势，为了应付行政体系内部的压力而不断做重复性工作，形式主义愈演愈烈，扶贫工作陷入了"指标困局"。

这是当前中西部农村绝大多数地区面临的治理难题，尽管中国已经成为世界第二大经济体，但是仍然无法忽视我国是一个东中西部发展不均衡、不充分的发展中国家。尽管国家高屋建瓴地描绘了很多现代化的蓝图，但是这些最终还要落实到执行，这就非常考验基层社会的治理能力。东部地区的农村和中西部农村在治理资源、治理手段、治理对象等方面有着较大差距。[①]同样的国家政策落实到最基层，不同地区的治理能力差异使得政策落实也存在着差异。在精准扶贫工作中，东中部面临的压力要比西部小得多。精准扶贫作为国家贫困治理术的升级，对地方治理能力提出了更高的要求，比如说信息的统计、搜集能力，政策的理解、贯彻能力等，不仅需要必要的资源来支撑，还需要治理者具有较强的能力和水平。

西部多数农村地区的这些能力都很弱，尤其是深度贫困区。而贫困治理的核心区域就在于深度贫困区，这就产生了一种悖论：中央提出了先进的贫困治理理念，最需要进行贫困治理的地区因为能力较弱，难以有效践行先进理念，而最不需要贫困治理的地方往往地方能力很强，能够很容易地将中央理念落实到位。

---

① 例如，上海郊区的一个两千人的普通农村，村级治理队伍一般为四五十人，除了村两委干部、小组长之外，还有聘用干部、条线干部，这些人在地方政府和村两委的领导下，分工配合，能够较好地完成自上而下分解的行政任务，并做好对村民的服务。庞大的干部队伍都有充足的财力保障，一方面来自政府的财政支持较多，另一方面以集体土地租赁等形式获得的集体经济非常丰厚。而在西南山区，一个两千人的村庄，村级治理队伍最多也就十个人，村集体经济多数是空壳化。村干部主要依靠政府财政发放的补贴，主职干部待遇是一两千元/月，其他的更低。这些地区承担的自上而下的治理任务并不比上海地区要少，由于地广人稀，山大沟深，做工作的难度还要更大。

这种悖论贯穿了整个精准扶贫工作的始终。因为精准扶贫的核心在于精准，首先是治理对象的精准，即谁是贫困户一定要精准，才能精准地施策。而在深度贫困区，姑且不论谁是贫困户，地方政府连最基本的人口有多少都不一定能精准掌握，那么其他的工作就更是难上加难了。精准扶贫作为一项设计系统、严密的扶贫体系，需要大量的精准数据予以支撑，需要强大的基层治理能力予以执行，这些在深度贫困区落实下来仍然非常困难，需要较高的行政成本来支撑，这在当前显然是不合时宜的。中央政府尽管可以自上而下地立军令状、压实责任，用一系列的监督和考核措施来落实政策，但是由于基层不具备这种能力，只能通过造假或其他手段来应对。中国的基本国情决定了要想实现向现代化强国的转变，要想实现国家治理体系和治理能力的现代化转型，基层政权必须稳固，基层治理能力必须得到有效提升。

从精准扶贫工作开始，地方政府大量精力都耗散在谁是贫困户以及为贫困户反复做材料的工作上。在政治高压形势下，基层行政进入了空转的态势——即为了应付行政体系内部的压力而反复做重复性工作。自利性是地方政府在发展主义导向下难以回避的内在矛盾，本身无可厚非。地方政府基于自利动机与中央在诸多政策上产生的博弈行为是造成中央硬政策软执行的根源之一。而随着国家能力的强大，治理理念的转型使得中央和地方的互动上升到了一个新的阶段，中央为了避免地方政府利用信息不对称、政策漏洞等行为谋取灰色利益，在与地方政府的互动中不断升级治理手段，运用技术治理、监控手段、督查审计制度等约束地方行为。在精准扶贫中产生的"指标困局"就是由于地方政府的自利性行为没有及时适应国家贫困治理理念的转型。

国家治理理念的转型、治理能力的提升并非一蹴而就。之所以能够给地方政府的自利行为留下空间是因为国家的基层治理能力仍然存在较多短板，尤其是作为基础能力的认证能力。精准扶贫工作中存在的诸多指标、数据乱象则根源于认证能力的不足。"治大国如烹小鲜"，现代技术治理的运用为国家重构央地关系、应对复杂治理状况创造了条件，但是技术治理除了依靠先进的技术手段，更离不开各级政府组织能力的提升。也只有如此，才能使得技术治理赖以依存的数据能够真正地实现在地化的生产，而非悬浮于地方社会之上，从而实现与技术治理之间的良性互动。

二、相对贫困治理的任务与挑战

经历了 8 年的持续奋斗，中国如期完成了脱贫攻坚的任务，实现了全面建成小康社会的目标。中国贫困治理的力度之大、规模之广、影响之深远，确实是前所未有的。从绝对贫困治理的意义上来看，脱贫攻坚彰显了社会主义制度集中力量办大事的政治优势，为世界提供了诸多可以参考借鉴的经验，树立了反贫困的中国样板；加强了贫困地区农村基层政权建设，探索了基层治理现代化的路径；激发了社会发展的内生动力，为抑制阶层固化促进社会流动增加活力；同时，也推动了贫困地区的经济发展，维护欠发达地区的社会稳定。

　　然而，即便是绝对贫困治理已经取得了关键性胜利，但这并不意味着就彻底解决了贫困问题。从贫困的发生机制来看，疾病灾害等致贫因素仍然存在，而且一些地区由于历史地理的复杂性，仍然存在着返贫风险。巩固拓展脱贫攻坚成果，防止规模性返贫，是"十四五"时期必须守住的底线任务，因此，2020 年后处理好乡村振兴战略与巩固拓展脱贫攻坚成果的关系至关重要。当前，国家通过设置 5 年过渡期来保持主要帮扶政策的总体稳定性；在财政支持政策方面，保留并调整优化原财政专项扶贫资金，聚焦脱贫地区的可持续发展；同时，健全防止返贫大数据监测平台，推动部门数据共享，以脱贫攻坚普查结果为依据，完善基础数据库，并建立了农户申请、部门信息比对和基层干部定期跟踪回访相结合的易返贫致贫人口发现与核查机制，从而实现对帮扶对象的动态化管理。

　　在相对贫困时代，人们对于贫困的认识和界定更加多元，意味着对国家贫困治理提出了更高的要求。相对贫困治理面临如下挑战：第一，如何保障脱贫攻坚时期扶贫产业的持续发展，其中包含的关键问题是扶贫产业发展模式能否持续有效应对市场风险，以及一些经营失败的产业如何妥善处理好相关资产，避免财政资金浪费；第二，如何有效推进农村基层治理能力的现代化建设，乡村基层组织是国家与社会之间的关键链接纽带，要警惕小微权力腐败、基层组织家族化等重要问题；第三，虽然脱贫攻坚完成了住房、教育、医疗等基础保障目标，但是政策执行中存在一些不到位的问题，导致了这些基础保障仍然存在着巩固提升的空间；第四，"立志扶智"思想观念转变的仍然需要长期引导，这些很难取得立竿见影的效果，需要久久为功，需要不断发展文化教育，解决精神贫困，阻隔贫困代际传递；第五，如何在推进乡村数字化建设过程中服务于相对贫困的长效治理，并避免数字化建设悬浮于乡村社会仍然是巩固拓展脱贫攻坚成果同乡村振兴有效衔接需要重点考虑的问题。

第三节　研究不足与未来设想

贫困研究是一项庞大的系统工程，对于转型期的中国而言，在广袤的国土上所发生的社会巨变需要被持续地记录和思考。这对于贫困研究的学者而言，无疑是一项艰巨的任务。本研究试图通过多点调研的方式梳理并提炼理想类型来认识转型期中国农村的贫困性质，在具体的操作维度上从经济、文化、价值三个层面对贫困问题进行认识。从一般认识来看，文化和价值之间的关系相对难以区分清楚，由于文化是相对宽泛的概念，甚至可以说文化本身就包含了价值。在具体处理上，文化贫困意义上的探讨聚焦于一般的社会与现代化转型的层面，价值贫困意义上的探讨聚焦于农民个体人生动力层面。目前还没法找出更为精准的概括来对两者进行清晰界定。深度贫困区和一般农业区的划分主要依据的是贫困现象及其产生机制，由于我国区域面积实在广阔，即便是深度贫困区，不同地区的文化特征等都有较大的差异。例如农民的生育观念并不与贫困区域重合。虽然中国绝大多数农村传统上就有传宗接代、重男轻女的观念，但是在一些地区并没有很强的生男偏好，尤其是西南的一些民族地区，很多地方是男女平等的，甚至有的地方女性地位还更高。而西北一些深度贫困区表现出了非常强烈的生男偏好，直到现在生育观念仍然没有转型——越生越穷，越穷越生，儿子越多，娶媳妇越难……因此，在贫困的价值层面上对这两种生育文化特质探讨时就会略有差异。由于本书主要关注的是深度贫困区和一般农业区在三个维度上的典型特征，为了避免文章更复杂，并没有进一步探讨诸如深度贫困区内不同地区的细微差别。或许仍然有很多比较典型的现象抑或类型没有被发掘，因而需要在后续的研究中不断完善。

基于本土农村区域类型的比较有利于在诸多特殊性中寻找一般规律，因为面临共同的制度环境，事实上相当于控制了某一重要变量，从而便于考察在这一关键变量影响下的反贫困绩效，但是也往往容易忽略了这一被控制变量的关键作用。如果学者能够有跨文化的思考，有跨文化的比较意识，那么就会有更加丰富的视野来审视贫困问题。在云南边境调研发现常有越南农民偷偷到内地打工，老板给这些农民的工资比雇佣内地农民的工资少，越南农民工作的卖力程度却比本土农民强得多，他们非常珍惜这样的工作，生怕做得不好而失去机会，愿意吃苦耐劳、靠着努力赚钱，因为这远比他们国内的环境要好。本土的农民宁愿休息也不愿意做这样的辛苦活，即便做了，也是该休息就休息，工作时还总想偷偷地抽上一会儿水烟……这些不仅为贫困的国际比较研究提供了丰富的素材，同时也更加有助于学者在制度和文化比较的视野中思考贫困问题与反贫困政策。前期调研由于目标比较明确，这些问题只是略有涉及，在未来的研究规划中需要继续用力。全面建成小康社会的任务已经完成，但是相比于绝对贫困治理，相对贫困治理的挑战会更大，一方面源自相对贫困本身的隐匿性，如何界定相对贫困，以及如何认识在中国如此大的区域发展差异下的贫困问题，仍然需要学界和政策界不断努力；另一方面近年来波云诡谲的国际形势为世界贸易体系带来了更多不确定性风险，中国作为制造业大国，如何在逆全球化浪潮中保持自身定力并不断发展，关系到国民经济的稳定和贫困治理的长效之计。除此之外，2020年以来的新冠疫情也为经济发展蒙上了一层厚厚的阴影，一些产业遭受了巨大的经济损失，停工停产等措施使得劳动者的收入受到了较大的影响，也为贫困治理带来了更大的挑战。从精准扶贫工作开始，笔者就有幸记录、观察、思考这一伟大工程。在后扶贫时代，中国农村的贫困性质会发生什么样的变化？反贫困政策会走向何方？当前的反贫困政策究竟会在未来造成什么样的后果？这些问题历经岁月洗练，更需要研究者去记录和思考。

参考文献

[1] 蔡昉. 城市化与农民工的贡献——后危机时期中国经济增长潜力的思考. 中国人口科学，2010（1）.

[2] 蔡昉. 中国经济增长如何转向全要素生产率驱动型. 中国社会科学，2013（1）.

[3] 蔡昉. 中国劳动力市场发育与就业变化. 经济研究，2007（7）.

[4] 陈锋. 农村代际剥削的路径与机制. 华南农业大学学报（社会科学版），2014（2）.

[5] 陈谷谈. 萨米尔·阿明和他的"依附论". 世界经济，1980（7）.

[6] 陈辉. 过日子：农民的生活伦理——关中黄炎村的日常生活叙事. 北京：社会科学文献出版社，2015.

[7] 陈靖. 从"人生任务"看农民的生命价值. 西北农林科技大学学报（社会科学版），2017（1）.

[8] 陈义媛. 精准扶贫的实践偏离与基层治理困局. 华南农业大学学报（社会科学版），2017（6）.

[9] 陈振明. 公共管理学. 2版. 北京：中国人民大学出版社，2017.

[10] 成伯清. 消费主义离我们有多远. 江苏行政学院学报，2001（2）.

[11] 仇叶，贺雪峰. 泛福利化：农村低保制度的政策目标偏移及其解释. 政治学研究，2017（3）.

[12] 丁守海. 劳动剩余条件下的供给不足与工资上涨——基于家庭分工的视角. 中国社会科学，2011（5）.

[13] 段世江，石春玲. "能力贫困"与农村反贫困视角选择. 中国人口科学，2005（S1）.

[14] 方黎明，张秀兰. 中国农村扶贫的政策效应分析——基于能力贫困理论的考察. 财经研究. 2007（12）.

[15] 方齐云，陆华新，鄢军. 我国农村税费改革对农民收入影响的实证分析. 中国农村经济，2005（5）.

［16］费孝通. 乡土中国. 上海：上海人民出版社，2007.

［17］冯海发，李溦. 我国农业为工业化提供资金积累的数量研究. 经济研究，1993（9）.

［18］傅夏仙，黄祖辉. 中国脱贫彰显的制度优势及世界意义. 浙江大学学报（人文社会科学版），2021（2）.

［19］符平，卢飞. 制度优势与治理效能：脱贫攻坚的组织动员. 社会学研究，2021（3）.

［20］桂华. 礼与生命价值. 北京：商务印书馆，2014.

［21］郭书田，刘纯彬. 失衡的中国：城市化的过去、现在与未来（第 1 部）. 石家庄：河北人民出版社，1991.

［22］郭于华. 代际关系中的公平逻辑及其变迁——对河北农村养老事件的分析. 中国学术，2001（4）.

［23］国家统计局. 中国统计年鉴（1995）. 北京：中国统计出版社，1995.

［24］国务院第六次全国人口普查办公室，国家统计局人口和就业统计司. 2010 年第六次全国人口普查主要数据. 北京：中国统计出版社，2011.

［25］国务院法制办公室. 中华人民共和国法规汇编（2001 年第 16 卷）. 北京：中国法治出版社，2005.

［26］贺雪峰. 城市化的中国道路. 北京：东方出版社，2014.

［27］贺雪峰. 华中村治研究（2016 年卷）. 北京：社会科学文献出版社，2016.

［28］贺雪峰. 农村代际关系论：兼论代际关系的价值基础. 社会科学研究，2009（5）.

［29］贺雪峰. 农民价值观的类型及相互关系——对当前中国农村严重伦理危机的讨论. 开放时代，2008（3）.

［30］贺雪峰. 中国农村反贫困问题研究：类型、误区及对策. 社会科学，2017（4）.

［31］贺雪峰，等. 南北中国：中国农村区域差异研究. 北京：社会科学文献出版社，2017.

［32］胡鞍钢，童旭光. 中国减贫理论与实践——青海视角. 清华大学学报（哲学社会科学版），2010（4）.

［33］胡联，孙永生，王娜，等. 贫困的形成机理：一个分析框架的探讨. 经济问题探索，2012（2）.

［34］黄承伟，刘欣. "十二五"时期我国反贫困理论研究述评. 云南民族

大学学报（哲学社会科学版），2016（2）.

[35] 黄宗智. 长江三角洲小农家庭与乡村发展. 北京：中华书局，2000.

[36] 黄宗智. 制度化了的"半工半耕"过密型农业（上）. 读书，2006（2）.

[37] 洪名勇，娄磊，龚丽娟. 中国特色贫困治理：制度基础与理论诠释. 山东大学学报（哲学社会科学版），2022（2）.

[38] 中共中央文献研究室. 建国以来重要文献选编：第 1 册. 北京：中央文献出版社，1992.

[39] 姜汝祥. 莱宾斯坦的落后经济理论与中国贫困地区发展. 开发研究，1992（5）.

[40] 景天魁，邓万春，何健. 发展社会学概论. 北京：中国社会科学出版社，2011.

[41] 蒯正明. 资本现代性与风险社会. 厦门：厦门大学出版社，2016.

[42] 雷望红. 论精准扶贫政策的不精准执行. 西北农林科技大学学报（社会科学版），2017（1）.

[43] 李博，左停. 谁是贫困户？精准扶贫中精准识别的国家逻辑与乡土困境. 西北农林科技大学学报（社会科学版），2017（4）.

[44] 李德成. 合作医疗与赤脚医生研究（1955—1983 年）. 杭州：浙江大学，2007.

[45] 李红军. 临翔南美拉祜族反贫困问题研究. 昆明：云南大学出版社，2015.

[46] 李棉管. 技术难题、政治过程与文化结果——"瞄准偏差"的三种研究视角及其对中国"精准扶贫"的启示. 社会学研究，2017（1）.

[47] 李树茁，姜全保，伊莎贝尔·阿塔尼，等. 中国的男孩偏好和婚姻挤压——初婚与再婚市场的综合分析. 人口与经济，2006（4）.

[48] 李文，柯阳鹏. 新中国前 30 年的农田水利设施供给——基于农村公共品供给体制变迁的分析. 党史研究与教学，2008（6）.

[49] 李小云，徐进，于乐荣. 中国减贫四十年：基于历史与社会学的尝试性解释. 社会学研究，2018（6）.

[50] 李小云，苑军军，于乐荣. 论 2020 后农村减贫战略与政策：从"扶贫"向"防贫"的转变. 农业经济问题，2020（2）.

[51] 李永萍，杜鹏. 婚变：农村妇女婚姻主导权与家庭转型——关中 J 村离婚调查. 中国青年研究，2016（5）.

[52] 李永萍. "学会做老人"：家庭转型视野下的农村老年人危机——基于北方农村的分析. 武汉：武汉大学，2017.

［53］厉以宁. 认清中国当前面临的六大问题. 江淮论坛，2017（5）.

［54］梁漱溟. 中国文化要义. 上海：上海人民出版社，2005.

［55］梁漱溟. 中国民族自救运动之最后觉悟. 上海：上海书店出版社，1992.

［56］林辉煌，贺雪峰. 中国城乡二元结构：从"剥削型"到"保护型". 北京工业大学学报（社会科学版），2016（6）.

［57］林雪霏. 我国场域内的反贫困逻辑:基于多维理论视角. 重庆社会科学，2014（9）.

［58］林毅夫，蔡昉，李周. 中国的奇迹：发展战略与经济改革. 增订版. 上海：格致出版社，2014.

［59］林毅夫. 转型国家需要有效市场和有为政府. 中国经济周刊，2014（6）.

［60］刘成良. "项目进村"实践效果差异性的乡土逻辑. 华南农业大学学报（社会科学版），2015（3）.

［61］刘成良. 贫困的代际逆传递——基于华北、中部农村贫困问题的研究. 社会保障研究（北京），2016（2）.

［62］刘成良. 微自治：乡村治理转型的实践与反思. 学习与实践，2016（3）.

［63］刘成良. 转型性贫困、多维贫困问题与中国的扶贫能力转型. 东方学刊，2020（1）.

［64］刘成良. "指标困局"：农村贫困治理的实践与反思. 华南农业大学学报（社会科学版），2019（5）.

［65］刘锐，杨华. 价值迷失与农村老人自杀. 湖南农业大学学报（社会科学版），2014（6）.

［66］刘善文. 新中国的扫盲运动（一）. 党史文苑，2017（7）.

［67］刘爽，蔡圣晗. 谁被"剩"下了？——对我国"大龄未婚"问题的再思考. 青年研究，2015（4）.

［68］刘燕舞. 论"奔头"——理解冀村农民自杀的一个本土概念. 社会学评论，2014（5）.

［69］刘燕舞. 中国农民自杀问题研究（1980—2009）——社会互构论的视角. 武汉：华中科技大学，2012.

［70］刘永富. 全面贯彻中央决策部署 坚决打赢脱贫攻坚战. 学习时报，2017-05-05（001）.

［71］刘玉海. 中国减贫新挑战:转型性相对贫困. 21 世纪经济报道，2011-

11-14（018）.

[72] 刘正山. 土地兼并的历史检视. 经济学（季刊），2007（2）.

[73] 罗荣渠. 从"西化"到现代化. 北京：北京大学出版社，1990.

[74] 吕普生. 制度优势转化为减贫效能——中国解决绝对贫困问题的制度逻辑. 政治学研究，2021（3）.

[75] 马富春. 不让农民因为彩礼致贫. 中国青年报，2016-08-12（12）.

[76] 欧树军. 基础的基础：认证与国家基本制度建设. 开放时代，2011（11）.

[77] 钱穆. 钱穆先生全集：灵魂与心. 新校本. 北京：九州出版社，2011.

[78] 钱穆. 中国历代政治得失. 北京：三联书店，2001.

[79] 宋锐，曹东勃. 中国贫困治理的制度透视及实践导向. 甘肃社会科学，2020（6）.

[80] 汝信. 社会科学新辞典. 重庆：重庆出版社，1988.

[81] 沈红、周黎安、陈胜利. 边缘地带的小农：中国贫困的微观解理. 北京：人民出版社，1992.

[82] 沈红. 中国贫困研究的社会学评述. 社会学研究，2000（2）.

[83] 世界银行. 增长报告：可持续增长和包容性发展的战略. 北京：中国金融出版社，2008.

[84] 宋锦. 中国劳动力市场一体化的主要问题研究. 东南大学学报（哲学社会科学版），2016（6）.

[85] 宋莉. 1950 年四大方针领航卫生 40 年. 中国医院院长，2009（19）.

[86] 檀学文，李静. 习近平精准扶贫思想的实践深化研究. 中国农村经济，2017（9）.

[87] 田孟. 从"赤脚医生"到"乡村医生"的变迁. 中国乡村发现，2016（3）.

[88] 汪三贵，张伟宾，杨浩，等. 城乡一体化中反贫困问题研究. 北京：中国农业出版社，2016.

[89] 汪三贵，张伟宾，杨龙. 少数民族贫困问题研究. 北京：中国农业出版社，2016.

[90] 汪三贵. 在发展中战胜贫困——对中国 30 年大规模减贫经验的总结与评价. 管理世界，2008（11）.

[91] 王德福. 做人之道——熟人社会里的自我实现. 北京：商务印书馆，2014.

[92] 王红茹. 许小年称"中国陷入了中等收入陷阱"，厉以宁等专家给予

反驳. 中国经济周刊，2017（29）.

[93] 王小强，白南风. 富饶的贫困. 成都：四川人民出版社，1986.

[94] 王延中. 发挥好社会保障收入再分配作用. 经济参考报，2016-04-01（008）.

[95] 王雨磊. 数字下乡：农村精准扶贫中的技术治理. 社会学研究，2016（6）.

[96] 王昀，孙晓华. 政府补贴驱动工业转型升级的作用机理. 中国工业经济，2017（10）.

[97] 汪三贵. 在发展中战胜贫困——对中国30年大规模减贫经验的总结与评价. 管理世界，2008（11）.

[98] 汪三贵. 中国扶贫绩效与精准扶贫. 政治经济学评论，2020（1）.

[99] 魏后凯. 21世纪中西部工业发展战略. 郑州：河南人民出版社，2000.

[100] 温铁军. 八次危机：中国的真实经验1949—2009. 北京：东方出版社，2013.

[101] 温铁军. 全球资本化与制度性致贫. 中国农业大学学报（社会科学版），2012（1）.

[102] 文雁兵. 包容性增长减贫策略研究. 经济学家，2015（4）.

[103] 乌丙安. 中国民间信仰. 上海：上海人民出版社，1996.

[104] 吴国宝. 准入和退出：如何决定贫困县去留. 人民论坛，2011（36）.

[105] 吴理财. "贫困"的经济学分析及其分析的贫困. 经济评论. 2001（4）.

[106] 吴胜涛，张建新. 贫困与反贫困：心理学的研究. 心理科学进展，2007（6）.

[107] 习近平. 在深度贫困区脱贫攻坚座谈会上的讲话. 人民日报，2017-09-01（002）.

[108] 夏柱智，贺雪峰. 半工半耕与中国渐进城镇化模式. 中国社会科学，2017（12）.

[109] 肖东波. 新中国成立初期中国共产党执政实践研究（1949—1956）. 北京：中央文献出版社，2013.

[110] 邢成举，李小云. 精英俘获与财政扶贫项目目标偏离的研究. 中国行政管理，2013（9）.

[111] 邢成举. 村庄视角的扶贫项目目标偏离与"内卷化"分析. 江汉学术，2015（5）.

[112] 邢成举. 精英俘获：扶贫资源分配的乡村叙事. 北京：社会科学文

献出版社，2017.

[113] 徐勇. 农民理性的扩张："中国奇迹"的创造主体分析——对既有理论的挑战及新的分析进路的提出. 中国社会科学，2010（1）.

[114] 徐富明，张慧，马红宇，等. 贫困问题：基于心理学的视角. 心理科学进展，2017（8）.

[115] 徐康宁. 为什么"中等收入陷阱"经不住现实检验. 南京财经大学学报，2017（5）.

[116] 徐月宾，刘凤芹，张秀兰. 中国农村反贫困政策的反思——从社会救助向社会保护转变. 中国社会科学，2007（3）.

[117] 许烺光. 祖荫下：中国乡村的亲属·人格与社会流动. 台北：台北南天书局，2001.

[118] 谢岳. 中国贫困治理的政治逻辑——兼论对西方福利国家理论的超越. 中国社会科学，2020（10）.

[119] 叶敬忠，贺聪志. 基于小农户生产的扶贫实践与理论探索——以"巢状市场小农扶贫试验"为例. 中国社会科学，2019（2）.

[120] 杨国涛. 中国西部农村贫困演进与分布研究. 北京：中国财政经济出版社，2009.

[121] 杨华，欧阳静. 阶层分化、代际剥削与农村老年人自杀——对近年中部地区农村老年人自杀现象的分析. 管理世界，2013（5）.

[122] 杨华. 论中国特色社会主义小农经济. 农业经济问题，2016（7）.

[123] 杨林，薛琪琪. 中国城乡社会保障的制度差异与公平性推进路径. 学术月刊，2016（11）.

[124] 杨志明. 中国特色农民工发展研究. 中国农村经济，2017（10）.

[125] 姚洋. 发展经济学. 北京：北京大学出版社，2013.

[126] 姚洋. 小农生产在以日本与中国为代表的东亚长盛不衰，是历史理性的选择——小农生产过时了吗？. 北京日报，2017-03-06（018）.

[127] 广东外来农民工联合课题组. 在流动中实现精英移民——广东省外来民工调研报告. 战略与管理，1995（5）.

[128] 张建雷. 发展型小农家庭的兴起：市场、制度与农民家庭的互构——皖东溪水镇的小农家庭与乡村变迁（1980—2015）. 上海：华东理工大学，2017.

[129] 张路雄. 耕者有其田——中国耕地制度的现实与逻辑. 北京：中国政法大学出版社，2012.

[130] 张培刚. 农业与工业化. 武汉：武汉大学出版社，2013.

[131] 张颖夫. 晏阳初 "平民教育" 理论与实践研究: 基于当代中国社会转型期的视角. 昆明: 云南民族出版社, 2011.

[132] 张有春. 贫困、发展与文化: 一个农村扶贫规划项目的人类学考察. 北京: 民族出版社, 2014.

[133] 赵婀娜. 60 载教育 奠基中国——教育部部长周济谈新中国 60 年教育. 人民日报, 2009-08-27 (006).

[134] 赵娜. 关于反贫困研究的社会学理论综述——基于个体与结构的视角. 知识经济, 2012 (11).

[135] 赵曦. 中国西部农村反贫困模式研究. 北京: 商务印书馆, 2009.

[136] 赵燕菁. 城市化的几个基本问题 (上). 北京规划建设, 2016 (1).

[137] 折晓叶. "田野" 经验中的日常生活逻辑——经验、理论与方法. 社会, 2018 (1).

[138] 郑风田, 普蓂喆. 以县扶贫模式负面效应探究. 人民论坛, 2011 (36).

[139] 郑淋议. 中国农业经营制度: 演变历程、问题聚焦与变革取向. 农村经济, 2020 (1).

[140] 郑宇. 贫困治理的渐进平衡模式: 基于中国经验的理论建构与检验. 中国社会科学, 2022 (2).

[141] 中共中央文献研究室. 三中全会以来重要文献选编 (上). 北京: 中央文献出版社, 2011.

[142] 中共中央文献研究室. 十四大以来重要文献选编 (上). 北京: 中央文献出版社, 2011.

[143] 中共中央文献研究室. 十四大以来重要文献选编 (下). 北京: 中央文献出版社, 2011.

[144] 中国社会科学院农村发展研究所, 国家统计局农村社会经济调查司. 中国农村经济形势分析与预测 2013—2014. 北京: 社会科学文献出版社, 2014.

[145] 中华人民共和国国务院新闻办公室. 人类减贫的中国实践. 人民日报, 2021-04-07 (009).

[146] 周彬彬. 人民公社时期的贫困问题. 经济研究参考, 1992 (Z1).

[147] 周飞舟. 财政资金的专项化及其问题 兼论 "项目治国". 社会, 2012 (1).

[148] 周光辉, 彭斌. 国家自主性: 破解中国现代化道路 "双重难题" 的关键因素——以权力、制度与机制为分析框架. 社会科学研究,

2019（5）.

[149] 周晓虹. 理想类型与经典社会学的分析范式. 江海学刊，2002（2）.

[150] 周怡. 贫困研究：结构解释与文化解释的对垒. 社会学研究，2002（3）.

[151] 朱玲. 政府与农村基本医疗保健保障制度选择. 中国社会科学，2000（4）.

[152] 马克斯·韦伯. 新教伦理与资本主义精神. 康乐，简惠美，译. 桂林：广西师范大学出版社，2007.

[153] 马克斯·韦伯. 经济与社会. 阎克文，译. 上海：上海人民出版社，2010.

[154] 马克思. 资本论. 中共中央马克思恩格斯列宁斯大林著作编译局，译. 北京：人民出版社，2004.

[155] 恰亚诺夫. 农民经济组织. 萧正洪，译. 北京：中央编译出版社，1996.

[156] 弗朗索瓦·佩鲁. 新发展观. 张宁，丰子义，译. 北京：华夏出版社，1987.

[157] 讷克斯. 不发达国家的资本形成问题. 谨斋，译. 北京：商务印书馆，1966.

[158] 巴兰. 增长的政治经济学. 蔡中兴，杨宇光，译. 北京：商务印书馆，2014.

[159] 巴里·诺顿. 中国经济转型与增长. 安佳，译. 上海：上海人民出版社，2016.

[160] 哈瑞尔·罗杰斯. 美国的贫困与反贫困. 2版. 刘杰，译. 北京：中国社会科学出版社，2012.

[161] 杰弗里·萨克斯. 贫穷的终结 我们时代的经济可能. 邹光，译. 上海：上海人民出版社，2007.

[162] 康西安，丹齐革. 改变贫困，改变反贫困政策. 2版. 刘杰，等译. 北京：中国社会科学出版社，2014.

[163] 林南. 社会资本——关于社会结构与行动的理论. 张磊，译. 上海：上海人民出版社，2005.

[164] 塞缪尔·亨廷顿. 变化社会中的政治秩序. 王冠华，等译. 上海：上海人民出版社，2008.

[165] 史蒂文·瓦戈. 社会变迁. 5版. 王晓黎，等译. 北京：北京大学出版社，2007.

[166] 舒尔茨. 教育的经济价值. 曹延亭，译. 长春：吉林人民出版社，1982.

[167] 威尔逊. 真正的穷人——内城区、底层阶级和公共政策. 成伯清，鲍磊，张戌凡，译. 上海：上海人民出版社，2007.

[168] 舒尔茨. 改造传统农业. 梁小民，译. 北京：商务印书馆，2009.

[169] 约瑟夫·E.斯蒂格利茨，沙希德·尤素福. 东亚奇迹的反思. 王玉清，朱文军，等译. 北京：中国人民大学出版社，2013.

[170] 迈克·戴维斯. 布满贫民窟的星球. 潘纯琳，译. 北京：中信出版社，2017.

[171] 米格代尔. 农民、政治与革命——第三世界政治与社会变革的压力. 李玉琪，袁宁，译. 北京：中央编译出版社，1996.

[172] 詹姆斯·E.安德森. 公共决策. 唐亮，译. 北京：华夏出版社，1990.

[173] 浅井加叶子. 当代中国扫盲考察. 王国勋，刘岳斌，译. 北京：当代中国出版社，1999.

[174] 速水佑次郎，神门善久. 发展经济学——从贫困到富裕. 3版. 李周，译. 北京：社会科学文献出版社，2009.

[175] 冈纳·缪尔达尔. 亚洲的戏剧：对一些国家贫困问题的研究. 谭立文，张卫东，译. 北京：北京经济学院出版社，1992.

[176] 阿马蒂亚·森. 贫困与饥荒. 王宇，王文玉，译. 北京：商务印书馆，2001.

[177] 阿马蒂亚·森. 以自由看待发展. 任赜，于真，译. 北京：中国人民大学出版社，2013.

[178] 阿玛蒂亚·森，让·德雷兹. 印度：经济发展与社会机会. 黄飞君，译. 北京：社会科学文献出版社，2006.

[179] 阿比吉特·班纳吉，埃斯特·迪弗洛. 贫穷的本质——我们为什么摆脱不了贫穷. 景芳，译. 北京：中信出版社，2013.

[180] 安东尼·哈尔，詹姆斯·梅志里. 发展型社会政策. 罗敏，等译. 北京：社会科学文献出版社，2006.

[181] Bernheim B D, Ray D, & Yeltekin Ş. Poverty and self-control. Econométrica, 2015(83).

[182] Charles O Jones. An Introduction to the Study of Public Policy, Monterey. California: Brooks/Cole Publishing Company,1984.

[183] Feagin J Poverty. We still believe that God helps who help themselves. Psychology Today, 1972（6）.

［184］Glick, Paul. The Family Cycle. American Sociological Review, 1947 （12）.

［185］Lewis O. The culture of poverty. Scientific American, 1966 (4).

［186］Li, Huaiyin. Family Life Cycle and Peasant Income in Socialist China: Evidence from Qin Village. Journal of FamilyHistory, 2005.

附录1 田野调查

序号	地点	时间
1	湖北 西县、新县	2015年12月1日至2016年1月5日 2017年1月3日至1月13日 2021年7月11日至7月20日
2	江西 宁县、泰县、吉县	2016年7月1日至7月30日 2021年4月22日至5月7日
3	宁夏 平县	2016年10月10日至11月10日
4	广西 川县、昭县、长寿区	2017年3月1日至4月15日
5	云南 武县、蒙市、阳县、边县	2017年4月19日至5月31日 2017年7月1日至7月30日 2020年11月10日至11月15日
6	河南 周县、东县、黄县	2017年6月10日至6月20日 2017年8月5日至8月20日 2020年7月13日至7月31日
7	江苏 苏县	2018年11月11日至11月17日
8	山东 荷县	2019年4月1日至4月15日
9	贵州 乌县	2019年5月16日至5月22日

注：根据学术规范和伦理，本书中所涉及省级以下的地名及人名均做了匿名化处理。

附录 2　西县溪口村农户资料统计

编号	户主姓名	成员数量	成员概况	住房概况
			一类家庭（10 户）	
1	李歌余 50 多岁	4	村里房子已经卖掉，去县城买了房，在县城开车，已经搬走七八年	县城楼房
2	李青 40 多岁	4	夫妻在县城宾馆上班，村里房子已卖，女儿在县城读书；母亲单独住在乡下老房、种田	县城楼房
3	李本明 50 多岁	5	夫妻均是县城电力公司正式职工，已经搬走一二十年，老家房子已卖，土地送给其他人种，子女均在县城发展	县城楼房
4	李子明 40 多岁	3	夫妻在县城打工，村里和兄弟合建了一栋楼房，2015 年在岳父的赞助下在县城买了一套楼房，小孩在县城读书	县城楼房
5	李本和 60 多岁	5	夫妻在外地打工十多年，已定居，老家土房已经卖掉；儿子已经结婚，夫妻在外发展	外地楼房
6	李歌辉 20 多岁	3	夫妻在大城市公司上班，上百万买了房子	外地楼房
7	李开平 50 多岁	4	夫妻常年在外打工，已买房；有两个女儿，全家常年在外	外地楼房
8	李歌建 50 岁	5	儿子在北京读研究生毕业后留京工作，每年赚几十万，并且买了房，他和妻子去北京给儿子带孙子	外地楼房
9	黄家栋 50 多岁	3	夫妻卖蔬菜，经营多年，每天收入至少好几百；女儿在外上大学	砖混四层
10	李歌栋 62 岁	5	夫妻在家种田、带小孩；儿子做安装电梯的生意，偶尔包工，年赚十多万，儿媳妇在厂里上班	砖混三层
			二类家庭（16 户）	
11	李军山 30 多岁	5	在外开车，妻子在附近厂里上班；父母五十多岁，父亲在砖厂开车，母亲种田、带小孩；家里三个劳动力在赚钱，家里有小车	砖混三层

续表

编号	户主姓名	成员数量	成员概况	住房概况
12	曲爱明 24岁	3	本人未婚，和母亲都在北京服装厂打工；父亲在家种田、养猪；家里买了小车	砖混三层
13	文光华 65岁	5	在玻璃厂上班，每月两千多，妻子在家带小孩、种田；儿子在外开大车，儿媳妇在附近厂里上班	砖混四层
14	文光正 50多岁	5	做瓦工，年赚五六万，妻子跟着做小工，年赚两三万；女儿23岁，去年嫁给村主任儿子（海军复员），育有一子，基本都住在文光正家里	砖混四层
15	文光斌 54岁	3	做瓦工，年赚五六万，妻子在县城厂里上班；儿子20多岁，未婚，在外打工	砖混四层
16	王长城 50多岁	3	和妻子在附近的厂里上班，兼搞农业，种茶叶；儿子20多岁，未婚，在外打工；全家年收入七八万以上	砖混四层
17	王子斌 38岁	3	和妻子在外开餐馆，两人育有一子，买了小车	砖混四层
18	王子贤 20多岁	3	在外打工，妻子在家带小孩；家里买了小车，"买车是一种追求"	砖混三层
19	李冬梅 30多岁	3	在附近鞋厂上班（每月两三千元），丈夫是油漆工；女儿在读高中，家里买了小车	砖混四层
20	李永发 40多岁	3	夫妻开店做铝合金生意，家里有小皮卡运货；女儿读书	砖混四层
21	庄永杰 50岁	4	木工，200元/天，年打工两百多天，有时包工；妻子在电子厂上班，家里年收入七八万；女儿17岁，在读高中；岳父在他们家养老	砖混四层
22	王勇 50岁	3	夫妻在村开理发店，20多年前就把老房卖掉，在村委会附近地理位置好的地方建了房子；女儿21岁，在外打工	砖混三层
23	陈世春 52岁	6	夫妻在村办茶厂，照顾孙子（9岁）；女儿大学刚毕业；儿子做茶叶运输工作，冬天打零工，妻子在鞋厂上班	砖混两层
24	李本善 51岁	3	在附近做小工，一年就忙两三个月；妻子在家开麻将馆，不种田；建楼房之前夫妻在外打工，房子建好没有负担了，村民评价"四五十岁在家玩多舒服"；儿子当兵，复员会有钱，父母不担心没钱娶媳妇	砖混四层

编号	户主姓名	成员数量	成员概况	住房概况
25	李开富 55岁	3	儿子27岁，在重庆打工比较能赚钱，就把父母都带过去了，家里房子也建了，是两间三层的楼房	砖混三层
26	赵宝凤 54岁	5	在家开商店，照顾孙子，丈夫在附近打工；儿子在酒厂工作，儿媳妇在外地打工；家里有小车	砖混三层
三类家庭（25）				
27	牛焕全 35岁	5	原本在三峡大坝做保安，每月五千多，2015年选上治保主任，工资每月两千多；妻子在加油站上班，每月2000多；小孩正在读四年级；父亲62岁，身体不好，在家种田；母亲56岁，在鞋厂上班	砖混三层
28	庄云歌 50多岁	5	在附近打零工，年赚两三万；妻子在玻璃厂上班，年赚两万多；女儿招了上门女婿，在家带小孩，女婿做涂料工	砖预三层
29	李凯奇 61岁	5	夫妻在家种田；儿子跑运输，近两年生意不好，儿媳妇在厂里上班；孙子在读初中；全家年赚五六万，开支较大	砖混三层
30	叶顺云 60岁	4	夫妻在家种田、带孙子（3岁）；儿子和媳妇离了婚，在重庆打工，推销药材	砖混两层
31	李开智 62岁	4	夫妻在家种田、不打零工；儿子34岁，女儿27岁，均未婚，姊妹俩在外打工，年赚五六万	砖混三层
32	李开伍 50多岁	3	做木工，年赚四五万；父母已过世，无养老负担；妻子务农，业余参加红白喜事乐队，一年能赚两三千；儿子在读初中	砖混三层
33	李本红 50岁	4	夫妻务农、打零工，父亲和他们一起生活，有退休工资；儿子读大学	砖混三层
34	付先珍 50岁	4	丈夫是瓦工，她跟着外出做建筑工，两人收入较高；前夫因为挖金矿出事故去世十多年，留下两个女儿，大女儿读大学，小女儿读高中	砖混三层
35	王梓明 36岁	3	夫妻在乡镇开两年餐馆；女儿七八岁，在读小学；家里负担不大，也赚不了很多钱；王梓明是王昌新的小儿子	砖混两层
36	王昌成 58岁	4	夫妻和小儿子一起过，王昌成和小儿子在厂子里打工；妻子和儿媳（2015年嫁过来，经人介绍）在家务农	砖混两层
37	王志贤 32岁	3	在附近厂里打工，是王昌成大儿子；妻子眼睛有问题，不能劳动，在家带孩子（三四岁）	砖混两层

编号	户主姓名	成员数量	成员概况	住房概况
38	庄永胜52 岁	4	夫妻都在附近的玻璃厂上班,每年有三四万收入;儿子 26 岁,未婚,很内向,在外打工,没手艺;母亲跟着他们养老	砖预两层
39	庄永格54 岁	5	在附近做小工,妻子在玻璃厂上班,两人年赚两三万元;女儿招了女婿,在家带孩子,女婿在做涂料工,年赚三四万,有一辆面包车	砖混三层
40	李雪莲36 岁	3	嫁出去后,又和丈夫回到娘家建房、落户,丈夫在外架桥,她在电子厂上班,夫妻常年打工,家庭收入有结余;儿子 12 岁	砖混三层
41	李勇50 岁	4	(李开平弟弟)过去在外跑车,现在打零工,妻子在玻璃厂上班;儿子在读初中,女儿在读高中	砖混三层
42	李开宣47 岁	3	在附近打零工,妻子在电子厂上班;女儿在读高中	砖混三层
43	李开矿56 岁	3	(李开宣大哥)夫妻在外打工,一年可以赚四五万;女儿已出嫁;儿子 26 岁未婚,性格内向,在外打工都做不长久,攒不到钱	砖混三层
44	李本银50 多岁	4	在外做小工,年赚一两万,妻子在家照顾孙子;儿子 30 多岁,在外打工,离婚两年多,小孩现在 5 岁	砖混三层
45	李歌轮60 多岁	4	在玻璃厂上班,一年赚一两万,妻子去世多年;女儿 35 岁,在电子厂上班,招了上门女婿,女婿在外务工,小孩 8 岁	砖混三层
46	王尚军56 岁	5	在本地轧钢筋,妻子在家务农、带小孩;儿子、儿媳妇在外打工,小孩才三岁	砖混两层
47	颜伏珍66 岁	5	在家务农,丈夫是退休工人,每月几千元退休金;儿子三十多岁结婚,女方是二婚,带了个七八岁的小孩(前夫意外身亡),儿子在外打工	砖混三层
48	李本军53 岁	3	在家务农,种两三亩田,妻子帮别人做饭,年赚几千元;女儿已经出嫁;2016 年建楼房花了十多万,女儿赞助了一些钱,村民都说建了新房夫妻还可以享受几十年,房子以后归女儿;父亲 80 多岁,住在他们家,退休金每月两三千元,每月给儿子 800元生活费,不想去敬老院	砖混三层
49	付贤春54 岁	2	丈夫原是木工,打工时去世,已有七八年,她一人在家务农、打点零工;儿子 31 岁,大学毕业在外工作	砖混两层

编号	户主姓名	成员数量	成员概况	住房概况
50	李松 52 岁	4	在玻璃厂上班，妻子务农，闲时帮别人做饭，儿子当兵；父亲 80 多岁，由他们照顾	砖混三层
51	李开平 60 岁	2	两个女儿都已经出嫁，其中大女儿离过一次婚，后来又找了一个初婚的丈夫，两口子在浙江打工；李开平夫妇在家务农、带小孩，两人都买了社会养老保险带小孩	砖混两层
四类家庭（10 户）				
52	朱多林 64 岁	6	朱多林（做了 20 多年小组长）夫妇务农、带孙子；女儿（37 岁）招了上门女婿，女儿在家带两个小孩，女婿在宜昌打工，每月工资三千多	砖混两层
53	傅先苏 65 岁	5	夫妻在家种田，儿媳在家照顾不到一岁小孩；儿子在外开铲车；全家仅有一个能够赚钱的劳动力，2014 年建楼房，还有几万欠账	砖混三层
54	李开鑫 60 岁	5	李开鑫腰疼没法打零工，和妻子在家种田、喂猪；儿子 27 岁，在县城厂里上班，儿媳妇在家带小孩	砖混三层
55	徐耀明 50 多岁	4	徐耀明做点小工，年赚一两万，媳妇在家带小孩、种田；儿子在做铝合金生意，结婚两年多就离婚了	砖混三层
56	李发 41 岁	3	在外打工，妻子是残疾，没有生育，结婚两三年；母亲八十多岁由他们家照顾，生活费由做律师的大哥出；有三兄弟三姐妹，他最小	砖混三层
57	皮元成 50 岁	3	早些年买房到村里落户，在外面打工，妻子帮别人做饭；大女儿已出嫁，小女儿读大学	土房
58	李军 50 多岁	4	在外打工找了小三，回家离婚就走了；妻子到处玩，想再找个男人，没找到称心如意的；儿子在附近打工，儿媳在鞋厂上班，小孩四岁	砖混一层
59	庄永斌 40 岁	3	在外地架桥，每天 250 元，每年差不多能做半年的活；妻子在家带孩子，儿子五六岁，读幼儿园开支大，每年要一万多	砖混三层
60	李歌发 64 岁	3	本人肺气肿，好几年不能干活，妻子手脚风湿，两人只能在家种点田，有三亩多茶叶，一年最多赚七八千元；女儿已出嫁，儿子 26 岁马上就要结婚，儿媳妇是本县其他地方的人，经人介绍和儿子在一起；家庭赚钱都靠儿子，家里建楼房花了十七八万，借了好几万；钱存不下来，评不上低保	砖混三层

编号	户主姓名	成员数量	成员概况	住房概况
61	李歌轩 54 岁	5	过去开面包车载客，去年脚被压坏，就在家玩；妻子在玻璃厂上班，家里种了茶叶；儿子在外打工，有点本事，儿媳在家带小孩	砖混三层
五类家庭（17 户）				
62	李士新 50 岁	1	单身汉，眼睛近视，看不清东西，过去和母亲一起生活，母亲去世后，现在独自生活，做点小工，给自己赚点生活费，年赚几千元，田地给弟弟种；兄弟已经结婚；小组内有一半人家的人情都参与，去年过五十岁生日专门摆了十多桌酒席，收了一万多人情钱；已经纳入了贫困户，也是以后的五保户	土房
63	李歌友 50 岁	2	单身汉，身体残疾，和母亲（近 80 岁）住一起，两个哥哥都已成家；母亲吃饭手都端不稳，过去李歌友生活靠母亲，现在靠政府；兄弟很少帮助他，还和他争父亲去世后剩下的五分田，打架闹到了派出所	土房
64	李建华 40 多岁 李歌建 50 多岁	2	兄弟俩都是单身汉，过去家里穷，有兄弟四人，去世了一个，老大过去当过几年兵，仅他成家了；兄弟俩做小工，小组内的人情基本都参与，每年人情开支差不多有三四千元；有三四亩茶叶，本来可以享受产业扶贫政策——四千元补贴，但是他们不愿意劳动，就没签字	土房
65	李本华 50 岁	1	单身汉，腿是残疾，生活来源主要靠残联帮助他在纸厂找的工作；过五十岁生日时摆了酒席，收了两三万人情钱	土房
66	付先学 52 岁	1	单过，离婚了 15 年，夫妻关系不和，离婚后妻子把儿子带走，现在儿子也结了婚	土房
67	李祥石 80 岁	1	单过，养老责任分给了大儿子，大儿子过世后，和孙女过了一段时间，孙女出嫁，就单过了；生活上小儿子给他很多照顾；被纳入贫困户	土房
68	李歌凡 42 岁	2	妻子嫌家里穷和他离婚了，他打工照顾 10 岁的女儿读书	土房
69	付先军 40 岁	3	中风后没法做事，妻子在厂里打工，每月两千多元；女儿在读初中	土房

续表

编号	户主姓名	成员数量	成员概况	住房概况
70	付承元 近80岁	2	夫妻三个儿子都成了家：老大家住在县城；老二做上门女婿；老三在家，三十多岁中风，不能做事；夫妻单独立户，靠种田生活，生病住院是儿子拿钱；由于还住土房，享受到易地搬迁的政策，但是不愿意签字，现在看到移民搬迁点建得比较好，又有点后悔	土房
71	李开芬 66岁	3	残疾人，中风了，走路不稳，妻子身体不好，能做一些轻活；儿子到江西做了上门女婿，女儿28岁，还没有出嫁，在外打工；过去评上了低保，2016年重新审核的时候，低保被取消，不过还是贫困户	土房
72	李开义 71岁	3	儿子（40多岁）在外做小工，四五年前媳妇嫌家里穷就离婚了，孩子现在10岁；儿子和李开义有一些不和，虽然户口在一起，但吃饭是各吃各的；2016年洪水冲垮了土房，政府给了两万补贴，建了楼房	砖混两层
73	张昌发 60岁	5	患有膀胱癌两年了，每个月都要化疗，妻子眼睛看不清东西，还有其他毛病也要经常治疗；儿子打工赚的钱还不够两个老人看病，小孩才三岁多，媳妇在附近打点零工，但是总是闹着要离婚，导致儿子在外打工心都不安；张昌发有低保，他平时照顾孙子	土房
74	庄永学 51岁	3	一只眼看不见，过去放炮把眼睛炸瞎，在玻璃厂上班，一年可以赚万把元；妻子身高1.2米；女儿21岁，比较正常，还未出嫁，在幼儿园做老师；过去家里是低保户，女儿参加工作后低保取消了；家里评上了贫困户；可以享受易地搬迁政策，担心搬迁之后没有园田，就没签字，后来发现安置点就在自家门口，非常后悔	土房
75	李祥和 80岁	5	身体不好，肺有问题，每年最起码要住两次院，妻子有糖尿病；儿子、媳妇感情不和，两个人都在外打工，孩子丢在家里；两个老人的生活来源主要靠种茶叶，以及两个女儿的帮助，儿子在外打工会寄钱	土房
76	李祥特 81岁	2	夫妻身体不好，都是支气管炎；有两个儿子，两个老人目前单过；养老责任已经安排好，老大负责父亲，老二负责母亲；两老人是贫困户	土房

编号	户主姓名	成员数量	成员概况	住房概况
77	陶祖英61 岁	2	精神病，有俩儿子；老大未婚，和母亲一起生活；老二做上门女婿；陶祖英原来正常，别人开他们夫妻玩笑，丈夫以为妻子有问题，就掐她脖子，以至于妻子成了精神病，在外疯跑了七八年，直到公安局找到才送回来；丈夫去世很长时间都没人知道，当时儿子在外打工；儿子认为家里房子风水有问题，就把房子卖了，带着母亲在县城租房住	县城租房
78	王昌新67 岁	3	有两个儿子，都已经成家；王昌新夫妇和小儿子家一起住，但是各吃各的；妻子股骨头坏死，他在家种田，能够自己养活自己；过去妻子有低保，刚开始也是贫困户，后来被取消，因为有两个儿子	砖混两层

注：表格为笔者自制。数据来源于湖北西县的调研。家庭生计模式是理解农村贫困的重要抓手，为此，笔者在不同区域统计了近千户的农民家庭生计概况，附录 2 仅展示和本书第三章所述内容密切相关的统计，以便读者理解村庄社会分层及致贫因素。

附录 3 广西壮族自治区精准识别入户评估表

县（市、区）_____乡（镇）_____行政村自然村（屯）_____
户主姓名家庭人口____人 评估时间_____年____月____日

序号	指标及分值	标准		分值	选择项（√）	得分
1	住房（多选，累计分）	房屋结构（单选）（家中有多种房屋结构的按最好房屋计分）	砖混或纯木结构（含在建）	18		
			砖木结构	12		
			土木结构	8		
			木瓦结构	4		
			危房或无房	0		
2		装修情况（单选）（土木结构、木瓦结构、危房按无装修计0分）	简易装修	2		
			无装修	0		
3		人均居住面积（单选）	人均20平方米以上（含20平方米）	5		
			人均13～20平方米（含13平方米）	3		
			人均13平方米以下	1		
			无房	0		
4	家电（多选，累计分）	洗衣机、热水器、电脑或较大音响设备		2		
		电冰箱		2		
		电视机		1		
		以上皆无		0		
5	农机（单选）	有手扶拖拉机（耕地用）、插秧机、小铁牛（打田机）等之一		2		
		农户土地全部转包他人的或租用农机耕种土地的		1		
		无		0		

序号	指标及分值	标准		分值	选择项（√）	得分
6	机动车（单选）	有机动三轮车、摩托车或电动自行车等之一		2		
		无		0		
7	饮水（单选）	自来水		4		
		自打井水、自引山泉水、自用水塔等之一		3		
		水柜或水窖		2		
		全年缺水3个月以上（含3个月）或取水往返时间半个小时以上		0		
8	用电（单选）	已通电		3		
		未通电		0		
9	自然村（屯）通路情况（单选）	通沥青或水泥路		5		
		通砂石路		4		
		通泥巴路		2		
		简易人行路		0		
10	健康状况（单选）	全家成员基本健康		10		
		有1人残障或患病（半年以上不能参加劳动）		5		
		有2人以上残障或患病（半年以上不能参加劳动）		3		
11	读书情况（单选）（有多种情况的选最低分）	无在校生		8		
		有幼儿教育或九年义务教育在校生		5		
		有高中（中职）教育在校生		2		
		有大专以上在校生		0		
12	劳动力（16岁至60岁）占比（单选）	占家庭成员50%（含）以上		8		
		占家庭成员20%（含）50%		5		
		占家庭成员20%以下		3		
		无劳动力		0		
13	务工情况（多选，累计分）	人数（单选）	务工人员占家庭成员50%（含）以上	6		
			务工人员占家庭成员20%（含）50%	4		
			务工人员占家庭成员20%以下	2		
			无	0		
		务工人员的年平均务工时间（单选）	半年至1年（含半年）	4		
			半年以下	2		
			无	0		

序号	指标及分值	标准		分值	选择项 (√)	得分
14	人均土地面积（多选，累计分） 注：农户转包给他人的土地及开荒地列入计分范围	水田（单选）	1 亩以上（含 1 亩）	3		
			0.5～1 亩（含 0.5 亩）	2		
			0.5 亩以下	1		
			无	0		
		旱地（坡地）（单选）	2 亩以上（含 2 亩）	3		
			1～2 亩（含 1 亩）	2		
			1 亩以下	1		
			无	0		
		林地（单选）	10 亩以上（含 10 亩）	3		
			5～10 亩（含 5 亩）	2		
			5 亩以下	1		
			无	0		
15	养殖业（单选）	调查时点存栏 1 头牛、1 匹马、2 头猪或 5 只羊以上，或者水产养殖水面 2 亩以上，或者存笼 50 羽家禽以上（含本数）		3		
		调查时点存栏 2 头猪或 5 只羊以下，或者水产养殖水面 2 亩以下，或者年存笼 50 羽家禽以下（不含本数）		2		
		无		0		
16	种植业（单选） 注：种植粮食、蔬菜、水果、甘蔗、林木、中药材、桑蚕、茶叶、油茶等	5 亩		6		
		3～5 亩（含 3 亩）		4		
		1～3 亩（含 1 亩）		3		
		1 亩以下		1		
		无		0		
	小计	1 至 16 项为基本分项 100 分				
		加分项和减分项				

序号	指标及分值	标准	分值	选择项(√)	得分
17	加分项(多选,累计不超过 100 分)	住房精装修(贴有瓷砖、琉璃瓦、高档家具等)	10		
		家庭安装空调	10		
		家庭成员有在国家机关、企事业单位工作有工资性收入的,每人加 10 分	10		
		全家外出务工一年以上,家中无人	15		
		全家外出务工三年以上,家中无人	30		
		子女外出务工或经商一年以上,家中只有老人和小孩的	10		
		子女家庭中评估得分 70 分以上或子女已在乡镇以上定居的,老人单独设立户口的	10		
17	加分项(多选,累计不超过 100 分)	家庭子女不在本地公办学校就读,而自费到县城及以上进行幼儿教育、九年义务教育的	10		
		家庭有手工作坊、商店、诊所等第二、三产业经营性收入的	10		
		农用拖拉机或大型收割机	10		
		有面包车、轿车、越野车,卡车、重型货车等之一	15		
		家中 60%以上耕地丢荒一年以上的	10		
		家庭种植有 5 亩以上瓜果(挂果)、蔬菜、中药材等,或者有 20 亩以上经济林(含承包地)	15		
		养殖规模较大的养殖户(马 5 匹、牛 5 头、猪 10 头、羊 15 只、禽类 200 羽、水产养殖 10 亩以上等,上述其中之一或规模相当的其他养殖业)	15		
		在交通便利或闹市区或乡(镇)以上买有住房(含自建房)	25		
		在闹市区、乡镇或县城以上拥有或租用商铺	20		
		家庭有成员注册公司或其他经济实体等	20		

续表

序号	指标及分值	标准	分值	选择项（√）	得分
18	减分项（多选，累计分）	遭受重大自然灾害导致家庭主要房屋倒塌	-20		
		遭受重大自然灾害造成产业重大损失或意外事故造成劳动力损失一半以上	-10		
		家庭成员中有 1 人患重大疾病或重度残疾的（半年以上不能参加劳动的）	-10		
		家庭成员中有 2 人以上患重大疾病的（半年以上不能参加劳动的）	-20		
		孤儿或单亲家庭有小孩读书的农户	-10		
		家庭有 2 个小孩在高中就读或有 1 个小孩在大专以上就读的	-10		
小　计		17 至 18 项加减分项得分			
合　计		1 至 18 项总得分			

户主（签名）：_____ 联系电话 _____

原则上由家庭主要成员（年满 18 周岁）签名，特殊情况可由村民小组长代签

评估填表人（村第一书记或工作队员）：签名_____联系电话_____

评估负责人（组长）：签名_____联系电话_____

注：此表由县（市、区）扶贫办存档

附录 4 中部某县扶贫干部填写的 90 项扶贫表格

序号	表格内容	序号	表格内容
1	贫困户花名册	46	实施方案、措施
2	低保贫困户花名册	47	贫困村信息采集表
3	五保户花名册	48	贫困村脱贫申请
4	一般贫困户花名册	49	脱贫产业发展过程资料
5	残疾人花名册	50	村情简介，村庄信息采集表
6	因学致贫花名册	51	全村贫困户汇总表 1—表 6
7	因病致贫花名册	52	农户的贫困申请书
8	因残致贫花名册	53	帮扶责任书
9	因缺劳力致贫花名册	54	全村总体帮扶规划
10	因缺技术致贫花名册	55	年度帮扶计划
11	因缺资金致贫花名册	56	半年全年帮扶工作总结
12	危房户花名册	57	帮扶日志
13	2017 年贫困户危房	58	个人一对一帮扶计划
14	改造拟建房户花名册	59	半年全年总结
15	产业资金扶持花名册	60	帮扶对象家庭情况说明
16	贴息贷款花名册	61	贫困户脱贫申请
17	免费安装宽带花名	62	脱贫户巩固计划
18	免费发放手机花名册	63	走访日志
19	需要技能培训人员名册	64	帮扶部门帮扶规划
20	参加技能培训人员名册	65	结对帮扶表
21	贫困家庭劳动力	66	驻村日志
22	打工就业情况	67	工作队花名册、签到册
23	打工就业意愿统计表	68	工作队帮扶职责
24	家庭成员信息表	69	工作队及队长工作职责
25	核查收入支出算账表	70	干部包户帮扶工作职责
26	农户信息调查表	71	工作队帮扶情况汇报材料

续表

序号	表格内容	序号	表格内容
27	贫困户信息采集表	72	村脱贫攻坚指挥部机构
28	拟脱贫	73	各类工作制度、职责资料
29	拟剔除	74	脱贫攻坚 2017—2020 年规划
30	拟保留	75	年度工作计划
31	拟新增	76	工作总结
32	拟返贫花名表	77	责任书
33	帮扶责任人信息一览表	78	八个一批扶贫政策扶持情况统计表
34	饮水安全达标印证材料	79	村级学习计划、内容、检查材料
35	电力覆盖率达标印证材料	80	个人扶贫学习计划、心得及发言稿
36	道路硬化率达标印证材料	81	宣传方案党建促扶贫方案、计划
37	医疗卫生达标率印证材料	82	党建促扶贫落实情况
38	贫困发生率达标印证材料	83	扶贫应享受政策情况
39	人均纯收入达标印证材料	84	扶贫已享受政策情况统计表
40	互助组织达标印证材料	85	家庭情况真实性承诺书
41	2015 入户调查表	86	自主创业意愿书
42	2016 调查表	87	自愿就业承诺书
43	2017 预算表	88	脱贫攻坚自查问题清单整改清单
44	贫困村申请	89	问题整改情况统计
45	贫困村脱贫规划	90	扶贫手册

注：表格为笔者自制。材料来源于 2017 年在中部某县调研时扶贫干部的讲述及任务清单。

后　记

时至今日，在党和国家及社会各界的努力之下，脱贫攻坚已经完成了历史使命。中国的反贫困历史，就是一部中华民族自强不息、坚强奋斗的历史，塑造这些历史成就的是千千万万的劳动者。因此，要向劳动者致敬，向广大的扶贫干部致敬。本书是这段可歌可敬的历史的一个片段式记述，从中国农村贫困性质与反贫困政策探讨了精准扶贫战略中的社会基础与政策经验。时间跨度从 2015 年开始，至 2022 年，较为完整地覆盖了精准扶贫的政策执行周期。基于学术规范和学术伦理，本书中所涉及人名均做了匿名化处理，同时为了避免给地方政府带来不必要的麻烦，一些地名也进行了模糊化处理。再次感谢所访谈的农民和扶贫干部对本研究的大力支持，感谢他们的无私奉献和辛勤付出，也向伟大的劳动者表示深深的敬意！

笔者对贫困问题的关注始于 2015 年底在湖北西县的一次常规驻村调研，当时正值精准扶贫战略在农村开始实行，调研过程中经常遇到各类扶贫人员（政府公务员、企事业单位职员，包括教师）走村串户，拿着厚厚的评估表格对农民家庭状况逐户评估。这些表格在逻辑上设计精密，但是过于复杂，不仅加重了扶贫人员的工作量，而且也难以测量出农户真实的经济状况。贫困户评选在农村社会掀起了很大波澜，农民都觉得扶贫是好事，但是对于谁是贫困户都有自己的想法。如果没有国家的扶贫行动，基本上比较一致地认为那些鳏寡孤独、家庭不幸（疾病、事故等造成的主要劳动力短缺）的是贫困户，这些农户基本上每个村都有，但数量很少。政府却将大量在农民看来不符合标准的认定为贫困户。既然这些家庭都能成为贫困户，为何自己家就不能成为贫困户呢？如果说参与扶贫的工作人员徇私舞弊，故意将不符合标准的认定为贫困户也的确是有点冤枉他们。这些扶贫干部多数和农村没有利益瓜葛，理应站在更为客观公正的立场。但结果却是如此，唯一可能的解释就是对贫困户的认定标准不同。

这次调研的重点本来并非精准扶贫，但是调研组在长期的调研过程中有了很多意外的收获。这也是所在团队农村调研的基本特征，并不将调研视野局限于某一单独领域，经验世界的丰富性、复杂性很难用一次次精细设计的计划来认知。虽然对这一时期的扶贫政策不甚了解，所积攒的问题却逐渐形成了一个不断聚焦的问题域，源源不断地指引着对贫困问题的持续思考。当地虽然顶着国家级贫困县的名号，但是从团队调研（当时20余人的调研队伍分散在五个乡镇）情况来看，诸多实际情况远远要比人们想象的情况要好得多。不管是中心乡镇农村还是偏远地区农村，农民的住房普遍是三层以上的楼房，外墙基本贴着瓷砖，房屋成本至少需要二三十万元；从衣食情况来看，天天有肉吃，饭菜丰富，穿衣也讲究；人情开支普遍比较大，一般家庭的人情开支竟然能够占到家庭收入的1/3，甚至1/2，贫困家庭基本上每年也要支出几千元……这样的农村如何是贫困村呢？又如何有着和农民家庭经济情况不相匹配的贫困户、低保户比例呢？贫困的本质和表象是什么？什么样的家庭才是贫困户？

这样的问题意识一直萦绕在笔者的脑海中，2016年7月，笔者和团队到了江西省赣南的宁县驻村调研。调研没有任务要求，可以自由地在经验海洋中寻找问题意识。精准扶贫工作已经在全国范围内轰轰烈烈地展开了，调研所在地的乡村干部每天忙于处理各种各样的任务和表格，为了做好贫困户的档案，一些村庄甚至要花费三四万元的材料费和人工费。这些村庄多数都没有什么集体经济收入，村集体运转依靠财政拨付的一两万元办公经费，村庄主职干部每个月的补贴才一千多元①。为了做好精准扶贫，村干部日日加班，在繁忙时期甚至要专门雇佣大学生，整理精准扶贫工作的各项材料。与乡村干部繁忙景象形成对比的是村庄社会却非常平静，大多数农民都外出务工。按照常理来想扶贫不就是要和农民发生关联吗？干部和农民各忙各的，那扶贫行动的意义何在？因为和村干部相处非常愉快，彼此之间无话不谈，他们也很愿意倾诉困惑。他们的回答有点让我震惊，大意是看起来贫困户数量这么多，材料这么多，事实上扶贫的压力并不大，就算有压力也是材料压力。多数农民本来就不贫困，不符合贫困户的要求，但是戴着贫困户的帽子，就要把材料给做好，材料是做给上面看的，到时候农户自然而然就脱贫了，过去一直都是这样操作，也没出现过什么问题。从村庄社会的调研情况来看，真正的贫困户的确只占很小的比例，而且已经享受到了低保政策，生活各方面确实有保障。

既然没有那么多贫困户，识别的时候为什么就不能精准呢？得到的答案是，虽然强调精准识别，但从一开始就自上而下分配了这么多的贫困户

---

① 因为村干部不属于国家公职人员，其每月报酬不能称为工资，叫误工补贴。

名额，即便没有那么多贫困户，也要按照指标上报。村干部感到非常无奈，政策越来越严格，必须强调对贫困户的真正帮扶，还要做到广泛知晓，但是在没有那么多贫困户的情况下，巨额的贫困户指标一旦分配下去肯定会引起群众的不满。如果是不符合条件的农户仅仅戴着贫困户的帽子，不享受具体政策倒也问题不大，但是中央三令五申要将扶贫政策执行到位，基层政府觉得非常为难。

　　真正贫困地区的精准扶贫政策又该如何操作？是否也会出现这样的情况？2016 年 10 月，笔者和所在团队带着这个疑问到宁夏的平县调研。未到之前，我们都预设西部地区肯定要比中部地区落后，农村尤甚。事实上平县的经济条件非常好，即便是农村也超出了我们调研过的很多地区。平县的农业水利体系非常发达，得益于黄河水的密集灌溉，农田产量普遍比较高，当地不仅可以种植玉米、水稻、小麦等常规农作物，并且产量均比中部平原高，还能够种植多种作物的种子，如菠菜、番茄等，种子的产值远远高于一般作物。当地农民只要身体健康、愿意劳动，家庭经济条件肯定不会很差；如果能够在农闲之余进城务工，基本上就是小康之家。笔者想调研贫困问题的困惑偶然间被乡镇领导解答了，平县几个乡镇承担了安置西海固生态移民的重要任务。经过介绍，笔者独自到沙河村，这里安置了西吉县的七千多移民（均为回族），而这些移民过去生活的地方才是真正的贫困地区。在移民村通过大量访谈，逐渐了解了移民现在的生活状态以及过去的生活环境，对于贫困问题有了更深的感触。同时还和村干部、乡镇干部以及驻村扶贫干部就贫困治理中的难题、敏感问题等都做了深入探讨。有了这些经验补充，在和过去调研经验的不断对比中笔者逐渐有了认识贫困问题的全局视野。

　　2017 年 1 月，笔者继续到湖北西县专题调研精准扶贫，调研中侧重从一般层面来认识农民的家庭生活以及由此衍生出的贫困问题。2017 年 3 月，到广西的潇州市调研精准扶贫问题。潇州的调研经验极大地丰富了我对贫困问题的认识，对于政府的扶贫行动中的诸多环节和问题都与各种各样的人员进行了深入探讨，有市、县、乡的关键部门领导和职员，有参与扶贫工作的企业老板，还有村干部、驻村工作队成员、第一书记、农民、贫困户等。大家都能畅所欲言地讨论问题，直抒己见。其间多数都是一对一深度访谈，每个访谈对象要聊两到四个小时，也有的能够谈上一整天；也穿插着座谈会、外出考察交流会①、项目洽谈会等形式。既有个案的深度访谈，

----

① 地方政府之间互相学习好的扶贫经验。

也有参与式观察；既和乡村干部彻底打成一片，也有独立的思考和调研空间。这种调研方式不仅非常畅快，收获也很大。

广西调研刚结束，笔者又跟随导师到云南红水市调研。开始的一个星期和一些学者以及两个县域挂职做副县长的央企干部一同调研，和贫困户座谈，参观易地搬迁、产业扶贫等方面的典型。边县、阳县地处边疆地区，一些农村地区贫困程度之深超出我之前的想象，极大地拓展了对贫困地区的认识。和专家组共同调研结束后，我又到红水市的蒙市（县级市）芷兰镇调研，其间担任镇长助理，一方面可以顺理成章地参与乡镇扶贫工作，另一方面也可以保持相对独立的身份以便调研。乡镇政府的主力基本都是"80 后""90 后"，相当一批"80 后"已经成为乡镇的主要领导，由于没有年龄上的代沟，彼此之间交流非常顺畅。扶贫工作是基层政府的重头戏，需要大量的人手参与，扶贫工作人员压力很大，需要倾诉对象。以相对独立的身份参与调研，对于地方不会带来危害，还能够提供一些力所能及的帮助，很容易获得信任。调研中经常会遇到干部向我表达要把基层真实情况反映上去的诉求。因为调研走过的地方很多了，对于基层工作的艰辛已经有很大的感触，但是在芷兰镇调研的这段日子里，基层工作的艰辛程度超出了我的想象。山大沟深，村寨散落其中，很多扶贫工作都要求面对面落实下去，只有充分抓紧每一刻。乡镇干部都住在镇上的宿舍，白天业务工作结束后，傍晚以工作组的形式下村，远的村寨开车要两个小时才能到达。山路崎岖陡峭，有好多次做完工作已是凌晨，车行在黑洞洞的山野内，一边是深沟，一边是峭壁，疲惫得根本顾不得危险。刚开始时还有些担心，万一出事怎么办，后来习惯了也就无所谓了，倒是会用一种坦然的心情来面对。这些于我而言不过是四五十天时间内的一种参与式体验，却是这些乡镇干部工作的常态。正是有了云南调研经验的补充，才让我对深度贫困区有了更加深刻的认识。

2017 年 6 月到河南华县调研精准扶贫问题，在中部广袤的平原地带，农业种植非常便利，农民家庭也早已以打工经济为主，尽管村庄中到处耸立着两三层小楼，却依然存在大面积的贫困户，和西南地区的贫困问题形成了强烈的对比。7 月到云南雄州武县调研，依然是关注深度贫困区的农村贫困问题及其治理，因为有了之前经验的积累，这次调研也更加轻车熟路，也有了更加充足的时间去细细观察、体验农民的日常生活以及与贫困的关系，而这些更加强化了我对中国农村贫困问题性质的判断以及治理策略的认识。8 月和团队成员二十余人分为五组在河南东县进行了十余天的调查。正是有了这次机会，才使我得以从县域层面近距离地观察精准扶贫政策从开始执行到接受脱贫验收的整个过程。

2017 年下半年至 2018 年，笔者用一年半的时间完成了两部书稿的创作，一部是博士论文，以精准识别为切入点，探讨了贫困瞄准政策的设计以及执行过程；另一部为本书，讨论了转型期中国农村的贫困性质与反贫困政策。后者完成了 20 余万字的书稿，但是考虑到脱贫攻坚还没有结束，对于精准扶贫政策的总结还为时过早，同时也希望能够通过时间来沉淀，进一步打磨出更为耐读的书稿。因此，初稿完成后，并没有急于发表。

2019 年，笔者先后赴山东菏泽、贵州贵阳、江苏苏州等地农村社区进行调研，了解了不同地区的农村产业发展、农民家庭生计模式、精准扶贫政策执行等多方面的信息，进一步印证了之前的判断。在入选国家社科基金后期资助项目以后，即根据评审专家的意见对论文进行了修改，并不断通过补充调研来丰富论文内容，提升论证的科学性和说服力，在此感谢评审专家的宝贵意见。

2020 年，笔者赴云南红河州进行了回访，调研了在脱贫攻坚、扶贫产业的发展样态、易地扶贫搬迁点的建设、教育和医疗保障的落实等方面的内容；2021 年，笔者赴江西吉安、湖北武汉等地调研了脱贫攻坚结束后地方政府如何巩固拓展脱贫攻坚成果并有效衔接乡村振兴政策，同时也进一步思考了相对贫困治理中需要去注意的问题。

回过头来，从最初萌生一些想调研贫困话题的想法，到后来逐渐形成较成熟的认识，每一次经验的浸泡都在极力扩展着对话题的深入认识，也都会带来意想不到的收获。这段流水账的记述是笔者做扶贫研究的一段心路历程，同时也是不断寻找问题答案的一段过程。由于个人学识能力所限，本书的研究还存在一些不足，尤其是田野调研越多，越深感认识中国复杂巨变的不易，唯有长期坚持、不懈努力，唯有不断在书斋与田野间穿梭，才能更加接近真实，触摸到时代变革的脉搏。

衷心感谢在田野调查中给我提供帮助的农民和地方政府干部。从 2014 年开始反贫困议题研究以来，我在多个地区的调研中得到了当地农民和干部的大力支持，他们把我当做自己人，愿意真诚地向我讲述各种问题及看法，遗憾的是由于调查中的一些材料需要依据学术伦理来做匿名化处理，无法在此一一明确致谢。感谢导师贺雪峰、张小山老师一路以来给予的指导和关心；感谢周长城、石人炳、万江红、徐晓军、王三秀、吕德文、桂华、杨华、赵晓峰、邢成举、王启梁、韩鹏云、陈义媛、田孟、魏程琳、杜鹏、王惠林、仇叶、郑晓园、吴海龙、安永军、王向阳等师友在写作中提出的宝贵修改建议；感谢乔耀章、陈进华、黄建洪、龚长宇、叶继红、张晨、陈一、沈承诚、刘向东、谭林丽、吴新星、宋煜萍、施从美、付奇、郭彩琴、吉文灿、姚剑文、郑红玉、李慧凤、周军华、朱妍、殷盈、李丽红、张雪、周义程、钟静、王艳、曾永安、卢荣辉、陈玲玲、董筱文、张凯丽、薛佳佳、朱政等老师在我刚刚参加工作后给予的各种支持和鼓励；感谢学生王心怡、刘强、夏侯玮、陈仁、兰涵宁、李子赟、冯淇、马思琪、李静、孔子怡、陆錞宇、窦佳乐、赵婉盉在书稿校对中的辛勤付出；感谢南开大学出版社王冰老师、张维夏老师在本书出版中的真诚建议和支持；感谢国家社科基金后期资助项目和苏州市姑苏宣传文化人才项目对本书出版经费的支持。最后，感谢家人们一路以来的坚定支持与温馨陪伴。

刘成良

2024 年 5 月 29 日